徐亚丽名师工作室启动仪式

徐亚丽名师工作室启动仪式合影

徐亚丽（左）与程翔合影

徐亚丽名师工作室全体成员集中研讨

保定市高中名师工作室全体成员赴北京培训合影

保定市名师工作室主持人赴深圳培训合影

燕赵晚报
倾/听/百/姓/心/声/服/务/大/众/生/活
责编：刘勇峰 编辑：晓影 美编：惠霞

河北名师扶贫送教易县山区学校

首倡“元语文”观破解语文教学窘境 银河小学成名师工作室教研实验基地

■保定教育专家与当地教师合影留念。

■银河小学。

■徐亚丽举办“元语文”观讲座。

■专家评课。

■现场互动。

■教师们听得津津有味。

本报讯（记者 石英杰）不忘初心，牢记使命。11月21日上午，河北名师、保定市教科所副所长徐亚丽带领7名教育专家风尘仆仆来到易县银河小学进行山区扶贫送教志愿活动。她认真讲解了自己在国内首先倡导的“元语文”观与阅读“三环六步”学习方式。据悉，保定市徐亚丽名师工作室与银河小学达成意向，将其列为教研实验基地，将定期对该校教师进行教学指导，以促进该校教师专业化发展，提升学校整体办学水平。

8名保定教育专家送教扶贫

11月21日早上6时，天还不亮，冒着阵阵寒风，保定市教科所的8名保定教育专家便离开家门，踏上了山区扶贫送教志愿活动的旅程。

今年9月份，保定市扎实开展了“不忘初心、牢记使命”主题教育，要求各行各业把主题教育作为践行党的群众路线、保持党同人民群众血肉联系的具体行动。经过认真研究，保定市教科所决定由副所长徐亚丽带领志愿者小分队赶赴山区扶贫送教。他们经过筛选，最后选定了位于西部山区的易县银河小学。这所小学始建于2002年3月，是易县第一所民办小学，目前全校共有2400多学生，在该县民办小学中人数最多，其中超过三分之二的学生来自西部山区，里面有不少是贫困的留守儿童。

扶贫志愿者小分队队长徐亚丽，担任保定市教科所副所长，曾先后荣获全国教育系统先进工作者、河北省语文名师、河北省学科与技术带头人、保定市劳动模范等荣誉称号。2018年4月，保定市建立首批30个市级名师工作室，徐亚丽名师工作室正式成立，徐亚丽担任主持人。工作室开展了赴京培训活动、保定市教育大讲堂高中语文专场活动、赴涞水“精准扶贫，送课下乡”活动、高中语文名师工作室联盟活动等，经过多年对语文课程改革深入的研究，她针对当前语文教学存在的碎片化等诸多窘境，在全国首先提出了“元语文”观，意在抓住语文学习的本质，引导学生走向深度学习，最终实现学生语文学科核心素养的提升。同时，针对阅读进行的“三环六步”学习方式研究，成功申报河北省重点资助课题。

这支扶贫志愿者小分队还有保定市教科所的石蕾蕾、张伟、张智慧、杨艳丽、刘俪兰、徐蕾、杨琳等7名教研员，涵盖了语文、数学、英语、音美、体育、校本课程和综合实践以及课题规划等领域。

“元语文”观让山区教师大开眼界

“所谓元语文，就是要把语文重新还给语文。”徐亚丽独到的创新理论，不但让银河小学的语文教师所得茅塞顿开，也让闻讯而来的惠东中学的初中语文老师们大开眼界。

徐亚丽介绍，她之所以提出这个概念，主要基于目前语文教学中教学内容碎片化、思维培养浅表化等问题。现在很多学校的语文课不是从文本出发，而是撇开文本一味拓展，放弃文字之美空谈情感，道德说教泛滥。要求学生一味做题。语文课被应试的枷锁拷牢，部分教师痴迷于做题技巧，更多的研究考试如何得高分，学生成了思想空洞的做题机器，语文课被上成了机械枯燥的训练课。

徐亚丽名师工作室的团队走访了保定市20余所中小学，进行数据收集、跟踪、反馈、总结、分析，开展具体的教学研究。在大量的实践研究的基础上，他们提出了“元语文”观及其指导下的语文阅读“三环六步”学习方式：即“初步感知”“深入研读”“拓展探究”三个环节和“阅读”“体悟”“思考”“鉴赏”“生疑”“表达”六个步骤。它有四个着力点：以“文字”为着力点，进行“语言建构与运用”；以“文意”为着力点，进行“思维发展与提升”，以“文学”为着力点，进行“审美鉴赏与创造”，以“文化”为着力点，进行“文化传承与理解”。

“教育的最终目标是对学生进行启智启促使他完成自我教育，而不是教师直接抛给孩子们具体的答案。”徐亚丽语重心长地说。三个小时的专家讲座深深启发了已经从教六年的银河小学语文教师耿正，他告诉记者：“‘元语文’观让我对自己急功近利的教学设计进行了深刻反思，不仅从视野上开阔了思路，也从具体的教法上给了很大启发。山区教师做梦也没想到能够品尝到专家们送上门来的大餐！”

希望专家们多来基层评课

当天下午，保定市7名教育专家走进银河小学课堂，分别针对不同年级的语文、数学、英语、音美、体育等课程的认真开展观听析评课活动。

在操场上，五年级六班下午第一节课是足球课，孩子们异常兴奋，体育教师杜晨雨给孩子们传授的是脚内侧踢球。保定市教科所的体育研究员张智慧跟完课后提出了具体的改进意见。她认为讲课的时间相对较长，孩子们有球练习时间较短，不利于孩子们掌握技术。同时，存在的另一个明显的问题是这种单纯的技术课缺乏比赛环境下的复杂运动情境创设。“离开了比赛环境，孤立的技术再熟练也缺乏实战的检验，应该让学生们学会在复杂的比赛环境下练就娴熟的踢球技巧。”听完专家们的点评，杜老师大呼过瘾。

银河小学的校长杜树感慨地对记者说，虽然他们每周两次定期举行教研例会，不断采取教师们集体备课、老师们之间互相评课等方式提升大家的教学水平，但最缺乏的就是高人指点。这种专家层面的指点就像久旱的禾苗等来了一场及时雨，让教师们受益匪浅。

“虽然易县教育走上快车道，均衡发展在全市名列前茅，但是中小学教师们仍然需要聚焦课堂苦练内功。这次保定教育专家们送教上门，是对易县山区教育的最大支持和鼓励！”易县教育和体育局副局长尹海江说。

专家评课结束后，徐亚丽名师工作室与银河小学达成意向，将其列为教研实验基地，将派具有丰富教学经验的名师定期对该校教师进行教学指导扶贫帮扶。

16时，保定市教科所扶贫志愿者小分队的车辆徐徐启动，银河小学教导处主任杨红英扒着车窗紧追两步：“徐老师，您们什么时候再来呀！”

《燕赵晚报》关于徐亚丽名师工作室易县送教活动的报道

保定市徐亚丽名师工作室研究与实践成果

河北省“十三五”重点课题《核心素养背景下语文阅读“三环六步”学习方式研究》（编号：1902004）研究成果

“元语文”观与“三环六步”学习方式研究

主　编　徐亚丽

副主编　杨　琳　孔杏格

编　委　赵振威　吴　敏　黄　敏　陈亚春　王　静

李　季　舒建发　李　超　石蕾蕾

河北大学出版社

·保定·

出 版 人：朱文富

责任编辑：翟永兴

助理编辑：冯喆圆

装帧设计：张彦琪

责任校对：兰彩红

责任印制：常　凯

图书在版编目（CIP）数据

“元语文”观与“三环六步”学习方式研究 / 徐亚丽主编．-- 保定 ：河北大学出版社，2022.1

ISBN 978-7-5666-1828-3

Ⅰ．①元… Ⅱ．①徐… Ⅲ．①语文课－教学研究－中小学 Ⅳ．① G633.302

中国版本图书馆 CIP 数据核字 (2021) 第 001447 号

出版发行：河北大学出版社

地址：河北省保定市七一东路 2666 号　邮编：071000

电话：0312-5073033　0312-5073029

邮箱：hbdxcbs818@163.com　网址：www.hbdxcbs.com

经　　销：全国新华书店

印　　刷：保定市北方胶印有限公司

幅面尺寸：185 mm × 260 mm

印　　张：15.5

字　　数：290 千字

版　　次：2022 年 1 月第 1 版

印　　次：2022 年 1 月第 1 次印刷

书　　号：ISBN 978-7-5666-1828-3

定　　价：60.00 元

如发现印装质量问题，影响阅读，请与本社联系。

电话：0312-5073023

语文教育理论与实践的创新性成果（序）

徐亚丽老师主编的《“元语文”观与“三环六步”学习方式研究》一书就要出版了，她嘱我写几句话。我才疏学浅且资历卑微，但我欣然答应下来，除了为徐老师高兴外，还有另外三个原因：首先，这部书凝聚着“徐亚丽名师工作室”诸位老师的智慧和汗水，是保定市语文教育界极为难得的实践成果，其中的观念和方法具有创新性意义；其次，我在教育系统工作了二十多年，虽未执过教鞭，但对老师、对教育工作都心怀敬意，有感情；最后，徐老师与我是亦师友亦姐弟亦曾是同事的关系，我极为敬重她的为人、为师和为学。因此，我可以借机向徐亚丽老师、向以她的名字命名的名师工作室的老师们，以及向我至今仍然热爱着的教育事业致谢和致敬。而且，从我的专业角度说，语文教育与文学批评都建基于中国语言文字、文章和文学，是存在一致性的，因此对这部书说几句话也是我的责任。

我在与教育界的朋友们交流时曾说，人身上的诸多问题、社会上的诸多问题，都要从教育中找原因；找来找去，根源往往在语文教育上。语文教育既影响人的世界观，也影响方法论，如果出了偏差，一个人的思想道德和思维方式就会出现问题。徐亚丽老师和我都熟悉的一位同事在关注自己孩子的学习时总结过的一句话，被我们记住了，他说：学生在数学上暴露出来的问题往往是语文的问题。为什么呢？因为孩子不能正确理解数学题，他没有学会阅读理解的正确方式。我也曾跟人说，一个人走向社会，除了极少数专业性工作，没有多少岗位要求你会解各种复杂的数学题，但是却有相当多的岗位需要你有写文章、读资料的能力。当然，我们不是说数学不重要，而是说与数学相比，语文在人的一生中具有更基础的作用，读写能力是人的自我养成和行走社会安身立命的最重要的根基之一。

对于个人是这样，对于社会、国家和民族，语文教育的使命和意义更加重大。语文教育的内容直接对青少年学生的人生观、价值观和世界观的形成产生引导作用，而且由于青少年正处在性格、精神和道德的养成阶段，这种作用是直接的，甚至是决定性的——这进而影响到整个社会。古代中国有着长达数千年的封建社会历史，至少从董仲舒向汉武帝建议“独尊儒术”以来，一套以儒家思想为标准的道德、礼仪和法律制度已经通行了两千年。这使中国社会形成了超越王权的稳定结构，无论皇帝是谁，王权如何更替，文化传统都没有变；不同朝代在制度的细节上虽有渐进的调整，但大体上不脱儒家的规范。这种传统是怎样形成的？应该与封建教育以“四书五经”为教材有直接关系；特别是实行科举制度后，儒家著作经过教育的强化更加被巩固了经典地位，客观上维护了整个社会赖以生存的文化根基。当然，现在的语文教材也经过了多次改革，这也是与社会对人才的需求紧密相关的。

不仅是语文教育的内容，就语文教育的形式和方法来讲，也通过影响学生的思维方式来影响社会观念。不说封建时代学生学习的形式主要是背四书五经，就是20世纪70年代以前出生的人记忆中的语文学习，死记硬背也占了大部分时间，背课文、背古诗词、背词语解释等。这种僵化的学习方式固化了人的思维，也使社会思想观念绝少变化。但改革开放之后，从教学方法而论，恐怕在诸多学科的教学中，语文教育是变化最大的。现在开放式的语文教学方式培养了学生的发散性思维，社会思潮也变得活跃起来，这二者是相辅相成的。但是，现在的语文教育是否真正实现了它应该承载的育人和社会功能？也不尽然。语文教育对人的影响往往来自于潜移默化，无法速成。虽然各种培训班炙手可热，但语文补习班恐怕是最少的，因为很不容易看见效果，无法迅速提分。不过这并不意味着语文教育不需要创新方法，如何提高学生的理解能力、思考能力、阅读能力、写作能力，仍然需要一线语文老师在实践中去研究和探索。

著名教育家叶圣陶说“学习有法，学无定法，贵在得法”，那么“教”肯定也“无定法”。尽管“教无定法”，但势必也要“有法”。徐亚丽老师带领她的名师工作室的老师们从基础做起，创造性地提出了“元语文”教育和教学观念，并在确认语文教育在各个学科中的“元首地位”和“元首作用”后，探索出一套以提高阅读效率、促进师生交流、保障学生发展为目标的“三环六步”学习方式，以达到在坚守语文根本、启迪学生智慧、提高审美水平、培养人文素养等方面有所提升的效果。更重要的是，这部书除了收录阐述“元语文”观和“三环六步”学习方式的理论文章外，还收入诸多课例，这意味着理论成果经受住了实践的检验，不仅从逻辑上实现了语文教学方法从理论到实践再从实践反哺理论的闭环，而且有了明显的实际成效，实现了方法上的创新。这是十分难能可贵的，对于基层一线教育工作者来讲尤其不易。我很钦佩他们的探索精神：当很多人因循守旧按照过去的成规和习惯去上课时，徐老师和她的团队成员却葆有反思意识，坚持“求法”——令人高兴的是，他们最终能“得法”，这部书即是例证。

以上是我的一些感想，谨以此向徐亚丽老师和她的团队表达敬意。

杪椤

2020年10月

前　言

有很多人写过命题作文《我的理想》，也有很多人写过《我的理想是做一名教师》。我便是其中的一个，而且我把理想变成了现实。最初选择报考师范是为了生活，开始教师职业生涯是为了工作，一路走来又成了毕生追求的事业。

我很庆幸当初的选择。中师毕业以后，我教过小学，教过初中，教过高中；教过农村学生，教过城市学生；教过音乐、美术、地理、历史、语文；当过班主任。无论走到哪里，无论教什么课，都会受到学生欢迎，都会激发出学生的学习热情。我用“心”教好每一节课，用“爱”呵护每一个孩子。有辛勤的耕耘，就有丰收的硕果。我也懂得了“亲其师，信其道”的真正内涵。

当老师，使我知道了在课堂上要教给学生什么和怎样教。当教研员，使我知道了为什么要这样教。当一名称职的好老师不容易，当一名称职的好教研员更不容易。做高中语文教研员 20 年了。都说教研员是老师的老师，这其实是对教研员职责最简捷的诠释。对语文教学，自己要知其然，还要知其所以然，最重要的是要带领全体语文教师知其所以然。深知自己肩上的责任，不敢有丝毫懈怠，时时鞭策，时时警醒，坚持读书学习，勤于思考实践，努力做一个受老师欢迎的好教研员。我喜欢学校，愿意和老师们在一起。每次和老师们见面，大家都会亲热地围在一起，热烈交谈有关语文的话题。每当这个时候，内心涌起的有感动，也有欣慰。20 年弹指一挥间，看着一批批意气风发的年轻教师不断成长为成熟稳健的教学骨干，虽然因岁月磨痕而双鬓染霜，回望自己也已过天命之年，但对语文的热爱之情丝毫没有削减，在语文改革的路上依然行走如风，心中依然激荡着万千豪情。

2018 年，在保定市教育局统一安排下，我成立了自己的名师工作室，想通过工作室带动更多的教师共同进步。我给工作室的定位是保定市全体高中语文教师共同的工作室，全体高中语文教师的学习共同体。我身兼教研员和工作室主持人的双重身份，努力发挥辐射带动作用，使全体高中语文教师共同进步，共同成长。两年多来，工作室所有活动全部向全体高中语文教师开放，并且联合其他三个市级高中语文名师工作室共同开展活动，力争使每一次活动的效果最大化，使所有人都能获得成长。2019 年《核心素养背景下语文阅读“三环六步”学习方式研究》被批准为省规划办重点课题。工作室以课题研究为引领，开展了一系列理论和实践研究，拟在探究语文本质规律，解决语文教学现实困惑，落实语文学科核心素养，探索适合高中语文新课标、新教材的学习方式，从大单元设计、群文阅读、单篇教学几个方面进行具体实践。因我们能力有限，难免粗鄙浅薄，期待方家批评指正。

徐亚丽名师工作室得到了许多领导专家老师们的帮助：保定市教育局徐志清局长殷切嘱托，一定要发挥好工作室的引领作用；赵建民副局长亲自授牌，并且进行具体指导，指出要走在其他工作室的前头；河北省教科所副所长缴志清教授从学科建设和专业发展的角度给予指导引领；河北省教科所高中室主任、语文教研员张瑾琳研究员亲临授课，并对课题研究提出指导意见；保定学院继续教育中心王全乐教授给予工作室多次指导并授课。还有河北省继续教育中心常务副主任田宝军教授、著名评论家杪椤先生、《燕赵晚报》的石英杰记者、《保定日报》的张亚德记者……都给予了我和工作室大力支持，在此一并表示感谢。

人民教育家于漪先生说：“自己一辈子做老师，一辈子学做老师。”这句话也是我毕生的追求。语文路漫漫，唯不畏艰难，执着前行，方可抵达彼岸，尽览大美风光。

徐亚丽

2020 年 9 月

目　录

总　论

单元教学设计案例

群文教学设计案例

单篇教学设计案例

总论

我的元语文教学观

保定市教育科学研究所　徐亚丽

中华民族历经五千年风雨沧桑，中华文明绵延不断，历久弥新，与美丽的中国文字有直接关系。当前，中国的发展进入了新时代，习近平同志反复强调中华优秀传统文化是“中华民族的基因”“民族文化血脉”和“中华民族的精神命脉”，要使其成为民族精神的源头，为世界上所有华人提供“精神家园”。优秀传统文化对于增强民族自信心、民族自豪感和民族凝聚力有着重要的意义。作为母语教育的语文教育承载着传承中华民族优秀文化的重要任务。基于此，课程改革对语文提出了新的要求，语文的重要性在此次改革中得到了充分体现，语文学科成为落实立德树人教育总任务的重要学科。

一直以来，语文人对语文的研究和探索都未曾停步，如张孝纯先生的“大语文”观、黄厚江先生的“本色语文”理念、王旭明先生的“真语文”、董一菲老师的“诗意语文”……这些理念产生了广泛而深远的影响，语文流派呈现百花齐放之势。“乱花渐欲迷人眼”，于是关于语文的问题时时浮现在我的脑海：语文到底是什么？语文的作用是什么？学语文对人的意义是什么？我们应该怎样教语文？……

语文教育家吕叔湘说：“我认为每一个做教学工作的人必须首先认清他教的是什么。从事语文教学就必须认清语言和文字的性质……”现在，语文教育改革面临着一个世纪性节点，面临着一个需溯本追源、继往开来的“语文大时代”。面对着当前语文所承担的责任和使命，需要深入思考语文的本质，需要从源头寻找动力。《普通高中语文课程标准（2017 年版）》对于高中语文课程性质如“语言文字的运用，包括生活、工作和学习中的听说读写活动以及文学活动，存在于人类社会的各个领域”等的阐述，成为解开我疑惑的关键所在。

基于以上的思考，我提出了“元语文”教学的概念。《汉语大字典》中“元”有四个解释：①为首的，如元首；②始，第一；③本，原来；④基本的，如元素。我拟从“元”字入手，用“元”字代表我对语文教育性质和作用的思考，也代表我研究和思考语文及语文教学的思维视角。“元语文”有以下几个维度的理解：语文课程的“初元”在于立德树人，即语文课程在落实立德树人总任务中起着不可或缺的作用，此为一“元”。语文课程在基础教育所有课程中具有“元首”地位，即语文学科是基础学科中的元首学科，此为一“元”。语文课程的“本元”在于工具性与人文性的统一，语文学习是听说读写活动及文学活动的总和，此为一“元”。语文课程的“元素”在于文字、文章、文学、文化，语言文字是人类社会最重要的交际工具和信息载体，是人类文化的重要组成部分；语文教学的首要目标就是发展学生的语文学科核心素养，此为一“元”。“元语文”教学就是指语文教学要抓语文之根本。具体说来，“元语文”教学是指要立足语文学科基础性地位，关注语文学习对于人的根本作用，以发展语文核心素养为目标，开展丰富多彩的语文学习活动。“元语文”教学致力于新课标理念在实践层面落地开花，真正破解当前语文教学碎片化、浅表化，只重训练、缺乏语文味的现实困境，探索语文教学改革和发展的新路径。为了能够更为全面地介绍“元语文”观，我从语言文字的产生、语文课程的育人功能、语文课程的“元首”地位、语文学习对人才发展的作用四个方面来具体阐释。

一、从语言文字的产生看，语文的作用是服务育人

恩格斯说：“语言是从劳动当中并和劳动一起产生出来的。”（见恩格斯《劳动在从猿到人转变过程中的作用》）这是揭示语言起源的唯物主义的观点。劳动是语言产生的物质前提。因为劳动需要人与人之间的交往，使用语言的意识便在劳动交往中产生了。可以说，语言是人类物质生产交往实践的结果，人正是在劳动过程中创造了语言。在人类的劳动实践过程中，由于交往的需要，语言才得以产生。因此，语言是“人们的社会产物”，是人类实践活动的结果。

从语言的作用来看，语言是信息载体，是人类最重要的交际工具。莫里哀说：“语言是赐予人类表达情感思想的工具。”巴尔扎克说：“言谈是衣着的精神部分，用上它，撇开它，就和带上或摘下装饰着羽毛的女帽一样。”以上都强调了语言的重要性。文字是建立在语言基础之上的一种最重要的辅助交际工具，也因为有了文字，才能把语言记录下来，留存并且传播。在人类发展的漫长的历史长河之中，正是这些文字为人类发展提供了文明的支撑，也同时指明发展方向，为人类的进步创造了前提条件。因此，《普通高中语文课程标准（2017 年版）》明确指出：语言文字是人类社会最重要的交际工具和信息载体。

劳动创造了语言，进而产生了文字，语言文字成了人类最重要的交际工具和信息载体，换句话说，语言文字就是服务于人的。那么语文学习就是让学生会使用语言文字表情

达意和交流思想。这是语文教学的根本任务。

二、从中国历代人才培养看，语文的教育功能是立德树人

回顾历史，历代统治阶级都会想方设法招揽人才，以巩固统治。先后实行了一系列的选官制度，其中影响较大的选官制度主要包括世官制、察举制、九品中正制和科举制。选官制度和选官方式虽有不同，但是大都强调德才兼备。“德”是符合统治阶级需求的文化伦理道德、行为规范和品行品质等，“才”是符合统治阶级需要的才能和本领。这些“德”“才”都包含在圣贤之书里。读书人为了求取功名，安身立命，实现抱负，就要埋头苦读圣贤之书，从经史子集的文字里学习为人处世的道理、为官治国的方略，期待一飞冲天，实现“修身齐家治国平天下”的人生抱负。因此可以说经史子集等文化经典一直以来具有育人功能，而经史子集等用现代的眼光来看大部分属于语文范畴。

党的十八大报告提出“把立德树人作为教育的根本任务”，教育部出台《关于全面深化课程改革，落实立德树人根本任务的意见》，开启了新一轮的课程改革。而语文对于深化课程改革、落实立德树人根本任务有着举足轻重的地位。因此，可以说语文的育人功能自古有之，一脉相承。

三、从在基础教育各学科中的地位看，语文是“元首”学科

回顾中国教育史，特别是古代教育史，语文一直处于王者地位。不但读书修习的内容主要是语文，即使各级选拔考试，一般也是只考一篇习作，从一篇作文中去审视考生的品德与才华，可谓一篇文章定终身。

民国时期基础教育开始有学科之分，语文成了一门学科，称为国文。新中国成立后，我们的基础教育采用的是苏联的教育模式，“语文”这个学科正式命名，与其他学科并列。20 世纪 90 年代盛行“学好数理化，走遍天下都不怕”，很多人产生了重理轻文的认识，甚至一些学校老师都认为学不学语文无所谓，把语文列为文科，与历史、地理、政治等同对待，语文的地位不断弱化、边缘化，语文课成了学生的休息课。其实这是对语文最大的误解和偏见。语文不仅要学习有关字词句段篇的语文知识，还要培养思维能力、审美能力，陶冶情操，树立正确的人生观和价值观，等等。

现在国家明确提出语文在落实“立德树人”总任务中的作用，充分认识到学习语文的重要性，充分认识到语文学科在各个基础学科中的元首地位，是语文学科的回归，是语文的“王者归来”。

四、从对人才发展的作用看，语文具有“元首”作用

我经常思考这样一个问题：学生在学校学了那么多的学科知识，有多少能记下来并用在生活中？哪个学科对学生一生的影响最大？我想，语文应该是对人的一生影响最为深远的学科。语文教给人们如何使用语言表达思想和情感，如何独立思考、理性看待复杂的社会现象，如何拥有独特的审美和志趣，实现高品质的生活……因此，语文教育要立足学生的未来发展，真正从学生未来和生活工作的需要出发。要致力于发展学生的语文核心素养，即听说读写能力、运用语言文字的能力、思维能力和思维品质、审美鉴赏能力与高尚的审美情趣、对文化多样性的理解能力与丰厚的文化底蕴、符合社会主义核心价值观的人生价值取向等。由于语文学习内容涉及社会生活的各个领域，语文学习形式灵活多样，在某种程度上遮盖了语文教育的本来面目，让一些语文教师无所适从。因此，“元语文”明确语文教育的目标——提升语文核心素养。所有的教学行为、教学实践，都围绕这一总目标设定，开展丰富多彩的语文活动也都是为了这一总目标。

以上从语言文字的产生、语文的育人功能、语文学科的地位、语文对人才发展的作用四个方面具体阐释了“元语文”教学观。那么“元语文”教学观对语文教学有哪些启示呢？

第一，“元语文”教学观让我们充分认识语文的地位、性质和作用，确保方向正确。“元语文”教学观强调语文在基础教育各学科中的元首地位，使语文教师更加明确自己的职责，担当起应有的责任和使命。“元语文”教学观启示我们要深刻理解语文学科工具性和人文性相统一的学科性质，清醒地认识到语文教学要围绕听说读写活动及文学活动来开展。语文教学要立足学生终身发展，立足学生未来的需要。要努力为国家、社会培养合格的建设者和接班人。

第二，“元语文”教学观启示我们在实施语文教学时抓住语文学习的关键和根本，确保思路正确。语文教学千头万绪，语文教法也千差万别，很多语文老师尤其是青年教师有时感觉迷茫，无所适从。“元语文”教学观告诉我们要心中有数，有的放矢，拨开纷繁复杂的现象，抓住语文的根本，把握语文学习的关键。

第三，“元语文”教学观让我们在引导学生语文学习时采用合适的学习方式，确保方法正确。“教无定法”一直以来是语文教学无一定之规的托词，但是我们应该努力探究有效之法，高效之法。“元语文”教学观可以帮助我们探寻适宜学生语文学习的有效方法。在阅读方面我们开展“三环六步”学习方式研究，就是想在语文阅读方面有所突破。

核心素养背景下
语文阅读“三环六步”学习方式研究

保定市教育科学研究所　徐亚丽

《普通高中语文课程标准（2017 年版）》（以下简称《课标》）提出语文学科核心素养要求：“语文学科核心素养是学生在积极的语言实践活动中积累与构建起来，并在真实的语言运用情境中表现出来的语言能力及其品质；是学生在语文学习中获得的语言知识与语言能力，思维方法与思维品质，情感、态度与价值观的综合体现。”《课标》设计了 18 个学习任务群作为课程的基本内容。有效落实学习任务群的学习，逐步提升学生的语文核心素养，需要高中语文教师转变传统的教学理念和教学方式，树立新的课程观、教学观和学生观。截至目前，相关的尝试和探索尚未形成较为成熟的体系。我国著名教育改革家魏书生老师的六步教学法（即定向、自学、讨论、答疑、自测、自结）影响广泛，但此教学法侧重在教学流程方面。我们致力于探索一种适应课程改革形势和要求的，可以对接《课标》提出的语文核心素养培养、学习任务群学习的学习方式，以期更好地使用与《课标》相对应的新教材，使学生逐步学习并掌握语文阅读的方法和规律，逐步提升语文核心素养，最终实现自我教育。

一、语文阅读“三环六步”学习方式的研究目的

（一）落实《课标》要求，提高阅读活动的质量和效率

《课标》指出，语文学科核心素养主要包括“语言建构与运用”“思维发展与提升”“审美鉴赏与创造”“文化传承与理解”四个方面。但传统语文学习注重内容把握和形式鉴赏，对文字、文辞的重视不够，对文字、文辞、文本的文化探寻不足，对学生核心素养培养的重视程度不够；从教学的组织形式看，偏于教师讲解，学生不能够真正实行自主、合作、探究，学生阅读活动的质量不高，效率比较低。语文阅读“三环六步”的学习方式致力于实现顶层设计与日常的教学实践的有机结合，使学生高质量地完成语文学习任务群中各项学习任务，提高阅读活动的质量和效率，进而达到提升语文核心素养的目的。

（二）建构生成式课堂，促发师生智慧的碰撞和沟通

根据建构主义学习理论，依据以学生发展为本的教育思想，学生应在师生共同营造的适宜的课堂生态环境中，自主学习、互教互学、质疑释疑、共同建构、迁移应用等，创建知识、能力与情感协同发展的课堂。在这样的课堂中，师生关系民主、和谐，课堂各要素相互促进，协调统一，课堂围绕学生的学习活动展开。学生在活动中体验，在探究中生成，在互动交流中共享，在教师点拨中明晰疑惑与知识结构，在迁移应用中巩固知识和发展能力，实现师生智慧地碰撞和思想地沟通，促进师生的共同成长。

（三）实现内涵式提升，保障学生发展的协调与稳健

为了实现“立德树人”总目标，《课标》适应时代要求，明确提出要发展学生语文核心素养，致力于培养基础扎实、知识面宽、适应性强、具有创新能力的高素质人才。叶圣陶先生曾说：“尝谓教师教各种学科，其最终目的在达到不复需教，而学生能自为研索，自求解决。故教师之为教，不在全盘授予，而在相机诱导。必令学生运其才智，勤其练习，领悟之源广开，纯熟之功弥深，乃为善教者也。”因此，教师教学的目的应该是帮助学生学会学习，提高学生的学习能力。语文阅读“三环六步”学习方式是一种以组织、引领为导向的教育途径，是一种关注内涵式提升的学习方式，它给予学生的是自我教育的方法。按照此要求，逐步建立以学生为主体，以学生自我学习为主，开放式的且具有创新特点，以任务群教学为特征的阅读学习方式，可以逐步使学生实现自我培养、自我发展，真正实现内涵式提升，保障学生实现全面、协调、稳健、可持续地发展。

二、内容的界定与阐释

（一）内容的界定

语文阅读“三环六步”是一种学习方式，意在探求能够使学习者达到最佳学习状态的具有价值和推广意义的方法。对于语文学科阅读能力的提高而言，不仅要掌握语言知识，提高语言能力，还要培养思维及表达的品质，培养积极的情感、态度与价值观，在此基础上，实现“语言建构与运用”“思维发展与提升”“审美鉴赏与创造”“文化传承与理解”的全方位发展和提升。

语文阅读“三环六步”学习方式是在传统阅读学习方式的“内容把握”“形式鉴赏”的“前提”和“提高”两个方向的分别延伸。“前提”方面，强调学生自学，通过学生自读进行初步感知，一方面扫清文字障碍，一方面实现整体阅读，形成初步认知，为内容把握奠定基础。“提高”方面，强调学生的合作探究，通过学生合作、拓展和探究，一方面质疑文本，提出创建；一方面沟通交流，实现对文本所涉文化内容的传承与理解，在思维和审美方面，均能获得提升：思维方面，不是重在解答问题本身，而是重在通过对问题的深入探讨实现思维发展与提升；鉴赏方面，不仅在于审美的鉴赏，而且进行审美的创造。

（二）内容的阐释

王荣生教授认为，在文言文中，“文言”“文章”“文学”和“文化”，一体四面，相辅相成。黄厚江老师认为，文言文应该是文字、文辞、文章、文学、文化五个“文”的融合。借鉴两位先生的观点，结合新课标语文核心素养“语言建构与运用”“思维发展与提升”“审美鉴赏与创造”“文化传承与理解”的要求，我们将语文阅读“三环六步”学习方式的着力点确定为“文字”“文意”“文学”“文化”：以“文字”为着力点，进行“语言建构与运用”；以“文意”为着力点，进行“思维发展与提升”；以“文学”为着力点，进行“审美鉴赏与创造”；以“文化”为着力点，进行“文化传承与理解”。

语文阅读“三环六步”学习方式图示：

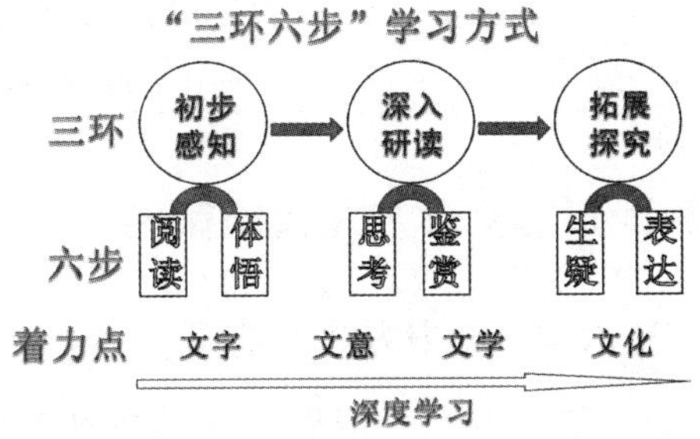

第一环：初步感知。指对学习内容的浅层认知和把握。此环节分“阅读”和“体悟”两个步骤：前者是初读课文，扫清文字障碍，以“文字”的理解、积累为重点；后者是整体阅读，进行宏观把握，以“文意”的梳理、概括为重点。这两个步骤强调的是基础性、自主性，更多地采取前置性学习、自主学习的形式。本环节重点指向语文核心素养之“语言建构与运用”，需要注意的是，这种建构与运用，不是表层化的理解和机械记忆形式的积累，而是“思维发展与提升”“审美鉴赏与创造”“文化传承与理解”的前行。

第二环：深入研读。指对学习内容的深层认知和把握。此环节分“思考”和“鉴赏”两个步骤：前者是深入研读，确切把握文意，以“文意”的确认、深掘为重点；后者是品味鉴赏，读出神韵亮色，以“文学”的鉴别、欣赏为重点。这两个步骤强调的是建构性、合作性，更多地采取小组学习、合作交流的形式。本环节重点指向语文核心素养之“思维发展与提升”“审美鉴赏与创造”，需要注意的是，以上两个维度的落实要以“语言建构与运用”为前提，以“文化传承与理解”为指向和归宿。

第三环：拓展探究。指对学习内容的适度延展与创造。此环节分“生疑”和“表达”两个步骤：前者是立足现实，生成新的疑问，得出新的创见，以“文意”“文学”的拓展、延伸为重点；后者是发表观点，交流感受心得，以“文化”的传承、创造为重点。这两个步骤强调的是应用性、创造性。本环节重点指向语文核心素养之“文化传承与理解”，但要以“语言建构与运用”为前提，以“思维发展与提升”“审美鉴赏与创造”为基础。

三环，环环相扣，由浅入深；六步，步步衔接，由低到高。三环六步涵盖了阅读与鉴赏、表达与交流、梳理与探究等语文活动，力求遵循学生的认知规律，注重学生参与体验，激活学生思维想象，提升学生审美情趣，引导学生真正走向深度学习。

需要再次强调的是：在此学习方式中，“语言建构与运用”“思维发展与提升”“审美鉴赏与创造”“文化传承与理解”等语文核心素养的四个维度是循环往复，交替上升，共同提高的。另外，此学习方式在实际操作中不是一成不变，每个环节中的两步是先后关系，但可统筹安排，交互进行，相互渗透，相互促进；根据学习内容的不同，六步可各有侧重或适度调整，即在一条主线的基础上，可以有小的波浪和跳跃。

“三环六步”学习方式既适用于单篇教学，也适用于单元教学和群文教学。

三、语文阅读“三环六步”学习方式实施策略

（一）实施语文阅读“三环六步”学习方式的前提

实施语文阅读“三环六步”学习方式，前提在于教育理念的更新、专业素养的提升、教学管理的科学、创新意识的增强。

1. 更新教育理念

《基础教育课程改革纲要》《普通高中课程方案》《普通高中语文课程标准（2017 年版）》是语文教育的指向和归宿。教师应认真研究，把握时代脉搏，坚持正确的政治方向；从新课程的育人目标和学生的具体情况出发，灵活运用多种教学策略，有针对性地组织和引导学生开展语文学习活动。新课程不只是文本课程，更是体验课程；新课程背景下的课堂不只是特定的知识载体，更是教师和学生共同探求新知识的过程。教学既要有结论，更要注重过程。根据新课标要求，要结合学生实际，以学生为中心，培养具有“理想信念和社会责任感”“科学文化素养和终身学习能力”“自主发展能力和沟通合作能力”的人。教师应真正树立可持续发展和终身学习的理念，使教学过程真正成为引导学生观察、想象、探索、思考、质疑、创新的过程，从而为学生终身学习、终身发展奠定必备的基础。

2. 提升专业素养

语文教师要通晓语文学科的知识，还要了解相关的学科知识，如哲学、逻辑、美学、艺术、历史学、地理学以及理科的一些相关知识，使自己成为一个杂家。语文教师要抱定终身学习的信念，既要广泛涉猎，又要在相关方面深入探究；既要深入研究教材，又要关注社会时事动向；既要注重传统文化对学生的陶冶作用，又要注意时下的流行文艺对学生的影响。在新课标背景下，语文教师的知识结构应该是多角度、多层次的。第一层知识是社会科学和其他百科知识，第二层知识是和语文教育教学密切相关的教育学和心理学等专业知识，第三层知识是教师知识结构的基础也是立足之本——语文学科的专业知识。教师还应是研究者，要摆脱经验的束缚，更加注重教法的研究，追求做“学者型教师”，不断提高语文教学的质量和效率。

教师的专业素养还包括健康积极的心理状态。教师有了良好的情绪和健康的心理，能细心而及时地发现学生的进步和闪光，能正视和包容学生在学习过程中存在的差异、缺点和不足，能亲切适时地给予引导和鼓励，这样才能帮助学生确立自信，拥有健康的学习品质，具备良好的社会适应能力。

3. 加强教学管理

语文教师要有较强的教育教学管理能力，要善于组织和调控课堂，学会倾听，懂得欣赏，发挥特长，创设平等、激励、互助的教学情境，通过学生的自主、合作、探究的学习形式，实现理解、记忆、运用的三位一体，统筹安排，循序渐进。教师要注意因材施教、分层教学，使学生实现内涵式发展。

4. 培养创新意识

爱因斯坦说：“提出一个问题比解决一个问题更重要。”面对新的挑战，语文教师要有质疑精神和创新意识。质疑是开启创新的一把钥匙，世界上许多发明创造均源于“疑问”。教师要培养学生的问题意识、创新意识，不能闭门造车、僵化守旧，必须学会在时代的要求下转变、突破和提高，开拓一条行之有效的新路。

（二）实施语文阅读“三环六步”学习方式的关键

实施语文阅读“三环六步”学习方式，关键在于“体悟”“思考”“鉴赏”“生疑”，使学生的认识由浅入深，由粗到精，产生创见；使学生的感情由疏离到共鸣，从而有更大收获。

1. 体悟：扫清文字障碍，进行整体感知

此环节重在落实“语言建构与运用”。学生要借助材料和工具书，了解作者及时代背景，自读文本，把握重点字词的音形义，读准节奏，整体把握文本内容。这是学生独立扫清文字障碍、初步把握文本内容的过程。需要注意的是，实现“语言建构与运用”不能为积累而积累，要兼顾“思维发展与提升”“审美鉴赏与创造”“文化传承与理解”。

2. 思考：深入研读文本，获得本真理解

此环节重在落实“思维发展与提升”。学生通过合作探究、分组讨论的过程，在教师的点拨下，揣摩文本语言，进入文本情境，把握意象特点，获得生命体验。这是学生通过合作由表及里、深入把握文本内容的过程。需要注意的是，实现“思维发展与提升”要以“语言建构与运用”为前提，以“审美鉴赏与创造”为辅助，以“文化传承与理解”为指向和归宿。

3. 鉴赏：形成审美体验，赏析形式技巧

此环节重在落实“审美鉴赏与创造”。学生通过对文本的赏析和品鉴，身临其境，激发生命热情，把握形式特点，理解表达作用，形成审美体验，获得审美享受。这是学生由内容到形式、全方位把握文本的过程。需要注意的是，实现“审美鉴赏与创造”，要以“语言建构与运用”为前提，以“思维发展与提升”为辅助，以“文化传承与理解”为指归。

4. 生疑：感发意志情怀，生发个人创见

此环节重在落实“文化传承与理解”。学生在准确理解文本内容的基础上生发自由联想，发挥能动作用和创造精神，将作品所传达的生命意识转换成为自身的生命体验，从而形成个人创见。这是学生由此及彼、实现文化创造的过程。需要注意的是，实现“文化传承与理解”，要以“语言建构与运用”为前提，以“思维发展与提升”“审美鉴赏与创造”为辅助。

“体悟”“思考”“鉴赏”“生疑”四个关键所形成的序列，体现的是“语言建构与运用”由低级到高级、“思维发展与提升”由浅层入深层、“审美鉴赏与创造”由客观到主观、“文化传承与理解”由传承到应用的过程。

（三）实施语文阅读“三环六步”学习方式的原则

实施语文阅读“三环六步”学习方式，原则在于坚守语文根本、启迪智慧灵光、提高审美水平、收获人文硕果，从而落实新课标“语言建构与运用”“思维发展与提升”“审美鉴赏与创造”“文化传承与理解”要求。

1. 坚守语文根本——语言建构与运用

要坚守语文学科的“语言建构与运用”这个根本，通过对语文知识的不断积累、梳理与内化，努力构建语言体系，实现在真实且具体的言语情境中正确、熟练、有效地运用语言文字进行交流与沟通。要以“学得”促发“习得”，以“习得”落实“学得”。理解、记忆、运用三位一体，统筹安排，循序渐进。

2. 启迪智慧灵光——思维发展与提升

要启迪“思维发展与提升”的智慧灵光，获得思维能力发展和思维品质的提升。要抓住关键，体悟动情；由表及里，通达内心；前后贯通，通解文字。要学会联系地、发展地、全面地看问题，学会探究事物的本质、联系、根源、发展趋向，寻找解决问题的方法。

3. 提高审美水平——审美鉴赏与创造

要提高“审美鉴赏与创造”的水平，获得审美体验，提高鉴赏能力，生成审美创造。要把握作品结构、语言、表达技巧方面的特点，学会从作者抒情达意、作品内容形式、读者感受认识角度体会其表达作用。

4. 收获人文硕果——文化传承与理解

要收获“文化传承与理解”的硕果，使学生获得精神的成长和生命的成长，实现文化的“增值”。学习文化知识不能“掉书袋”，不能满足于记住一些文化常识。“学者为用”，只有把文化迁移、转换、创新为学生的生命体验、社会认知、人生经验，才能让所学的东西焕发无穷的生命力，从而有益学生的终身成长。

当好三种角色，勇立课改潮头

——语文阅读“三环六步”学习方式对语文教师的要求

保定市教育科学研究所　杨琳

2018年底，《普通高中语文课程标准（2017年版）》正式颁布，语文学科核心素养、任务群教学、整本书阅读、语文实践活动情境等一系列全新的概念扑面而来，令人眼花缭乱，各种解读和研究接踵而至，让人无所适从。对此，语文新教材总主编温儒敏教授说，语文学习核心三件事，就是“阅读与鉴赏”“表达与交流”“梳理与探究”。只有抓住了这个实质，我们的课改才能不断走向深入。

名师工作室成立一年多来，徐亚丽老师带领名师工作室成员进行了大量有益的尝试和探索，经过反复论证，提出了“元语文”的教育理念。“元语文”突出了语文教育的元首地位和基础性作用，力求厘清语文教育的本质，努力探寻语文教学的有效方法，提升语文学习的效率。为践行“元语文”的理念，徐老师进一步提出了语文阅读的“三环六步”学习方式。“三环六步”学习方式是以“阅读与鉴赏”“表达与交流”“梳理与探究”为核心，把语文学习分成三个环节和六个步骤。“三环”是“初步感知”“深入研读”和“拓展探究”；“六步”对应“三环”，依次为“阅读”“体悟”“思考”“鉴赏”“生疑”“表达”。

从操作层面上看，“三环六步”学习方式是新课改背景下的应用策略研究，旨在落实语文学科核心素养的要求，给教师提供一套科学规范、行之有效的课堂教学策略，让教师有法可依、有章可循，从而实现教师、课堂与新课标、新理念的真正对接。从本质意义来看，“三环六步”是一种学习方式，它指向学生的学习，其目的是让学生真正实现深度学习、创造性学习，从而真正学会学习，具有终身学习的能力。所以说，它的出发点是教师的教学策略，而它的指向和归宿是学生的学习能力，我们的研究不能仅仅着眼于教师的“教”，而应更关注学生的“学”，这对教师提出了更新、更高、更深层的要求。教师应虚心学习，更新观念，转变角色，勇于探索，在实践中不断积累经验，才能跟上课改新形势。

一、以教育科研为先导，增强研究意识，研读最新政策与前沿理论，争当虚心的学习者

在这场轰轰烈烈的课改中，教师的第一个角色就是学习者。让学生多读书，教师先要读书；要提升学生的核心素养，教师先要有深厚的学养。而现实的情况是，有很多语文教师并不重视读书，甚至是不读书，课堂教学中也不引导学生阅读，以刷题代替读书，以经验替代学习，这成了当前语文教育的一大顽疾。我们的课改便是要纠正这一偏误，把教师、学生和课堂引回读书的正路上来。所以，如果教师不加强学习，不广泛阅读，不增强研究意识，就不能适应新课改的要求，不能充当一名合格的教育者。

那么，教师要学习什么呢?

首先要研读最新政策以及相关文件。学习体会十九大、全教会的精神，学习国家关于深化教育改革的一系列政策文件，把握课改新动向，了解发展新趋势。例如：2019 年 6 月 11 日，国务院印发《关于新时代推进普通高中育人方式改革的指导意见》，对实施新课程新教材、推进选课走班、深化课堂教学改革、高考命题和招生改革等提出了指导性意见。教师对这些文件应认真学习。

重点研读新课标，学习新课标的权威解读，比如王宁、巢宗祺的《普通高中语文课程标准（2017 年版）解读》等，领会新课标的本质内涵，研究如何将课标精神融入课堂的策略与途径。

要阅读古今中外教育大家的经典名著，学习前沿理论知识，并把理论知识内化于心，外施于行。工作室为老师购置了《课程与教学的基本原理》《如何阅读一本书》《听王荣生教授评课》《学会提问》《批判性思维》《语文科课程论基础》《审美阅读 15 讲》《叶圣陶语文教育论集》《课程与教学的基本原理》等一系列专业理论书籍，为引导教师提升理论研究水平准备了丰富的资料。

要向课改先进地区学习，吸取先进经验。比如上海、浙江，是课改先行地区，积累了很多经验，有较为成熟的做法。我们应该走出去，请进来，多参加教研、课赛、培训与研讨等活动，利用各种机会开阔视野，更新观念，摸索出自己的课改之路。

二、以实践应用为根本，在实践中学，在实践中做，勇当课改的践行者

理论学习是为了更好地指导实践，实践应用层面上的改革才是根本。目前我们的课堂呈现出两种倾向。一种是只重应试训练，语文教学急功近利。有些老师认为所谓新课改还

是跟2003年课改一样，穿新鞋走老路，最终还是和以前一样，讲课就是做题，做题就是套模式，素质教育就是在公开课上做做样子，新课改不会真正落地。这种保守落后的观念导致很多教师只会讲题不会讲课，课堂越来越缺少语文味。另一种是做表面文章，偏离语文教学本质。还有一些老师高举课改大旗，放手让学生活动，教师成为课堂的旁观者。这些课堂中，学生多才多艺，绘画、唱歌、演讲、辩论、小品样样都有，唯独欠缺属于语文本身的活动。这样的课堂看起来学生很活跃，实际上却收获寥寥。

所以，面对新课改，我们不能无动于衷，以不变应万变，也不必过分焦虑，茫然不知所措。从实践中来，到实践中去，深入学习，大胆尝试，要努力在教学实践中参与改革，践行改革。

新教材以学习任务群来整合单元教学，这是新课改中的一个最重要的变化。学习任务群设置的目的是突破单篇教学，克服以前语文教学随意、零碎、重复等缺点，让学生在语文实践活动中学会自主学习，从而真正构建学生的核心素养。对此，我们首先要借鉴以前的经验，学习任务群教学和以前的主题教学、群文教学、单元教学有相通之处，我们可以在这个基础上进一步探索，实践。其次我们还要看到学习任务群的创新之处，一个学习任务群由几个单元组成，每个单元都有单元学习任务。单元学习任务不是课后练习，而是任务驱动。它从问题出发，通过活动情境完成。教师应从这个任务出发，将任务具体化，确定重点、难点、方法等，形成教学设计。同时还要认识到，任务不等于问题，教学设计重点不是问题本身，而是活动情境。教师要设计具体的语文实践情境引导学生活动，通过自主学习解决问题。这是我们在课改实践中要把握的重点，我们奔着这个方向去备课、上课，才能算得上是真正践行课改。

语文学习任务群中，整本书阅读尤其引人瞩目。整本书怎么教？学生怎么学？很多教师感到头疼。对此，温儒敏教授说，整本书阅读重在“读书养性”，培育毅力，涵养心智，祛除浮躁，不要布置过多的活动任务，读本身就是任务，培养兴趣才是目的。这给课堂教学指明了方向，教师应该拿出充分的时间让学生阅读名著，除了新教材要求的《红楼梦》和《乡土中国》两部名著之外，还可以根据学情引导学生阅读其他名著，给学生埋下读书的种子。这是每一个语文教师践行课改不可回避的任务。

我们参与课改还要有效利用信息技术和多媒体手段，提高课堂教学效率。在运用信息技术时，要注意整合信息资源，为教学服务，实现信息技术与学科教学的有机融合。

三、以课堂教学为阵地，更新观念，转变角色，改进教学方式，当好学生的引路人

课改不是我们勾勒的美好愿景，它应真切地发生在我们的课堂上。新教材总主编温儒敏多次提到，老师要转变角色，由主要担负讲授，转为引导学生在语文实践“活动”中学习。教师要把教学的落脚点放在安排好学生的自主学习，力求围绕自主学习的“任务”去设计。要达到这个要求，关键是教师的角色定位。

在我所看到的一些公开课中，语文课由教师的表演变成了学生的表演。很多课动辄就让学生讨论，学生讨论得热火朝天，然后就是学生的展示，最后教师做蜻蜓点水式的总结。教师的教案设计中，有很多资料、问题、总结，恰恰需要教师用心思的讨论环节一片空白。讨论的是什么？有没有必要讨论？要求是什么？目的是什么？教师自己都没有真正弄明白，这样的讨论怎能真正起到作用？还有一些课设计了很多活动来展示学生的才艺，教师退居幕后，穿插点评也只是为了组织串联。这样的课堂，学生的确成了课堂的主体，只是课堂进行的是肤浅的语文活动，甚至不是语文活动，教学设计缺乏层次性和目的性。对于学生的“表演”，教师的评价更像是主持人的串词，师生之间没有真正的思维互动，教师所起的作用微乎其微。

出现这些问题的根本原因是教师的角色定位错了。改进教学方式不是让教师降格为课堂的旁观者、突出学生的主体地位不意味着教师交出课堂的主导权。课堂不是学生的独角戏，而是师生共同成长的舞台。教师不是导演，也不是主持人，而应该是学习的引导者、学生的引路人。要做好这个角色，教师必须抓住两个关键——课堂提问的设计和讨论合作的组织。

第一，关于课堂提问的设计。在新课改下，课文提问的设计源于任务驱动，即要有问题导向意识。同时还要注意提问的方式，课堂教学不能简单地被问题或任务捆绑，不能“满堂问”，不应该把课文肢解为解决问题、完成任务的材料或者讨论问题的“支架”。教师应积极探索基于情境、问题导向的互动式、启发式、探究式、体验式等课堂教学。例如《兼爱》一课中，有老师这样设计问题导入：

今天咱们先来做几道选择题，事关人生，谨慎作答哟。

（1）如果你天生对机械有极高悟性，小到制造木鸢，大到建造机关城，你会选择：

A. 术业专攻，成为名匠　　B. 制作器械，助人守城

（2）如果你师从大儒钻研学术，一不耕田二不劳作，年纪轻轻颇有见地，你会选择：

A. 顺应自然，继承衣钵　　B. 披荆斩棘，另立新说

（3）如果你一路讲学收徒，盛名在外，越王许诺授官封地，你会选择：

A. 欣然接受，安心辅君　　B. 拒绝封赏，继续奔走

（4）如果你冒着被囚禁、被杀害的危险，以己之力止楚攻宋，却在避雨时被宋国士兵轰赶，你会选择：

A. 心灰意冷，封存善意　　B. 问心无愧，消失雨中

这些选择题，都出现在一个人的生命中，他都选择了B。这个人就是——墨子。

这就是一个典型的基于情境、启发式的提问设计，契合整体的问题导向。

第二，关于讨论合作的组织。讨论合作是自主、合作、探究的学习方式的重要形式。关于讨论问题的设计，一是要有选择性，教师要精心选择涉及教学重点、难点的有价值的并且适合讨论的问题组织学生讨论；二是要有层次性，由浅入深，由内而外，体现教学设计的整体思路。讨论活动的组织要合理有序，要求应具体明确，包括时间、分组、方法、回答形式等，这些都要以文字的形式体现在教案里。

下面举一个例子。徐亚丽名师工作室成员赵振威老师的《登岳阳楼》（此课获“一师一优课，一课一名师”部级优课）讨论合作环节是这样设计的：

1. 出示问题

（1）“吴楚东南坼，乾坤日夜浮”表现了怎样的意境？请简要赏析。

意境题的答法：

- 境
  - 总（两个形容词）
  - 分（描述或列举）
- 法：手法
- 意：情理

（2）关于“昔闻洞庭水，今上岳阳楼”，清人仇兆鳌认为：“‘昔闻’‘今上’，喜初登也。”你是否同意？（知人论世）

（3）“亲朋无一字，老病有孤舟”中“字”能否改为“信”？为什么？（释意思，明特点，说情感）

（4）结合注释来看，“戎马关山北”揭示了怎样的社会环境？“凭轩涕泗流”是从

什么角度写人的？表现了怎样的心境？

2. 讨论要求

分组讨论，教师巡回指导。利用置身诗境、缘景明情的方法进行鉴赏，分为四组展开讨论。

这堂课的讨论问题不是零散的、随意的，而是紧紧围绕教学重点“置身诗境、缘景明情”鉴赏方法来展开的。赵老师把“诗境”分解为“作品意境”（问题 1）、“作者处境”（问题 2、问题 3）、“社会环境”（问题 4 第一问）、“作者心境”（问题 4 第二问），引导学生分别进行研讨，体现了设计的整体性、层次性，也体现出教师备课的深度。在讨论合作的要求上突出了思维方法，避免了学生盲目、随意、肤浅的讨论行为，体现出讨论组织的细致周密。这样的讨论是在教师主导下进行的有效讨论，学生才能充分发挥主体性，真正参与课堂。

单元教学设计案例

部编版普通高中教科书《语文·必修·上册》第一单元教学总体设计

保定市教育科学研究所　徐亚丽　杨琳

一、学习任务群

文学阅读与写作。

二、单元主题

青春的激扬。

三、单元学习任务、目标及依据

（一）学习任务一：初步感知——青春初体验

1. 教学目标

（1）了解部编版普通高中教科书《语文·必修·上册》第一单元七篇课文中涉及的重要作家作品、重点字词。

（2）阅读《沁园春·长沙》《立在地球边上放号》《红烛》三首诗歌，理解诗歌的主要意蕴和情感。

（3）梳理小说《百合花》的故事情节，联系特定的历史背景，理解小说的内涵。

（4）理解作品的意蕴和情感，初步感受作品中呈现的青春价值。

2. 依据

（1）基于课标分析。

作为高中语文课本的第一个教学单元，本单元所选的诗歌和小说都围绕“青春的价值”展开，利于学生结合切身体验解读文本，贯彻了高中语文新课标“坚持立德树人”“以核心素养为本”“加强实践性”等基本理念，引导学生自觉继承中华优秀传统文化和革命文化。在初中语文学习积累的基础上，继续引导学生丰富语言积累，培养良好语感。

（2）基于核心素养。

第一课时通过阅读文本以及交流讨论环节来强化“语言建构与运用”这一学科核心素养。三篇诗歌的作者都是时代的先驱，小说《百合花》描写的是解放战争时期介于前线和后方之间发生的故事，可以在初步阅读的基础上强化“文化传承与理解”这一学科核心素养，引导学生了解革命文化。

（3）基于学材内容。

本单元的五首诗歌和两篇小说创作于不同的历史时期，但都着笔于对青春的吟唱。作者或感时忧国、抒发情怀，或感悟人生、思考未来，学生通过阅读激活澎湃的青春激情。《沁园春·长沙》是一首现代人写的古典诗词，体现一代伟人毛泽东年轻时雄视天下的凌云壮志。《立在地球边上放号》《红烛》则是典型的现代诗，赞美摧毁旧世界、创造新生活的雄壮强大的力量，朝着理想中的光明之路迈进，即使自己被烧成灰也在所不惜。小说《百合花》通过一位革命军人的牺牲表现了军民鱼水情，歌颂了人性美、人情美。本单元深刻阐释了青春的概念。青春是什么？是激情，是力量，是创造，是奉献，是燃烧，是牺牲，是崇高，是热爱，是人性的一种美！这些内容非常符合刚上高中的十五六岁孩子的思想认知和情感需求。

（4）基于学情分析。

本单元的教学对象是高一新生，课文文本方面基本不存在文字识记、理解的困难，重点难点在于情感、态度和价值观方面的影响和引导。尤其是刚上高中，还存在很多不适应，在理想、目标、信念等方面有很大的心理需求。在阅读过程中强化引导“有所触动，有所感动”显得尤为重要。

（二）学习任务二：深入研读——鉴赏青春美（诗歌）

1. 教学目标

（1）以《沁园春·长沙》为重点，品味意象，把握意象及特点；感悟作者的情怀，激发情思；学会科学的背诵方法，背诵《沁园春·长沙》。

（2）比较阅读《立在地球边上放号》《峨日朵雪峰之侧》两首诗，理解诗歌层次及内容，把握借景抒情、托物言志等表现手法；通过富有表现力的词语欣赏诗词；学写札记。

（3）学习《红烛》《致云雀》，运用所学知识，理解内容，鉴赏形象、语言、表达技巧；有感情朗读诗歌；学写鉴赏性文段。

2. 依据

（1）基于课标分析。

通过对本单元诗歌篇目的学习，引导学生阅读古今中外不同体裁、风格的诗歌，使学生在感受形象、品味语言、体验感情的过程中提升诗歌欣赏能力。借以提高审美鉴赏能力和表达交流能力。获得审美体验，认识作品的美学价值，发现作者艺术创作的独特之处。选用札记方式，写出自己的阅读感受和见解，与他人分享，积累、丰富、提升文学鉴赏经验。养成写读书提要和笔记的习惯。

（2）基于核心素养。

语言建构与运用：理解诗歌内容，品味诗歌语言，逐步掌握词的文字特点及运用规律，感受新诗特点，形成个体言语经验，发展在具体语言情境中交流沟通的能力。

思维发展与提升：概括作品内容，把握词的意象和意境，概括画面特点，培养学生想象力，并从情景交融的角度赏析词作，提高诗词鉴赏能力。

审美鉴赏与创造：学习借景抒情、托物言志等表现手法，理解诗歌的意象美和情感美，领悟作品内涵，体会艺术魅力。

文化传承与理解：了解诗歌情感与时代背景的关系，体味诗人蕴含于作品中的情感，体会《沁园春·长沙》中诗人博大的胸怀、以天下为己任的历史责任感、澎湃的青春激情和报效祖国的理想等。

（3）基于学材内容。

《沁园春·长沙》为古体诗歌中的借景抒情的词，炼字选词精妙，借独立远望与遥想抒发情怀。这首诗意象活泼灵动，意境丰盈深邃，抒发了昂扬向上的青春激情，表达了雄视天下的凌云壮志。

《立在地球边上放号》为借景抒情的现代诗，从立于地球边放号的角度抒写，意象雄奇奔放，意境宏阔有力，赞美了摧毁旧世界、创造新生活的雄强之力，体现了五四运动所焕发的自由宏阔、雄奇奔放的气概。

《红烛》为咏物抒情的现代诗，语言意蕴丰厚，激情洋溢，长短错落，诗歌借助与红烛的“对话”表达对青春、对理想的思考。闻一多化用“蜡炬”这一古典意象，赋予了它新的含义，赞美了红烛以“烧蜡成灰”来点亮世界的奉献精神。学习时要注意体会诗人如何借助与红烛的“对话”表达青春的困惑与希望，以及对理想的坚毅追求。洋溢在诗中的幻想和情绪渲染，感叹词的回环使用，诗句长短错落形成的节奏美，也是欣赏时要关注的。

雪莱的《致云雀》以云雀为中心组成密集的意象群，表达诗人奔放的激情和坚定的理想，其意蕴深刻，比喻新奇，要注意体会诗人的情感，理解云雀的象征意义；把握作品节与节之间环环相扣的特点，欣赏诗人想象的奇特和运用修辞手法的大胆、灵活。

通过对以上篇目的学习，拓宽诗歌学习及人生发展的视野，思考青春的价值，把握诗歌特点，体会诗歌的魅力，学习从语言、形象、情感等不同角度欣赏作品，获得审美体验。

(4) 基于学情分析。

学生走进高中，进入青春期。面对青春，充满好奇，注重外在的个性，常自以为是。在人生观确立的关键期，有必要正确认识青春的价值，将自身发展融入时代洪流，扩大视野，提升境界。

学生对于诗歌的学习尚停留于感性阶段，应指导学生通过形象、语言、情感等不同角度欣赏作品，把握小说叙事和抒情的特点，并尝试写作诗歌。

受年龄、心理和外在环境的影响，学生对自然、社会、人生缺乏深刻体验和浓挚的情感，对周围的事物及自然景象疏于观察，对诗歌的形象、语言、表达技巧把握不准，缺乏深层认知。但处于青春期的学生对未来有美好设定，有拥抱未来的激情。应立足引导，在“青春激扬”“诗歌鉴赏”两个方面获得提高。

(三) 学习任务三：深入研读——鉴赏青春美（小说）

1. 教学目标

(1) 了解《百合花》《哦，香雪》两篇小说的作者及其作品，识记重点字词。

(2) 梳理小说《百合花》《哦，香雪》的故事情节，联系特定的历史背景，理解小说的内涵。

(3) 感受人物形象，理解作品的意蕴和情感，启迪学生对美好情感和美好理想的憧憬，思考青春的价值和意义。

(4) 把握小说叙事和抒情的特点，体会小说的诗意语言的魅力，注重审美体验。

2. 依据

(1) 基于课标分析。

新课标规定高中生要精读古今中外优秀的文学作品，感受作品的艺术形象，理解欣赏作品的语言表达，把握作品的内涵，理解作者的创作意图。并根据不同的艺术表现方式，从语言、构思、形象、意蕴、情感等多个角度欣赏作品，获得审美体验，认识作品的美学价值，发现作者独特的艺术创造。而《百合花》《哦，香雪》分别是著名作家茹志鹃和铁凝的经典作品，她们用女性独特的视角、细腻的情感和诗一样的语言诠释了不同时期青春的价值和意义，这对处于青春时期的高中生来说意义非凡。

（2）基于核心素养。

语文核心素养是学生通过学习而逐步形成的正确的价值观念、必备品格和关键能力。而《百合花》《哦，香雪》都是大时代背景下的小故事，既没有曲折离奇的情节，也没有惊心动魄的冲突，用委婉细腻柔美的笔调去描写人与人之间那种纯洁美好又微妙含蓄的感情，去抒发改革开放之初，闭塞、落后的边远山村女性对文明、美好生活的向往和憧憬。学习这两篇小说，可以从语言建构与运用、思维发展与提升、审美鉴赏与创造、文化传承与理解这四个方面培养学生的学科核心素养。

（3）基于学材内容。

《百合花》写的是战争年代一名革命军人的牺牲，《哦，香雪》写的是改革开放初期山村少女对现代生活的向往。两篇小说的时代背景不同，表现的青春情怀却都是那样感人。茅盾先生称赞《百合花》在结构上最细致严密，同时也是最富于节奏感的。它的人物描写，也有特点：人物形象是由淡而浓，好比一个人迎面而来，愈近愈看得清，最后，不但让我们看清了他的形，也看到了他的内心。……它是结构谨严、没有闲笔的短篇小说，但同时它又富于抒情诗的风味。孙犁先生评价《哦，香雪》说："这篇小说，从头到尾都是诗，它是一泻千里的，始终一致的。这是一首纯净的诗，即是清泉。它所经过的地方，也都是纯净的境界。"读这样的精品，学生自然会得到青春的洗礼、审美的熏陶。

（4）基于学情分析。

学生由初中跨入高中，对高中生活充满了想象和憧憬，对青春和未来饱含了无限的热情，此时安排两篇感情细腻、表现青春热情和人性美好的文章，无疑能引起孩子们强烈的共鸣，激发同学们对青春价值的思考和探究，符合"立德树人"的根本任务。学生在初中也学习了一些优秀的文学作品，但缺乏理性的、深入的思考。在高中学习过程中，老师引导学生自主阅读，合作探究，这对于提高学生自主阅读、合作探究的能力和审美鉴赏能力不可或缺。

（四）学习任务四：拓展探究——青春纪念册

1. 教学目标

（1）巩固本单元诗歌在意象选择、语言锤炼等方面的知识，把握诗歌的表达技巧，深入体会"诗味"。

（2）深切感受青春的激情，深入理解青春的价值，结合本单元诗作和能够引发思考的其他作品，发挥想象，尝试写一首关于青春岁月的诗。课后可以把作品集结成册。

2. 依据

（1）基于课标分析。

高中语文新课标秉持了“坚持立德树人”“以核心素养为本”“加强实践性”等基本理念，高一语文第一单元所选作品的核心主题均为“青春的价值”。这些优秀作品都有很强的引领作用，特别是五首诗歌，虽背景不同，写作风格各异，但都是“青春的吟唱”，都传承了一种思想与文化。

（2）基于核心素养。

第九课时通过回忆巩固本单元诗歌在意象选择、语言锤炼、表现手法等方面的知识，引导学生主动思考并“生疑探究”，使学生深入体会“诗味”。在此基础上交流感悟，并尝试创作一首关于青春岁月的诗，分享青春感悟，强化“语言建构与运用”这一学科核心素养。

（3）基于学材内容。

本单元所选的五首诗歌和两篇小说的“着眼点”都是“青春的思考与青春的价值”。学生已经有了前八课时的“初步感知与深入研读”，青春的激情已被触发，并且在意象的选择、语言的把握和写作技巧的运用上，有了一定的积累。学习本课时，教师就势而发，要求学生学写诗歌，更能明确目标，书写激情。

（4）基于学情分析。

高一新生已经有了一定的鉴赏能力，对文本的理解困难不大，但在理想信念、人生态度与价值观方面，还需要老师的教育和引导。有了前八课时的阅读鉴赏，学生的感悟认识已经上升了一个层次，情感更饱满，写作手法也更丰富了。此时，设计一堂“写作”课来检验与提升很有必要。课堂中，教师的作用就是引领、帮扶、建议与评价。

单元学习任务活动之初步感知

——青春初体验

保定市第三中学　舒建发

第一课时

一、预习作业及指导

本单元的人文主题是“青春的激扬”，通读本单元的七篇课文，选择一篇你喜欢的课文，结合自己的经历与体会，写出自己的青春感悟和思考，不少于200字。

指导：

青春既有奋斗追求，也有懵懂迷茫；既充满朝气和热情，又难免多愁善感。教师要正面引导，帮助学生形成积极乐观、健康向上的人生观和价值观。要引导学生从书本中探寻答案，在青春的关键时期不消极颓废，不彷徨拖沓，明确理想目标，努力奋进，积极进取，以昂扬的斗志“指点江山，激扬文字，粪土当年万户侯”，描绘自己绚丽多彩的青春画卷！

二、课堂导入

青春是一个永恒的话题。下面请欣赏沈庆的校园民谣《青春》，感悟青春的含义与价值。

《青春》部分歌词如下：

青春的花开花谢
让我疲惫却不后悔

四季的雨飞雪飞
让我心醉却不堪憔悴
轻轻的风轻轻的梦
轻轻的晨晨昏昏
淡淡的云淡淡的泪
淡淡的年年岁岁
带着点流浪的喜悦
我就这样一去不回
没有谁暗示年少的我
那想家的苦涩滋味
……

这首歌曲唱出了年轻人对于青春的独特感悟，青春有美好的理想、不懈的奋斗，也有前行的疲惫、漂泊的苦涩……而课文中毛泽东、郭沫若、闻一多和茹志鹃等人的篇章又让我们体会出与众不同的青春力量。我们应向前人学习，树立远大理想，把个人情怀融入家国时代，让自己的青春焕发出独特的风采！

三、学习过程

（一）学习活动一——初悟青春情怀

快速浏览《沁园春·长沙》《立在地球边上放号》《红烛》和《百合花》四篇课文，运用圈点勾画的方法积累字词和重要语句，初步感受青春情怀。

明确：

对于课文注释里的字词和自己不熟悉的字词要勾画标注，重点积累。文本阅读要抛开成见，重视对文本的第一印象，珍惜“一见钟情”的感觉，随文所读，随心所记。阅读中有所触动就勾画批注，如有疑问就进行标记，留待解决。

（1）重点字词积累。

寥廓：宇宙高远辽阔。

峥嵘：不平凡、不寻常。

挥斥方遒：正强劲有力。

罅隙：缝隙。

着恼：生气。

讷讷：说话迟钝、不连贯。

讪讪：不好意思、难为情的样子。

（2）重点语句积累。

《沁园春·长沙》：

鹰击长空，鱼翔浅底。（对偶；仰视和俯视；炼字）

书生意气，挥斥方遒。（意气风发的青春形象）

《立在地球边上放号》：

不断的毁坏，不断的创造，不断的努力哟！（狂飙般的精神和力量）

《红烛》：

为何更须烧蜡成灰，然后才放光出？一误再误；矛盾！冲突！（迷茫疑问）

《百合花》：

包扎所就包扎所吧！反正不叫我进保险箱就行。（想去前线的急迫心情）

低下头，还是一针一针地缝。（细节描写，表现哀悼和崇敬）

（3）青春情怀感悟。

《沁园春·长沙》：

青春之志——青春需立志，要胸怀祖国前途，忧思民族命运，以天下为己任。

《立在地球边上放号》：

青春之情——青春有激情，有破坏旧世界、创造新世界的坚定决心，有热烈向往、执着追求的进取精神。

《红烛》：

青春之怀——青春需赤诚，要热爱祖国，要有严肃的社会责任感，“莫问收获，但问耕耘”。

《百合花》：

青春之华——青春有芳华，美丽而高尚。没有爱情的爱情牧歌，让我们看到了青春美和人性美。

（二）学习活动二——记录青春体验

学生自主阅读课文，在勾画的同时，随文所读，随心所动，记录你的“一见钟情”，即你的所思所感，完成“专题学习自我反思表”的前三项。

专题学习自我反思表

目录	初读感受	文本特点	最大困惑	学后收获
沁园春·长沙				
立在地球边上放号				
红烛				
百合花				

明确：

目录	初读感受	文本特点	最大困惑	学后收获
沁园春·长沙	读起来昂扬向上又有些苍茫悲凉	词，长调，“沁园春”为词牌名	上下阕顺序是否可以颠倒	
立在地球边上放号	语句充满激情，充满力量，但感觉不像诗	中国新诗	作者写北冰洋、太平洋等是为了抒发怎样的情感	
红烛	感情充沛而丰富，主要赞美红烛的奉献精神	中国新诗、咏物诗	诗人是怎样将红烛与自己的理想联系到一起的	
百合花	是个凄美的故事，为通讯员的牺牲感到痛惜，为新媳妇的行为点赞	小说	小说主题是歌颂爱情的吗？为什么以“百合花”为题目	

（三）学习活动三——交流青春困惑

小组合作，就阅读的“最大困惑”展开讨论交流，形成小组共识，代表发言展示。

明确：

（1）发言示例1：

我想说一下我对这首词的不同理解。我认为这首词上下阕的内容似乎颠倒过来了。我觉得上阕是豪放派风格，下阕是属于婉约派风格，所以我认为如果先婉约后豪放的话，更能抒发出作者的豪情。

（2）发言示例2：

我想纠正一下你的说法，这首词上下阕的内容并没有颠倒，它上阕是提出问题，下阕借回忆同学少年往事委婉地来回答上阕的问题，并没有颠倒顺序。至于你说它是婉约词，我认为不是，我们不能因为诗人抒写了柔情，就是婉约，我们允许诗人性格里有豪放的一面，也有温柔的一面。

（3）总结：

我们从语言和作者抒发的情感中感受到这是一首较为典型的豪放词，先问后答，上阕提出问题，下阕含蓄地回答了上阕所提出的问题，所以顺序并没有颠倒。

（四）学习活动四——了解作者的青春风采

利用自主合作的方式收集资料，了解时代与作者，课上分享交流，教师引导总结，形成学习成果。

明确：

（1）毛泽东（1893—1976），伟大的马克思主义者，无产阶级革命家、战略家和理论家，政治家，军事家，诗人，书法家。《沁园春·长沙》写于1925年。长沙是毛泽东早年生活学习和从事革命活动的地方。1925年，是北伐战争开始的前一年，全国各地工农运动风起云涌，如火如荼。1925年1月，党的“四大”在上海召开。大会指出，中国民族革命，必须有无产阶级参加并取得领导地位，才能取得胜利。1925年10月，毛泽东从韶山前往广州主持全国农民运动讲习所，途经长沙，重游橘子洲，面对绚丽的秋景，回忆往昔的岁月，写下了这首胸怀天下、格调昂扬向上的作品——《沁园春·长沙》。

（2）郭沫若（1892—1978），现代著名的无产阶级文学家、诗人、剧作家、思想家。他是我国新诗的奠基人，是继鲁迅之后革命文化界公认的领袖。他青少年时代接触了大量古典文学，喜欢屈原、李白、苏轼等的诗，受到浪漫主义影响。1914年春赴日本留学，这个时期接触了泰戈尔、歌德、莎士比亚、惠特曼等外国作家的作品。1919年五四运动爆发，他投身于新文化运动，写出了《立在地球边上放号》《天狗》《凤凰涅槃》《地球，我的母亲》《炉中煤》等诗篇。1921年6月，他出版第一部诗集《女神》。这部作品是中国新诗的奠基之作，反映了五四时代精神，在中国文学史上开拓了新一代诗风。《立在地球边上放号》体现出“五四”自由宏阔、雄奇奔放的气概，也是一部胸怀天下之作。

（3）闻一多（1899—1946），原名闻家骅，字友三。中国现代伟大的爱国主义者，坚定的民主战士，中国民主同盟早期领导人，中国共产党的挚友，新月派代表诗人和学者。闻一多早年参加新月社，提倡新格律体诗。他的诗具有极强的民族意识和民族气质。代表作诗集《红烛》《死水》。《红烛》由诗人在清华和美国两个时期的作品组成。它的内容丰富，既反映了当时青年知识分子不满现实的思想情绪，更表现了诗人希望献身艺术、报效祖国的理想；既反映了诗人对西方社会的失望和愤恨，更表现了诗人炽热的爱国思乡之情；既有对爱情、对自然的歌颂和赞美，也有对前途感到渺茫的感伤和哀怨。诗集《红烛》不但以浓烈的色彩独树一帜，而且还以丰富的想象、精练的语言、典型的东方风格，形成了自己的独特个性。《红烛》表现出一种点亮世界的无私奉献的精神。

（4）茹志鹃（1925—1998），中国当代著名女作家。她的创作以短篇小说见长。笔调清新俊逸，情节单纯明快，细节丰富传神。善于从较小的角度去反映时代本质。1925 年参加新四军，1955 年转业到中国作家协会上海分会，任《文艺月报》编辑。1958 年 3 月，在《延河》上发表的著名作品《百合花》，标志着她艺术风格开始形成。这篇“没有爱情的爱情牧歌”，曾被茅盾誉为当时最使他满意和感动的一篇作品，他赞赏这篇小说具有清新俊逸的艺术风格，是“静夜的箫声”。

四、板书设计

青春初体验（一）

情怀：立志、激情、赤诚、芳华

体验：随文所读　随心所动　“一见钟情”

困惑：自由发言　互相点评　“头脑风暴”

风采：胸怀天下　无私奉献　“静夜箫声”

第二课时

一、课堂导入

琅琅书声，是校园生活鲜活的点缀，也是我们青春生活不可或缺的一部分。聆听青春的吟唱，那些优美的词句、高尚的情操，沁润着我们的心田，激荡我们的胸怀；诵读青春的篇章，那些深邃的思想、纯真的心灵会穿越时空，与我们交汇，激励我们蓬勃向上、奋发有为。让我们开始青春的朗读，领悟青春的真谛！

二、学习过程

（一）学习活动五——朗读青春诗篇

在本单元选择一首你喜欢的诗歌，有感情地朗读，读出你对青春的理解与感悟。

（1）学生先自由朗读，体会节奏、语气和情感。

（2）然后课堂展示个人朗读成果，同学之间点评，交流朗读体会感悟。

（3）师生合作，配乐朗读诗歌。

（二）学习活动六——感悟青春价值

再读诗歌，把握诗歌的思想情感，概括小说的主要情节内容，理解作品的意蕴和情感，重点感受作品中呈现的青春价值。

（1）诵读《沁园春·长沙》。

①男生集体诵读《沁园春·长沙》，要求读出博大的胸襟，读出昂扬的斗志；结合作品后面的“学习提示”，理解感受昂扬向上的青春激情。

②学生讨论合作，梳理诗歌内在的层次结构，理解作品的意蕴和情感。

③教师总结：《沁园春·长沙》上片写秋天的壮景，下片写青年的激情，抒写了作者“指点江山，我主沉浮”的凌云壮志。诵读要体会作者的家国情怀、危机意识、责任意识、担当意识。

（2）诵读《百合花》。

①学生小组讨论合作，以小标题的形式概括情节内容。

②女生分组分段诵读《百合花》，要求读出细腻的情感，读出纯朴的情怀；结合作品后面的“学习提示”，理解感受战火纷飞中的青春美和人性美。

（3）总结。

小标题：路上等待、休息询问、帮忙借被、包扎救助、牺牲盖被。

《百合花》讲述了解放战争时期小通讯员和“我”到包扎所向一个刚过门三天的新媳妇借被子以及此后发生的故事，表现了战火中的青春美和人性美。

阅读时注意感人的细节描写（如新媳妇缝衣服上的破洞等），体会革命战争年代特有的高尚情操。

（三）学习活动七——体会青春情怀

快速阅读，勾画圈点文中与“青春情怀”相关的词句。围绕勾画内容，小组交流合作，体会四篇作品中作者的青春情怀。

明确：

（1）《沁园春·长沙》应透过对“词眼”的分析，把握体会情感。“怅寥廓，问苍茫大地，谁主沉浮？”是“词眼”。这广阔无垠的大地，由谁来主宰？国家、民族的命运究竟由谁来掌握？谁才是主宰国家民族兴衰的真正主人？这句话表现了作者博大的胸怀、高远的抱负和凌云之志。毛泽东认为勇挑家国重担是青春的价值。我们的青春也当如此，有担当，不负国家所望。

（2）《立在地球边上放号》应透过对“意象”的分析，体会情感。比如“无限的太平洋提起他全身的力量来要把地球推倒”一句中的“太平洋”意象。

广袤无边的太平洋，他要提起全身的力量来把地球推倒。郭沫若认为青春的意义在于革旧出新，在于创新精神。青年就要有这样的勇气与魄力，与旧思想、旧势力做斗争，并努力创造新的世界。

（3）《红烛》应透过对“意象”“意境”的分析，体会抒情主人公形象，体会情感。重点赏析最后一句：“红烛啊！‘莫问收获，但问耕耘。’”

“一分耕耘，一分收获”，这本是理所当然的。但是，在不合理的社会里，耕耘者需要更高的思想品格，只要创造光明，个人的得失荣辱一切在所不惜。这正是闻一多人格美的集中体现。诗人劝勉红烛，也就是劝勉自己，赞扬了实干、摸索、坚毅地为理想努力的精神。由此看出，闻一多认为青春的价值在于奉献与赤诚。青年，要热爱祖国，热爱人民，不惜个人的得失荣辱，要有崇高的献身精神。

（4）《百合花》应透过对小说主人公的把握，体会小说的思想情感。勾画出人物描写的重要语句进行重点分析，比如：“我走过去拿起那两个干硬的馒头，看见他背的枪筒里不知在什么时候又多了一枝野菊花，跟那些树枝一起，在他耳边抖抖地颤动着。”

这句运用了细节描写的手法，烘托出了小通讯员的热爱生活、充满青春活力和临近战斗仍从容不迫的性格特征。茹志鹃善于运用细节描写来展现人物的青春美与人性美，她认为青春的意义在于敢于牺牲与奉献。作为新时代的青年，中学生应该朝气蓬勃，有热情，有激情，有斗志，为理想拼搏奋斗，为建设祖国做出自己的贡献。

（四）学习活动八——抒写青春札记

本单元作品抒发的青春情怀，哪一种最触动你？谁的青春更绚丽？时代在变化，作为新时代青年，你认为青春的价值是什么？请把你的思考写成札记。

读书札记就是读书笔记，是指人们在阅读书籍或文章时，遇到值得记录的东西和自己的心得、体会，随时随地把它写下来的一种文体。古人有条著名的读书治学经验，即读书要眼到、口到、心到、手到。这“手到”就是要写读书笔记。

写心得式札记，首先要记下作品中自己感受最深的内容，然后分析为什么这些内容能让自己感触最深，最后结合现实生活写出自己对青春岁月的体悟。

示例：

读《百合花》有感

《百合花》讲述的是一个战争期间发生的故事，却展现了一个洁白无瑕的情感世界，奏响了一曲感人肺腑的“没有爱情的爱情牧歌”。

作品善于运用细节描写表现人物的精神面貌。让我印象最深的是：“不想他一步还没走出去，就听见‘嘶’的一声，衣服挂住了门钩，在肩膀处，挂下一片布来，口子撕得不小。那媳妇一面笑着，一面赶忙找针拿线，要给他缝上。通讯员却高低不肯，挟了被子就走。”作品以外在写内在，以小节写大爱，借撕口子、缝衣服的细节表现了多么丰富的性格与情感——新媳妇的热情、善良、俏皮，通讯员的淳朴、腼腆、紧张……纯洁的感情，让人性、人情的美绽放出无限的光彩。

通讯员被抬了回来，看见是他，“我”和新媳妇都感到惊慌。等“我”回过神来，磕磕绊绊把医生找来的时候，他的手已经凉了。他是因为保护队友扑住手榴弹死的。新媳妇一针一线地缝他肩上的破洞，任凭“我”怎么劝她，她也不肯离开。等到卫生员让人抬来棺材，揭掉被子要下葬的时候，平时忸怩的新媳妇却嚷了句“是我的——”。在月光下，新媳妇把被子的一半铺在了棺材底，另一半盖在了他的身上，那撒满百合花的被子，那象征着纯洁与感情的花，盖上了这位平常的、拖毛竹的青年人的脸。

这一系列的动作虽不起眼，却让人泪下，它透露出一份诚挚的情感，让我们看到了一位中国农村妇女的质朴与善良，更让我们看到了其所折射的如百合花般圣洁的感情的光辉。

当今社会，倘若我们每一个人都拥有那纯洁的感情，以诚待人，以心待人，每一个人都有无私奉献的精神和一切美好品质，那么，这个社会会是什么样子呢？如果每个人都这样，是否还会为个人的利益而斤斤计较、不择手段？我们是否还用处处小心、时时提防？这一切难道不是人们的内心在作怪吗？是不肯放下自私的手？是你不愿用原本善良的心态面对，还是早已丧失真诚的品质？抱怨不如行动，正如青春的你我，真诚一些，无私一些，你若如百合花般盛开，和谐之风自会吹来！

三、课堂小结

《沁园春·长沙》体现一代伟人毛泽东年轻时雄视天下的凌云壮志。《立在地球边上放号》《红烛》则赞美摧毁旧世界、创造新生活的雄壮强大的力量，朝着理想中的光明之路迈进，即使自己被烧成灰也在所不惜。《百合花》则通过一位革命军人的牺牲表现了军民鱼水情，歌颂了人性美、人情美。本单元深刻阐释了青春的概念。青春是什么？是激情，是力量，是创造，是奉献，是燃烧，是牺牲，是崇高，是热爱，是人性的一种美！

对于和平时代衣食无忧的学生而言，不消极颓废、积极进取最重要，有目标、坚持奋斗最可贵！

四、板书设计

青春初体验（二）

《沁园春·长沙》：勇挑家国重担

《立在地球边上放号》：创造新的世界

《红烛》：放下得失荣辱

《百合花》：敢于牺牲奉献

单元学习任务活动之深入研读

——鉴赏青春美（诗歌）

河北定兴第三中学　赵振威
河北保定外国语学校　吴敏
河北容城中学　王静

第三课时

一、预习作业及指导

（1）在理解字词、积累文学常识的基础上熟读《沁园春·长沙》。

（2）词眼、诗眼是统领诗歌内容的关键字词。请据此简要概括诗歌的主要内容。

（3）意象是渗透着作者主观情思的物象。请分析本首词中意象的特点，借此把握诗人的思想感情。

二、课堂导入

走进青春，我们充满期待。打开书页，在我们的眼前，有许多杰出的青年，他们以诗歌为载体，或者抒发以天下为己任的胸怀，或者赞美摧毁旧世界、创造新生活的雄强之力，或者赞美点亮世界的奉献精神。

今天，让我们走进本单元的五篇诗歌。重点学习《沁园春·长沙》，并通过与其他四篇诗歌的比较阅读，达成以下目标：

（1）品味意象，把握意象及特点；

（2）感悟作者的情怀，激发情思；

（3）学会科学的背诵方法，背诵《沁园春·长沙》。

三、学习过程

（一）学习活动一——感知基调，梳理层次，把握意象

学生分组讨论，完成以下三个问题：

（1）朗读诗歌，感知这首词的风格。

（2）过渡句是由上文内容过渡到下文内容的关键句。领字是位于句子之首引领句子内容的字。请根据以上两种语言标志简要概括上下阕内容及全词所描述的画面。

（3）意象是渗透着作者主观情思的物象。请根据词眼和相关语句找出作品中的诸多意象，并分析其特点。

明确：

（1）乐观豪迈、开阔大气。

（2）根据过渡句“怅寥廓，问苍茫大地，谁主沉浮”概括：上阕描绘绚丽多彩的湘江秋景，下阕抒发慷慨激昂的革命情怀。根据领字“立”“看”“忆”“记”等概括：寒秋独立图、湘江秋景图、峥嵘岁月图、中流击水图。

（3）根据领字“看”和总结句“万类霜天竞自由”查找意象，根据修饰性成分和描述性成分分析意象的特点，查找分析的结果要圈点出来。

（万）山——红（遍）：群山皆红的艳丽（山之多；红之广）

（层）林——（尽）染：树林层层的晕染（林之密；以动写静，写出秋景红色之深）

（漫）江——碧（透）：满江碧水的清澈（江水的溢满之状；湘江之水清澈见底）

（百）舸——（争）流：千帆竞发的热闹（船之多；昂扬进发，争前恐后）

鹰——击长空：矫健翱翔的雄姿（飞之矫健有力；准确展现了雄鹰展翅翱翔、迅猛有力的矫健身姿）

鱼——翔浅底：轻快自如的游弋（游之轻快自由；写出了鱼儿在清澈见底、水天相映的湘江中游动得自由轻快，像鸟儿在天空中翱翔一样）

万类霜天竞自由：自由舒展的生机（有力地突出了万物蓬勃的生命力）

（二）学习活动二——感悟胸怀，触发情思

学生分组讨论，完成以下三个问题：

（1）品读上片后三句，思考词人为什么“怅”？联系时代背景，想一想“问苍茫大地，谁主沉浮”的含义是什么？表达了词人怎样的感情？

（2）根据修饰性、描述性成分，体察意象特点，分析作者情感。

（3）朗读课文，本词描绘的艺术境界激发了你怎样的情思？

明确：

（1）上片后三句的理解。

①“怅”的原因：不是为一己之私而“怅”，不是为个人命运而“怅”，而是为被压迫被剥削的人民而“怅”，为祖国的命运和革命的未来而“怅”。词人进入深沉的历史思索，提出革命领导权的问题。

②“问苍茫大地，谁主沉浮”的含义：主宰国家命运，掌握民族前途。

③表达的感情：对国家命运的关切以及以天下为己任的博大胸怀和豪情壮志。

（2）作者情感。

①立：寒秋独立——砥柱中流的英雄气概。

②看：湘江秋景——绚丽蓬勃的湘江秋景。

③问：谁主沉浮——改造世界的壮志豪情。

同学少年，风华正茂——青春年少，才华横溢；

书生意气，挥斥方遒——热情奔放，敢想敢做，以天下为己任；

指点江山，激扬文字——激昂慷慨，奋笔疾书；关心国家命运，针砭时弊，宣传真理；

粪土当年万户侯——蔑视官僚军阀，救国救民，敢于斗争。

④答：同学少年——激扬无畏的青春气概。

（3）本词艺术境界所激发的情思。

面对挫折，要有百折不回的坚韧；

面对压力，要有积极乐观的心态；

面对世界，要有兼济天下的壮志；

面对青春，要有改地换天的豪情；

面对人生，要有激扬无畏的气概。

（4）总结。

本词景中寓情，情中显志，通过对长沙秋景的描绘和对青年时代斗争生活的回忆，抒发了革命青年对国家命运的感慨和以天下为己任、蔑视反动统治者、改造旧中国的豪情壮志。

（三）学习活动三——指导背诵方法

背诵课文《沁园春·长沙》。

（1）指导背诵方法。

抄诵法：俗话说“抄一遍胜过读十遍”，读诗词或短文时先看一句抄一句；再看几句抄几句；最后看一段抄一段，直到看一篇抄一篇。也就是先读再抄，抄完再读。

时空法：记住要背内容中表示时间方位顺序的词语。

人物法：记住文章中依次（或分类）出现的几个人物，这样忆人思情，忆人思言，有助于理解与背诵。

情境法：创设具体情境，根据情境熟读容易理解和记忆。尤其是优美的诗歌与散文，运用此法效果更佳。

情节法：掌握故事的起因、经过、发展、高潮、结果等具体情节，据情节而背就容易得多了。

延伸法：背短文或诗歌，可从开头逐句延伸背诵，即先背会第一句；背第二句时把第一句带上，背会第一句、第二句；背第三句时再把第一句、第二句带上……如此延伸，直到全篇。

对比法：把课文中具有对比的部分找出来，记住这个对比的性质、特点、作用，就容易背诵了。

问题法：提出几个具有连贯性、系统性的问题，根据问题答案的顺序，记取背诵内容。

提纲法：列出一个简单的提纲，然后根据提纲练习背诵。

列表法：记忆时先将需要背诵的内容进行列表归纳，使繁杂的内容简单化、特征化、条理化，一目了然，便于举一反三，加深印象。

间隔法：记忆不能怕重复，第二天、第三天还要再读第一天读的内容，温故知新，常读常新。

歌诀法：将要背诵的内容，编为歌诀，读来顺口，记忆深刻。

点线法：抓住文章的脉络，提炼出各层次的关键词语、句子作为记忆的点，如表现人物形象的动词等，根据先后次序排列起来，再连点成线，连线成面，快速记忆，背诵课文，也就是按照文章写作的线索顺序，把全文的主要内容联系起来记忆。

分合法：先分句背，在句中背关键词，这样逐句背，而后合背，由词连句，由句连段，再由段连篇。或先抓要背内容的主要部分，再带动次要部分，最后合背。

关系法：背诵之前，先弄清文章的结构关系，例如先总后分、先分后总、总分总；又如动静关系、远近关系等。

耳听法：这种方法是由一个人或一部分人朗读，大家洗耳恭听；或自己先把要背的东西录音，然后放音，仔细听记。用这种方法训练背诵，比单纯反复朗读效果会更好些。

不管用什么方法，都要“尝试回忆”，就是不要只是一遍一遍地读，而要用心回忆，在卡壳处看一看，熟练掌握后继续用心回忆。这样可以突出重点，节省精力。

（2）个人自主背诵。

（3）背诵成果展示。

四、结束语

（1）诗歌形象的赏析，应抓住关键语句，深入体会感情倾向、观点态度及时代特征等。

（2）课文虽然结束了，但我相信同学们心中已经种下了一颗种子，并且将要通过自己的实际行动让种子生根、发芽。播下一种心态，收获一种思想；播下一种思想，收获一种行为；播下一种行为，收获一种习惯；播下一种习惯，收获一种性格；播下一种性格，收获一种命运。从现在开始，让我们拥有一种积极的心态，树立理想，掌控命运。

五、板书设计

沁园春·长沙

毛泽东

立：寒秋独立
看：湘江秋景　　景中寓情
问：谁主沉浮　　情中显志
答：同学少年

第四课时

一、预习作业及指导

（1）小组合作学习，分组查资料，了解《立在地球边上放号》《峨日朵雪峰之侧》的写作背景。

（2）找出富于表现力的语句，结合上下文，初步理解含义，在此基础上理解内容，把握主旨。

（3）了解关于札记的知识，学写札记。

二、课堂导入

请同学们阅读两则关于作者的材料，在空白处补写句子。

（1）郭沫若幼年在私塾读书，有一次和同学们偷吃了庙里的桃子。和尚找先生告状，先生追责学生，没人承认。先生说，我出个对子，谁能对上免罚。先生曰：“昨日偷桃钻狗洞，不知是谁?”他思索了片刻，对道：“__________，__________。”由于对句不凡，表现了强烈的进取精神，结果全体偷桃学生，一律免罚了。

（2）《峨日朵雪峰之侧》写于 1962 年 8 月，昌耀（原名王昌耀）因被打成“右派”，正在距峨堡乡不远的青海省八宝农场接受劳动改造。与郭沫若《立在地球边上放号》所表现的自由宏阔、雄奇奔放的气概相比，《峨日朵雪峰之侧》营造的则是__________的氛围，蕴含着__________的生命力量。

明确：

（1）他年攀桂步蟾宫　必定有我

（2）凝重而又壮美　谦卑而又强劲

今天，我们学习郭沫若的《立在地球边上放号》和昌耀的《峨日朵雪峰之侧》。通过对这两篇的速读、精读及比较阅读，达成以下学习目标：

（1）熟读课文。

（2）梳理诗歌层次及内容，分析意象及其特点，把握借景抒情、托物言志等表现手法。

（3）抓住富有表现力的词语欣赏诗歌，就印象最深的一点与同学进行分析交流。

（4）学写札记。

三、学习过程

（一）学习活动四

学习《立在地球边上放号》，论世知人，通解文字；投入境界，体物动情；鉴赏语言，学习技巧。分组讨论以下问题：

（1）从题目来看，《立在地球边上放号》的内容、结构、作者的立足点与《沁园春·

长沙》有何异同?《立在地球边上放号》的写作背景是怎样的?

(2)《立在地球边上放号》可以分为几节?每节写了什么内容?为什么要描绘滚滚洪涛?怎样理解“力的绘画，力的舞蹈，力的音乐，力的诗歌，力的律吕哟!”这句话的含义?

(3)谈谈你对《立在地球边上放号》主旨的理解。你觉得作者浓烈的情感是怎样表达出来的?

明确:

(1)“立在地球边上放号”是个祈使句，“立”是一个动词，“在地球边上”点明地点，“放号”的意思是“吹响号角”。作者想象自己是个巨人，立在地球边上吹响号角。从这个标题可以看出，本篇和《沁园春·长沙》内容相同，都是写所见所感;结构相同，都是先景后情，先写愿望再抒发感慨。但是“看”的立足点不同:《沁园春·长沙》是立于湘江边，远望壮阔而富于生机的图景，然后回想过去的战斗经历，抒发感慨，由实入虚;《立在地球边上放号》是立于地球边，想象奇丽磅礴的画面，表达感慨，直接入虚。

《立在地球边上放号》写于1919年九十月间。其时郭沫若受五四运动和十月革命的冲击，决然从日本渡海回国。当他置身于日本横滨的海岸，面对浩渺无边的大海，那惊天的激浪和着时代的洪流一起撞击着他的胸怀。于是，在诗人的笔下出现了一幅雄奇壮伟、流动奔突的画面。于是诗人写下这首对于力的赞歌，正是向旧世界、旧文化、旧传统猛烈冲击的时代精神的象征。

(2)《立在地球边上放号》分为三节:

第一节(前三行)，描绘出一幅海天汹涌的宏伟而壮丽的图画;

第二节(四、五行)，由景入情过渡，壮丽的景象引发了诗人“破坏”与“创造”的主观感受;

第三节(六、七行)，诗人由大海奔腾的波涛引发对宇宙与人生的感悟，发出对“力”的呼告与赞美。

写作这首诗的时候，作者正在日本福冈的九州大学医学部留学，那是在中国的五四运动爆发不久。五四运动所产生的伟大的“力波”越过太平洋，直接震动了时刻感应着时代脉搏的年轻气盛的郭沫若，使他的如椽之笔，得到了纵横挥写的创作契机。诗中描绘的滚滚洪涛的景象，正是五四运动巨大声势的象征;再推开一层说，也是世界潮流的大工业生产规模的具体象征。五四运动对于中国，正如滚滚而来的洪涛一般，它正以巨大的破坏力，冲决一切半殖民地、半封建的思想罗网，同时以伟大的创造力建树崭新的科学与民主的现代文明。五四运动所展示的中国未来，是光辉灿烂的图景。从第二个更宏观的思想层次说，世界潮流的大工业生产，也正以排山倒海之势，席卷日本，冲向中国，蔓延到全球各个角落，这是历史前进的不可阻挡之势。诗中所描绘的全部力的形象，同样可以看作是新兴生产力战胜落后生产力的强起奋进图。比如诗人在同年写的《笔立山头展望》一诗中曾以极大的热情歌颂这种新兴的生产力："一枝枝的烟筒都开着了朵黑色的牡丹呀！哦哦，二十世纪的名花！近代文明的严母呀！"

"力的绘画，力的舞蹈，力的音乐，力的诗歌，力的律吕哟！"是对力的歌颂和赞美，诗人从色彩、动态、节奏、意蕴、气势等多层面揭示力的美。诗人尽情歌颂的力，其实正是五四时期的那种时代精神的特征。

（3）这首诗描写的横跨两大洋的巨人，其实是诗人的自我形象。诗歌表达了诗人渴望破坏旧世界、创造新世界的热情和决心，表现出五四时期狂飙突进的时代精神，堪称郭沫若早期"火山爆发式"的诗歌代表作之一。据作者说，在那段时间里，"惠特曼的那种把一切的旧套摆脱干净了的诗风和五四时代的暴飙突进的精神十分合拍，我是彻底地为他那雄浑的豪放的宏朗的调子所动荡了"。

这首诗，正是这种惠特曼式的"雄浑的豪放的宏朗的调子"。它是在感情激荡时一气呵成的，是火山爆发喷涌而出的岩浆，其气势汹涌，灼热逼人。

①运用排比的句式，热烈歌颂了"不断的毁坏""不断的创造"的力量，反映了五四时期人民那种奋起直追、高扬个性、改变国家现状的强烈愿望，具有振聋发聩的艺术力量。

②运用叠词"啊啊"，运用"力哟！力哟！"这一反复手法，大量使用叹号，直抒胸臆，抒写对"力"的赞叹，如排浪奔涌，气势蓬勃，富于艺术感染力。

③句式自由，节奏鲜明。采用了不受束缚的自由句式，具有极为鲜明强烈的节奏感。诗中最短的诗句只有两个字，最长的诗句则达 20 字以上。长短句式随着情感的变化而变化，自由、奔放，没有约束，但是全诗的节奏却非常鲜明，这种内在的旋律用诗人自己的话说便是"情绪的自然消涨"。这首诗的节奏犹如时代的鼓点，急促、紧凑、有力。

④诗歌还运用了象征（以"洪涛"象征社会生活中崇高伟大、不可阻遏的力量，化抽象为形象，意蕴丰厚，含蓄隽永）、拟人（把"太平洋"当作人来写，说白云"怒涌"，形象而富于情味）、夸张（说太平洋要"把地球推倒"，突出了洪涛的气势）、比喻（把"力"比作绘画、舞蹈、音乐、诗歌、律吕等富于激情的事物，突出了"力"的崇高伟大）等修辞手法，使全诗更加形象、感人。

（二）学习活动五

学习《峨日朵雪峰之侧》，理解文句，把握主旨。分组讨论以下问题：

（1）“峨日朵雪峰”是什么意思？“这是我此刻仅能征服的高度了”一句中“此刻”和“仅”两个词有什么含义？“我”的观察视角和《沁园春·长沙》《立在地球边上放号》有何区别？

（2）“我”攀着薄壁看到、听到了什么？这些景象有何特点？“我”此时的状态怎样？这种状态和前面的景象有何联系？最后一节作者用雄鹰、雪豹和蜘蛛的意象有何用意？

（3）本文的主旨是什么？

明确：

（1）“峨日朵”是现在的海北藏族自治州祁连县的峨堡镇的老百姓对“峨堡”一词的口语发音，“峨日朵雪峰”便是峨堡镇境内的祁连山脉中一座或者几座小山峰。它们原本没有自己的独立的名字，诗人拿来作为一个如画的诗作之远景而已。

“此刻”和“仅”暗示了多重意思：这高度是“我”尽了自己的全部努力所达到的；这是一次历尽艰辛的征服；暗示了“我”身后已经陆续征服了的那些高度；暗示了“我”的目标与“我”的努力之间的差距；暗示了某种“先喘口气”的想法。

《沁园春·长沙》是立于广阔的天地间远望，《立在地球边上放号》是立于地球边上远望，《峨日朵雪峰之侧》是与山峰齐平远望。“我”的身体紧贴山峰一侧的悬崖，望向薄壁那边的太阳。

（2）太阳跃入山海，景象美丽壮观；石砾滑入深渊，声音如军旅的杀声。视觉和听觉结合，给人一种壮阔崇高的紧张感。

“我”的手指插入岩缝，血滴渗出鞋底。落日的动势和石砾滑坡的动势都是下坠的，而“我”作为攀登者的动势却正好相反，努力向上。那一片“引力无穷的山海”也在竭力使我下坠。千军万马般的厮杀声响在“我”身旁，向深渊“自上而下”地远去时，“我”在这个高度上的坚持就绝非易事。由此可见，日落和滑坡都不是悠闲者赞叹或观赏的对象，而是此时此地贴身绝壁的登山勇士的生命体验。这样就不单产生审美意义上的“崇高”感，而且在读者的心理上引发一种紧张感。

“雄鹰”“雪豹”的意象是强大的征服者的代表，蜘蛛是弱小者的代表，两者形成强烈的对比：强大和弱小、光明与幽暗、热闹与沉寂、高峻与低矮……这种对比，突出了困境中自己的谦卑，诗人也由此领悟到：在大自然面前众生是平等的，个体生命在“默享着这大自然赐予的快慰”之时，是没有大小之分的，又表现出某种自信和坚毅。与前一诗节的宏阔与“嚣鸣”相对照，“可怜”与“默享”两个词甚具分量，凸显出“我”对生命的热爱、对生命力的赞颂。

（3）逆境中的突围与超越，生命的谦卑与坚毅，对生命的热爱，对生命力的赞颂。

（三）学习活动六

综合比较两首诗歌，辨析异同，增强能力。分组讨论以下问题：

（1）分析《立在地球边上放号》《峨日朵雪峰之侧》的意象及特点，把握通过意象欣赏诗歌的方法，填写下表：

篇目	意象选用	意象特点	激发情思	欣赏方法
立在地球边上放号				
峨日朵雪峰之侧				

（2）两首诗在所写内容和抒情方式上有何异同？

（3）请根据本课所学的诗歌归纳现代诗歌的特点。

明确：

（1）鉴赏意象。

篇目	意象选用	意象特点	激发情思	欣赏方法
立在地球边上放号	白云 北冰洋 太平洋 洪涛 我（横跨两大洋的巨人，吹响响彻寰宇的号角） 力（破坏力，创造力）	宏大 阔远 雄奇 气势磅礴	引起读者惊异、赞叹，一种狂暴的激情荡涤心胸，从而使人由这些自然意象产生对社会生活的某种关于崇高和伟大的联想	鉴赏修饰性语句和描述性语句；鉴赏拟人、反复、排比等修辞手法
峨日朵雪峰之侧	太阳、石砾、罅隙、崖壁、雄鹰、雪豹	雄浑 壮美 崇高 紧张	历尽艰辛的征服 挑战的艰辛与痛苦 人生的壮丽	鉴赏修饰性语句、描述性语句和比喻、视听结合等手法

（2）相同点和不同点。

相同点：都通过选取特定的意象，组合构成一幅幅具体的画面，来塑造形象，表达情感。而且无论是塑造的横跨两大洋的巨人，还是登山勇士的形象，其实都是诗人的自我形象的展现。

不同点：抒情方式不同。《立在地球边上放号》是直抒胸臆，运用了四组“啊啊”，六个“哟”表达诗人热烈奔放、雄壮豪迈的情感，抒写对“力”的赞叹，增强艺术感染力。《峨日朵雪峰之侧》通过写景叙事，间接抒发情感。诗人为我们塑造了众多审美意象，有太阳、峨日朵之雪、巨石、岩壁和蜘蛛，它们共同营造出一个凝重壮美的氛围，将饱含沧桑的情怀、古老开阔的高原背景、博大的生命意识，构成一个协调的整体。通过意象之间的变化与相互作用，描绘出诗人内心深处向往的乌托邦，那是一个仅存于诗人心中的天堂。

（3）要有浓烈的感情和鲜明的节奏，即情感美、音乐美；要有鲜明的形象，做到情景交融，即意象美、意境美；要有新颖的构思和奇特的想象，即构思美、想象美。

四、板书设计

峨日朵雪峰之侧

昌耀

写景叙事：饱含沧桑的情怀、博大的生命意识

立在地球边上放号

郭沫若

直抒胸臆：热烈奔放、雄壮豪迈的情感

情感美 音乐美	意象美 意境美	构思美 想象美

第五课时

一、预习作业及指导

（1）熟读《红烛》《致云雀》两篇课文。

（2）搜集有关资料，了解作者、写作背景、新月派及闻一多的文学主张，把握鉴赏性文段的写法。

（3）梳理结构，理解关键语句，把握意象特征，体悟情感。

（4）初步赏析两诗的语言、表达技巧。

二、课堂导入

播放《七子之歌·澳门》，激情导入。

（1）介绍新诗。

这首歌表达了一个远方的游子渴望回到母亲怀抱的强烈情感，突出了一种溢于言表的爱国情怀。它和我们前面学习的《沁园春·长沙》在诗体上有何不同？

明确：

《沁园春·长沙》是一首词，属于古典诗词的形式；本篇是一首新体诗，又称新诗。新诗是指五四运动前后产生的、有别于古典、以白话作为基本语言手段的诗歌体裁。

在中国文学发展过程中，诗歌（包括诗、词、曲等）曾取得很高的成就。但到了近代，古典诗歌的创作逐渐走向僵化，诗歌的语言与现代口语严重脱节，它在形式上（包括章法句式、对仗用典以及平仄韵律）的种种严格限制，对诗歌的发展造成极大的束缚。因此，新诗革命成了“五四”新文学运动最先开始的、也是最重要的组成部分。

中国现代诗的发展脉络：

新文化运动时期：新诗的“尝试”，代表诗集是胡适的《尝试集》。

20 世纪 20 年代：新诗的奠基与开创，代表诗人有郭沫若等；新诗的规范，代表诗人有闻一多、徐志摩等，代表性的诗歌流派是新月派。

20 世纪 30 年代：新诗的拓展与创新，代表诗人有戴望舒、卞之琳等，代表性的诗歌流派是现代诗派。

20 世纪 40 年代：新诗的成熟与深化，代表诗人有艾青、穆旦等，代表性的诗歌流派是九叶派。

（2）介绍作品。

我们今天要学的《红烛》选自同题诗集，谁能介绍一下这本诗集的内容和写作特点？

明确：

《红烛》由诗人在清华和美国两个时期的作品组成。它的内容丰富，既反映了当时青年知识分子不满现实的思想情绪，更表现了诗人希望献身艺术、报效祖国的理想；既反映了诗人对西方社会的失望和愤恨，更表现了诗人炽热的爱国思乡之情；既有对爱情、对自然的歌颂和赞美，也有对前途感到渺茫的感伤和哀怨。诗集《红烛》不但以浓烈的色彩独树一帜，而且还以丰富的想象、精练的语言、典型的东方风格，形成了自己的独特个性。我们今天要学的《红烛》，就是诗集《红烛》的序诗。

三、学习过程

（一）学习活动七

学习《红烛》，梳理脉络结构，把握诗歌情感，反复吟咏诵读，体悟情操。分组讨论以下问题：

（1）这首诗以《红烛》为题，说明这是什么题材的诗？把李商隐的诗句“蜡炬成灰泪始干”放在开头，有什么作用？

（2）诗歌以问答的形式展开抒情，一共有几处问？问什么？在问问答答中，诗人的情感经历了哪些变化？

（3）细细揣摩《红烛》的思想感情，结合自己的阅读感受，尝试以适当的语气和节奏朗读全诗。

明确：

（1）这是一首咏物诗。这首诗中，作者通过对红烛的描写和歌咏，来表达自己的情感。

“蜡炬成灰泪始干”是全诗的引子，诗的主体部分就是扣住“灰”与“泪”（“自焚”与“流泪”）分两层来展开抒情的。全诗以诗人对“红烛”的心迹交流为线索，用问答的形式展开诗意，抒发诗情，显示了诗人对人生真谛、对诗歌创作宗旨的求索过程和结果。

（2）三处问。

第 1 节为第一问：诗人的心是否也这样红？

第 2 节为第二问：红烛为什么要自焚？

第 6 节为第三问：红烛为什么要流泪？

全诗扣住“蜡炬成灰泪始干”一句，先后三次发问，形成抒情的三个层次，首先赞其“红”，突出红烛赤诚和热情的意象；然后问红烛为何要自我毁灭，突出红烛的奉献精神；再问红烛为何要流泪，突出红烛的悲剧性命运及巨大贡献；最后抒发感慨：要实干、探索，坚毅地为自己的理想努力，不计较后果。感情的抒发层层推进，有的问而不答，有的一问两答，有的一问一答，在问问答答中，酣畅淋漓地抒情言志。

全诗情感经历了七次变化，四扬三抑的情绪起落：

第 1 节：赞叹红烛的“红”，情绪是昂扬的；

第 2 节：困惑于红烛的自焚，情绪是压抑的；

第 3—4 节：振奋于红烛的创造能量，情绪是昂扬的；

第 5—6 节：追问红烛的伤心流泪，情绪是压抑的；

第 7 节：欣喜于红烛的伟绩，情绪是昂扬的；

第 8 节：体悟“灰心”与“创造”的关系，情绪是压抑的；

第 9 节：红烛精神的总结，情绪是昂扬的。

诗人向读者完全敞开了心扉，把一颗心交给了读者，让我们在他那热情磅礴、精神焕发的诗句中，为他对祖国的忠诚、对人民的热爱，为他那种献身祖国一切在所不惜的精神而怦然心动。

（3）诵读示例。

课文	朗读提示
红烛啊！	语调深沉、饱满、上扬
不误，不误！	两个相同的句式读出区别，后一个要更强调
原是要/“烧”出/你的光来——	注意断在“要”字后面，“烧”与“光”为重音
这正是/自然的方法。	“正是”后断开，重音强调
红烛啊！	字韵饱满，充满激情
既制了，便烧着！	坚定而有力，“烧”字重音
烧吧！烧吧！	渐高，第二个“烧”字加强重读
烧破/世人的梦，	句式接续紧凑
烧沸/世人的血——	“血”字拉长音
也救出/他们的灵魂，	语气坚定而有力
也捣破/他们的监狱！	读出决绝果敢的语气

派代表上台朗读，其他同学互相评议。

（二）学习活动八

学习《红烛》，理解内容，品析形象，鉴赏语言。分组研读，完成以下问题：

（1）研读第 1 节：把诗中的“这样红”换成“鲜红”，“吐”换成“掏”，哪个更好，为什么？本节中表现了诗人与红烛怎样的关系？

（2）研读第 2—4 节：这三节主要围绕什么来写？用了怎样的表达技巧和修辞手法？第 3 节第三句（原是要“烧”出你的光来）中引号有怎样的作用？诗人有怎样的困惑，最终是怎样理解红烛的？第 4 节中诗人有哪些感悟，为什么会产生这些感悟？

（3）研读第 5—7 节：第 5 节用了何种修辞手法？三节抒发了怎样的感情？

（4）研读第 8—9 节：这两节写了什么内容？

明确：

（1）第 1 节。

“这样”是指示代词，用“这样红”，表明诗人凝视着红烛，也能唤起读者对红烛的印象，想到烛火照得红亮的样子。“这样红”远比“鲜红”的形象丰富得多。“红”是赤诚、热情的象征。红烛，在诗人眼里，是理想的人格的化身。“吐”字，符合烛焰的特征，也逼真地描绘了诗人那种火热的爱国情感不吐不快的神态，远比“掏”字爽快率直。

诗人一落笔便超越了古典诗词，他把“红烛”和自己区别开来，没有把自我直接投入到令人欣羡的红烛中去，自我与红烛有着一种若即若离的关系，诗人是诗人，红烛归红烛，这是其“离”；但又要吐出心来比一比，这是寻找两者间的精神联系，是认同的努力，故又可谓是“即”。这一离一即，便奠定了全诗的基本情感方式及文化品格。

（2）第 2—4 节。

这三节诗，是对红烛自我牺牲精神的讴歌。诗人用设问手法，自问自答，生动地表现了一个思考觉悟的过程。前后两种截然相反的回答，表明了诗人的醒悟，同时也更有力地表现了红烛精神的可贵。第 2 节二、三句运用比喻的修辞手法，诗人把蜡比作躯体，把火比作灵魂。第 3 节第三句（原是要“烧”出你的光来）中“烧”字不加引号，就不能着重标明它的特殊含义。加上引号，引人注目，字义丰富而又突出。

作者困惑是“为何更须烧蜡成灰，然后才放光出？”对一个受到“五四”现代文明熏陶的现代人而言，产生这样的困惑丝毫也不足为奇：自我的价值为什么一定要在自我毁灭中去实现呢？第 2 节说“一误再误”，错怪红烛的语气很强烈；第 3 节说“不误，不误”，用了反复手法，否定语气更加强烈。一反一正两种回答，包含着对先前自作聪明的惭愧，由顿悟而对红烛产生了深为敬仰的感情。诗人悟彻了，光是要“烧”出来的，只有自我燃烧、无私奉献，才能放出光芒。这正是与利己主义哲学完全对立的一种新的人生观。诗人的思考，实际上反映了那个时代进步青年在探索人生真谛的思想历程中所遇到的矛盾和获得的觉悟。

第 4 节是诗人对红烛的殷殷寄语，也是诗人的自勉自励。当时，民众深受帝国主义、封建主义思想文化的毒害，如沉睡梦中尚未觉醒，血性犹存然而麻木不仁，犹如身陷囹圄受着禁锢。诗人认为，自己的职责就在于从梦中唤醒世人，救治世人的灵魂，使民众觉悟，使民众奋起，使民众热血沸腾，使民众走向光明，从帝国主义、封建主义所设置的精神监狱中解放出来。诗人爱国的赤诚之心是与祖国人民的命运紧密联系在一起的。

（3）第5—7节。

第5节用了拟人的修辞手法。

第5节一开始，首先揭示了一种很矛盾的现象：“你心火发光之期，正是泪流开始之日。”诗人的注意力转到烛泪上面，矛盾的现象已经包含着疑问。这一节开头的呼唤，是同情的呼唤，是惊疑的呼唤。

第6节表达了作者的同情、惊疑、思索。“又何苦伤心流泪？”这里抒发的正是诗人在现实生活的漩涡中，内心所涌现的矛盾、痛苦和挣扎。诗人自己怀着拯救国家的美好意愿，不是同样受到黑暗丑恶势力的干扰和阻挠，感到壮志难酬，为此而痛哭流涕吗？冷酷的现实就是这样，你要创造光明，不但要牺牲了自己，还要“流一滴泪，灰一分心”。

第7节托物言志，以烛泪比喻自己带泪的诗行，这些诗行中有诗人的爱国之情、忧国之心，它能慰藉人间，使痛苦而麻木的世人感到欣慰，唤起他们的爱国之情，使祖国走向光明。

三节主要表现红烛的悲剧命运。

（4）第8—9节。

第8—9节是对红烛抛弃私利的勉励。其中的呼唤，一声是同情的呼唤，一声是劝导鼓励的呼唤。

“灰心流泪你的果，创造光明你的因。”这样的因果关系是多么不公平、不合理，为着“创造光明”，结果只落得“灰心流泪”，但这是社会使然。在这样的社会中生活，只有作不屈的奉献。诗人劝勉红烛，也就是劝勉自己：“红烛啊！‘莫问收获，但问耕耘。’”收束得精警有力，诗情得到了凝聚与升华。人们常说，“一分耕耘，一分收获”，这本是理所当然的。但是，在不合理的社会里，耕耘者需要更高的思想品格，只要创造光明，个人的得失荣辱一切在所不惜。这正是闻一多人格美的集中体现。他热爱祖国，热爱人民，毫不顾惜个人的得失荣辱，那是极其伟大崇高的献身精神。

（三）学习活动九

拓展联读，理解风格，感受魅力。分组讨论以下问题：

（1）请查阅资料，介绍新月派、闻一多的诗歌主张。

（2）阅读闻一多的另外一首诗《死水》，结合本诗，谈谈闻一多新诗的“三美”体现在哪些方面？

明确：

（1）新月派提出“理智节制情感”与诗的形式格律化的主张，闻一多进一步提出“新诗格律化”的主张，提倡“三美”——“音乐美”“绘画美”“建筑美”。

音乐美：指的是音节和旋律的美。

绘画美：指的是辞藻的运用，要体现出中国象形文字的视觉方面的印象（富有形象感、色彩感和画面感）。

建筑美：指的是节的匀称和句的匀齐。

（2）闻一多先生认为诗歌的音乐美是最首要的。《死水》是闻一多自认为“第一次在音节上最满意试验”的作品。全诗每一行均由一个“三字尺”和三个“二字尺”组成，三字尺在诗行中处于一个颤动的过程，即由第一句的第三个音尺到第二、三、四行的第二个音尺；隔行押韵，最后都以双音节词收尾，读来抑扬顿挫，朗朗上口，节奏感和韵律感很强。

再说绘画美。诗中“翡翠”“罗绮”“绿酒”“白沫”等词汇，错彩镂金，色彩斑斓，让人产生一种炫目的视觉效果。而且作者充分运用了诗歌的语言特性，不但写了翡翠等静止的意象，而且写了青蛙的叫声这样的动的意象，动静结合，使意象相互反衬，产生张力，画面更加活泼起来。

诗的建筑美主要是指从诗的整体外形上看，节与节之间要匀称，行与行之间要均齐，虽不必呆板地限定每行的字数一律相等，但各行的相差不能太大，以求齐整之感。《死水》更为规整。全诗共五节，每节四行，每一行都是九个字。汉字被称为方块字，每个字都是一个四四方方的建筑体，这样每一行就形成了一个长方体；而四个长方体又构成了一个大的长方体；而全诗是五个大长方体，这就构成了一个更大长方体。从整体外形上看，结构工整、章法整饬，节与节之间匀称，行与行之间均齐。这样的外形，与中国传统的律诗非常相像。

附录：

死　水

闻一多

这是/一沟/绝望的/死水，
清风/吹不起/半点/漪沦（韵脚）。
不如/多扔些/破铜/烂铁，
爽性/泼你的/剩菜/残羹（韵脚）。

也许/铜的/要绿成/翡翠，
铁罐上/绣出/几瓣/桃花（韵脚）；

再让/油腻/织一层/罗绮，
霉菌/给他/蒸出些/云霞（韵脚）。

让死水/酵成/一沟/绿酒，
漂满了/珍珠/似的/白沫（韵脚）；
小珠们/笑声/变成/大珠，
又被/偷酒的/花蚊/咬破（韵脚）。

那么/一沟/绝望的/死水，
也就/夸得上/几分/鲜明（韵脚）。
如果/青蛙/耐不住/寂寞，
又算/死水/叫出了/歌声（韵脚）。

这是/一沟/绝望的/死水，
这里/断不是/美的/所在（韵脚），
不如/让给/丑恶来/开垦，
看他/造出个/什么/世界（韵脚）。

（四）学习活动十

学习《致云雀》，论世知人，梳理层次，配乐朗诵。

“冬天来了，春天还会远吗?”这句话出自哪里？意思是什么？这句话出自浪漫主义诗人雪莱的《西风颂》。表面上说，冬天来了，那春天马上就会到来，实质上指熬过了痛苦与艰难，就将迎来美好的春天、光明的前途。这句话告诉人们：无论遇到什么困难都要积极向上，永不放弃。今天，我们共同领略诗人另一名篇《致云雀》。下面我们分组研读，完成以下问题：

（1）请查阅资料，介绍作者与写作背景。从第1—2节来看，你觉得这首诗歌的感情基调是什么？你觉得这首诗主要写了什么内容？用自己的话概括。

（2）本诗可以分哪几个层次？

（3）小组合作，学生代表4人配乐朗诵。

明确：

（1）雪莱（1792—1822），19世纪英国著名浪漫主义诗人，才华横溢，与拜伦并称为英国浪漫主义诗歌的“双子星座”。在狂热的革命思潮中长大的雪莱深受自由与激进派思想的影响，信奉以革命方式推翻腐朽的政府，坚信只有不断进行社会改革，才能真正根除罪恶的社会根源，所以他把自己对自由的渴望和对暴政的憎恶都深深地融汇于诗作当中。诗人一生创作了大量优秀的抒情诗及政治诗，《致云雀》《西风颂》《自由颂》《解放了的普罗米修斯》《暴政的假面游行》等诗都一直为人们传唱不衰。1822 年 7 月 8 日，诗人出海航行遭遇暴风雨，溺水而亡。据雪莱夫人回忆，《致云雀》是 1820 年夏季一个黄昏，雪莱在莱杭郊野散步时听到云雀鸣叫有感而作。两年后，诗人便不幸辞世。这首诗被人们公认是雪莱的“好诗”。

从第 1—2 节来看，这首诗歌的感情基调是明快、清丽、诚挚、热切。全诗以一声喜悦的问候开篇，欢声赞美云雀这快乐的精灵不事雕琢的天籁之音，为全诗定下诚挚、热切的抒情基调。

《致云雀》歌咏了小鸟云雀，它欢乐、光明、美丽，构巢于地却狂喜、高飞，摆脱所有的来自于大地的约束，为人们刻画了一个浪漫主义时代的美好的理想形象：那冲霄而上的大自然的精灵，在天空上向人间唱着优美的歌曲。

（2）诗歌从赞美开始，以感叹告终，层次分明，结构严谨，大体可分为以下四个层次：先定下基调（第 1—2 节），然后赞美歌声（第 3—12 节），再探究根源（第 13—16 节），最后表达愿望（第 17—22 节）。

（3）学生代表 4 人合作配乐朗诵（背景音乐可配《清晨》）。第 1—2 节 1 人，第 3—12 节 1 人，第 13—16 节 1 人，第 17—22 节 1 人。

（五）学习活动十一

合作探究塑造云雀形象的手法，总结提升，学会赏析。

明确：

（1）塑造云雀形象的手法。

比喻：把云雀比作诗人，比作深闺中的少女，比作萤火虫，使云雀美丽的形象生动地展现在读者的面前。

对比：诗人把云雀的歌声同春雨、婚礼上的合唱、胜利的歌声相比，突出云雀歌声所具有的巨大力量。

设问、反问：第 13—16 节强调“赞婚的合唱”“凯旋的欢歌”都是空洞浮华的贫乏，都比不上云雀的歌声。

总之，《致云雀》以比喻、对比、设问、反问等修辞手法，以浪漫主义手法直抒胸臆，表现了辽阔光明的境界，表达了酣畅淋漓的激情。诗中的云雀倾注了诗人雪莱高贵的灵魂。人格化的云雀，成为诗人自我形象的化身。

（2）总结提升，学会赏析。

雪莱以独特的艺术构思生动地描绘云雀的同时，也以饱满的激情写出了他自己的精神境界、美学理想和艺术抱负。雪莱十分重视艺术的社会意义，认为艺术的创造是根据正义和美的原则来促进生活的改造。诗人渲染高尚的情操，是为了引起读者普遍的激动，抒写对于美德的渴望，是为了唤醒人们对于卑劣欲念不能相容的强烈感情。他说：“诗是最快乐最良善的心灵中最快乐最良善的瞬间之记录。”《致云雀》几乎体现和容纳了雪莱诗论的全部要点。全诗节奏短促、轻快、流畅、激昂，节与节之间，环环相扣，层层推进，极具艺术感染力。

（3）学写鉴赏性文段。

现代诗形式自由，意涵丰富，意象经营重于修辞运用，与古诗相比，更加强调自由开放、直率陈述、进行“可感与不可感之间”的沟通。现代诗的主流是自由体新诗。自由体新诗是五四运动的产物，形式上采用白话，打破了旧体诗的格律束缚，内容上主要是反映新生活，表现新思想。在读懂诗歌的基础上，学会写一些鉴赏性的文字，对于提高我们的文化修养和文学鉴赏水平大有裨益。

那么，如何写鉴赏性的文字呢？

现代诗歌的鉴赏应从诗歌的语言、形象、思想内容和情感、艺术手法和艺术特色等几方面入手，具体说来：

语言色彩的赏析，应把握意蕴风格，联系形象特点、作者情思、写作风格等；

诗歌形象的赏析，应抓住关键语句，旁及感情倾向、观点态度及时代特征等；

思想情感的赏析，应归纳主题思想，涵盖人文背景、作者观点及社会价值等；

艺术手法的赏析，应界定主要手法，评价技巧特点、修辞作用及文章形式等；

艺术特色的赏析，应厘清整体思路，分析篇章结构、写作走向及作品追求等。

鉴赏诗歌的形象、语言和表达技巧，还需要做到以下几点：

①熟悉鉴赏知识。

从鉴赏形象、语言到表达技巧，分门别类，涉及的鉴赏知识点很多，不宜死记硬背。应结合具体作品，通过典型作品的分析来巩固鉴赏知识。

②探寻鉴赏路径。

一种技巧，总是附丽于一定的文章内容。这就要探寻鉴赏的角度和路径，要抓住人（事）物特征、语言特色和艺术特点。

③突出鉴赏重点。

一首诗歌，可以同时有诸多的鉴赏点。但一段鉴赏性的文字，一般要有所侧重、有所选择。面面俱到的鉴赏不能吸引人。

④提取鉴赏元素。

鉴赏出题，所凭依的无非是这段文字所具备的鉴赏元素。具备了鉴赏知识，用鉴赏的眼光来读文章，就能聚焦鉴赏点；反之，显性、隐性的鉴赏点会视而不见。

⑤结合鉴赏语境。

鉴赏形象、语言、表达技巧，不能离开具体的语言环境来进行。读懂了原文，鉴赏也就顺水推舟；脱离语言环境，做凭空的猜想，是鉴赏大忌。

⑥讲究鉴赏语言。

诗歌语言本来就精练含蓄，鉴赏诗歌自然也很讲究语言的表达。意思懂了，却因语言缺乏鉴赏性而词不达意、言不由衷，就失去了写作的意义和价值。

示例：

《红烛》赏析

这首诗写于1923年。当时诗人准备出版自己的第一部诗集，在回顾自己数年来的理想探索历程和诗作成就时，写下了这首名诗《红烛》，将它作为同名诗集《红烛》的序诗。

诗的开始就突出红烛的意象，红红的，如同赤子的心。闻一多要问诗人们，你们的心可有这样的赤诚和热情，你们可有勇气吐出你的真心和这红烛相比？一个“吐”字，生动形象，将诗人的奉献精神和赤诚表现得一览无余。

诗人接着问红烛，问它的身躯从何处来，问它的灵魂从何处来。这样的身躯、这样的灵魂为何要燃烧，要在火光中毁灭自己的身躯？诗人迷茫了，如同在生活中的迷茫，找不到方向和思考不透很多问题。矛盾！冲突！在曾有的矛盾冲突中诗人坚定了自己的信念。因为，诗人坚定地说：“不误，不误！”诗人已经找到了生活的方向，准备朝着理想中的光明之路迈进，即使自己被烧成灰也在所不惜。

诗歌从第4节开始，一直歌颂红烛，写出了红烛的责任和生活中的困顿、失望。红烛要烧，烧破世人的空想，烧掉残酷的监狱，靠自己的燃烧救出一个个活着但不自由的灵魂。红烛的燃烧受到风的阻挠，它流着泪也要燃烧。那泪，是红烛的心在着急，为不能最快实现自己的理想而着急、流泪。诗人要歌颂这红烛，歌颂这奉献的精神，歌颂这来之不易的光明。在这样的歌颂中，诗人和红烛在交流。诗人在红烛身上找到了生活方向：实干、探索、坚毅地为自己的理想努力，不计较结果。诗人说：“莫问收获，但问耕耘。”

这首诗有浓重的浪漫主义和唯美主义色彩，在表现手法上注重幻想和主观情绪的渲染，大量使用了抒情的感叹词，以优美的语言强烈地表达了作者心中的情感。在诗歌形式上，诗人极力注意诗歌的形式美和诗歌的节奏，以和诗中要表达的情感相一致，如修辞手法反复地使用、一定程度上采用中国传统诗歌的押韵形式、前后照应和每节中诗句相对的齐整等。诗人所倡导的中国新诗的格律化、音乐性的主张在这首诗中有一定的体现。可以说，闻一多融汇古今中外的诗歌形式，以强烈的情感表达和追求精神开辟了中国一代诗风，激励着一代代的中国诗人去耕耘和探索。

四、板书设计

红 烛

闻一多

赤诚热情　自我牺牲
悲剧命运　抛弃私利
四扬三抑　若即若离

致云雀

雪莱

定下基调　赞美歌声
探究根源　表达愿望
比喻、对比、设问、反问

新诗鉴赏 →

语言形象	思想情感
艺术手法	艺术特色

单元学习任务活动之深入研读

——鉴赏青春美（小说）

保定市清苑区第一中学　黄敏

河北满城中学　李季

第六课时

一、预习作业及指导

（1）迅速浏览文本，给下面加着重号的字注音，识记文中重点字词。

间歇（　　）　撂下（　　）　忸怩（　　）（　　）　憨厚（　　）

执拗（　　）　发髻（　　）　尴尬（　　）（　　）　讪讪（　　）

氛围（　　）　憎恶（　　）　磕磕绊绊（　　）（　　）

砦（　　）　虔诚（　　）

（2）结合下面的资料助读，了解作者和文章的故事梗概，厘清文章思路。

①作家介绍。

茹志鹃，当代著名女作家。她的创作以短篇小说见长，笔调清新俊逸，情节单纯明了，细节丰富传神，善于从较小的角度去反映时代本质。她的二女儿王安忆是中国文坛“知青文学”“寻根文学”等文学创作类型的代表。茹志鹃的作品曾被译成日、英、法、俄、越等国文字。作品有短篇小说集《高高的白杨树》《静静的产院》《百合花》等。

②背景介绍。

茹志鹃写这篇小说时，正是反右派斗争后不久，她的家庭成员是这场扩大化运动的受害者。她在《我写〈百合花〉的经过》中说：“战争使人不能有长谈的机会，但战争却能使人深交，有时仅几十分钟、几分钟，甚至只来得及瞥一眼，便一闪而过，然而人与人之间，就在这一刹那里，便能肝胆相照，生死与共。”所以，《百合花》是她“在匝匝忧虑之中，缅怀追念时得来的产物”。这篇“没有爱情的爱情牧歌”，曾被茅盾誉为当时最使他满意和感动的一篇作品，是“静夜的箫声”。

（3）初步阅读文章，写出自己的感受。

二、课堂导入

英国诗人拜伦曾言：“青年人满身都是精力，正如春天的河水那样丰富。”古往今来，青年的炽热情怀与担当精神从未泯灭：少年张载“为天地立心，为生民立命”；青年毛泽东“指点江山，激扬文字”；30 岁的黄文秀“每天都很辛苦，但心里很快乐”，在脱贫的战场上，将生命渲染成最美的朝霞；18 岁的陈祥榕，“清澈的爱，只为中国”，把生命永远留在喀喇昆仑高原……作为青年的我们，将如何度过自己的青春呢？今天让我们带着对青春的思索走入《百合花》，感受作家笔下的炽热青春。

三、学习过程

（一）学习活动一

学生结合预习作业自主学习，独立思考，结合自己的经历与体会，谈谈对《百合花》的阅读感受，然后自由发言。

明确：

读完《百合花》，我内心想到了奉献和价值两个词。腼腆羞赧的年轻士兵在最美好的青春，将生命奉献给了祖国；害羞而又倔强的新婚少妇在自己最幸福的日子里，将满载生活憧憬的棉被奉献给了祖国。两个人虽然经历不同，却有一样的青春热情，在最好的年华做出了最有意义和价值的选择。

（二）学习活动二

《百合花》中细节描写生动细腻，请选择一两处细节进行赏析，谈谈细节描写的妙处。

明确：

细节一：小通讯员送女文工团员去包扎所的路上，不习惯与女同志同行，总是撒开大步走在“我”前头，然而，他尽管从来没有回头看过一次，但当“我”走不动时，他便自动停下来等待。这个细节表现出小通讯员的羞涩，也细腻地写出了他对护送工作的高度责任感，透露出他对同志的细心体贴。

细节二：小通讯员插在枪筒里的那几根树枝，后来又添了一枝野菊花的描写，生动地表现出通讯员热爱生活、充满朝气，临近战斗仍从容不迫等性格特征。

细节三：关于小通讯员肩膀上破洞的描写，新媳妇发现重伤的是小通讯员，于是一针一针缝补他衣服上的破洞，后来又将自己新婚时的被子盖在小通讯员的遗体上，不仅突出了小通讯员的朴实憨厚，新媳妇对小通讯员感情的变化，更能凸显军民之间纯真美好的情感。

（三）学习活动三

茅盾认为，《百合花》的人物形象"由淡而浓，好比一个人迎面而来，愈近愈看得清，最后，不但让我们看清了他的外形，也看到了他的内心"。文中通讯员在"我"和"新媳妇"的见证下，形象逐渐清晰起来。请以小组合作的方式，思考探究，完成以下问题：

（1）从文中找到"我"对小通讯员情感变化的词语。

（2）新媳妇对小通讯员前后的态度有何不同？从哪里看出来？

（3）分析小通讯员的形象，体会革命战争年代特有的崇高情操。

明确：

（1）"我"对小通讯员的情感变化的词语：

生起气来──→发生了兴趣──→着恼地带着反抗情绪──→拼命忍住笑──→爱上同乡──→想念──→强忍着泪

（2）新媳妇先是故意气他，没有借给他被子；当他受伤牺牲了，给他缝肩膀上的破洞，并把带有百合花的新被子盖在小通讯员的身上。

（3）通讯员形象：

①天真纯洁，热爱生活。即将发起总攻时，还在枪筒上放上树枝和野菊花。

②质朴憨厚，拘谨腼腆。为"我"带路时的张皇，借被子情节中的憨厚和不善言辞。

③关心同志，体贴别人。带路时，"我"走不动，他陪"我"时走时停。

④舍身为民，英勇捐躯。总攻时为保护担架队员，不惜牺牲自己的生命。

四、板书设计

百 合 花

茹志鹃

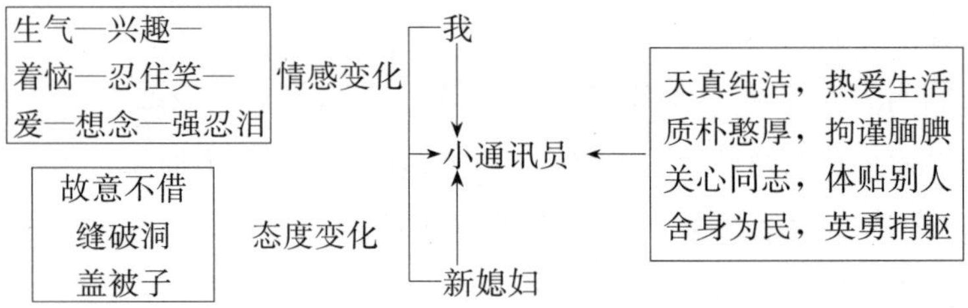

五、教学反思

《百合花》是名家名作。小说的故事情节比较简单，内容集中，文字晓畅，但篇幅却较长，如何有效地在既定时间里完成教学任务呢？我在设计教案时一方面引导学生搞好预习，对课文内容做大胆取舍，把教学重点放在初步感知文本和分析人物形象上；另外一方面采用自主谈感受和小组合作探究相结合的学法，引导学生根据文章的情节分析人物形象。因为是初次进行主题阅读，难免有偏颇之处，请同人不吝指教。

第七课时

一、课堂导入

战争是残酷的，但战士的心是滚烫的，新媳妇的情是纯粹的，朴实与真挚的情感仿佛融化了一切烽烟。《百合花》这篇“没有爱情的爱情牧歌”唱响在血雨腥风中，如一朵纯洁的百合，越走近它，越能感受那恬淡温馨的气息。我们将继续研读《百合花》，走进战火纷飞的时代，去进一步感受荡漾在字里行间的真纯之情，灵魂之美。

二、学习过程

（一）学习活动四

以小组为单位，讨论以下几个问题，把握小说的主题意蕴，然后每组请 1 人作为代表发言，其他小组出代表点评补充。

（1）《百合花》中百合花出现了几次，分别在怎样的情况下出现的？

（2）文章以“百合花”为题，有哪些含义？

（3）请结合写作背景和文章的情节，分析《百合花》的主题内涵。

明确：

（1）百合花出现了三次。

第一次是“我”跟小通讯员一起向新媳妇借被子时，在“我”的劝说下，新媳妇抱出被子，被子上撒满了白色的百合花；

第二次是“我们”在包扎所准备时，“我”看见新媳妇把自己那条百合花的新被铺在外面屋檐下的一块门板上；

第三次是文章结尾新媳妇把那条撒满白色百合花的被子盖在了牺牲的小通讯员身上。

（2）以“百合花”为题的含义。

①它指被子上的“百合花”，只是一个图案。

②它又象征了年轻媳妇的朴实美丽、纯洁无瑕。

③新媳妇的撒满白色百合花的被子，盖上了通讯员战士的脸，暗含着群众与战士融为一体，既写出了年轻战士的勇敢与牺牲的伟大精神，又写出了新媳妇对革命的理解及对战士纯洁的感情。

（3）《百合花》的主题内涵。

《百合花》是一篇将政治主题和人性审美意蕴巧妙结合的佳作。它以解放战争时期，某地前线包扎所作为具体环境，讲述了战争年代人与人之间真挚的友情，赞美了小战士平凡而崇高的品格，抒发了作者的审美感受，表达了对人性回归和对真善美的呼唤。

（二）学习活动五

以小组为单位，讨论赏析茹志鹃小说《百合花》的艺术特色，填写下表，然后由小组代表利用幻灯片展示，其他组点评补充。

	《百合花》
选材技巧	
独特视角	
描写手法	
结构手法	
语言风格	

明确：

	《百合花》
选材技巧	以小见大：没有正面描绘炮火纷飞的战场，没有刻画叱咤风云的英勇厮杀，而是以战争为背景，选择了发生在“我”“小媳妇”“小通讯员”之间的小故事，写出了纯洁的感情和人性之美，揭示了军民之间的鱼水之情
独特视角	以女性的独特视角：采用第一人称的手法，透过“我”的所见、所感去塑造形象，揭示人物美好的情操
描写手法	画龙点睛的细节描写：文中有多处细节描写，通讯员枪筒里插的树枝和菊花，肩头被挂破的大洞，印有百合花的新被子等，都让我们阅读时产生审美愉悦，有着感人至深的艺术效果
结构手法	前后照应，构思严谨：文章多处照应，关于作者对故乡回忆的两次照应、枪筒的照应、肩头破洞和新媳妇缝破洞的照应，每一次都是伏笔，结构严谨
语言风格	语言清新自然：小说既有色彩，又有音响，色彩素雅，节奏舒缓，语言清新、自然

三、板书设计

百合花

茹志鹃

百合花（三次）
- 被子上的图案
- 象征：新媳妇美丽、纯洁
- 军民一家亲

人性美 人情美

选材技巧：以小见大
独特视角：女性
描写手法：细节 ← 艺术手法
结构手法：照应
语言风格：清新自然

四、教学反思

如果人物是小说的血肉，那么主题则是小说的灵魂、小说意义的核心，主题的深刻与否决定着小说价值的高低。学习一篇小说，必须要探究小说的主题，因此在第一课时领会了人物形象的基础上，我把第二课时的首个教学目标设为对主题的探究，意在培养学生通过情节、环境、人物去分析思考小说主题的能力，激发他们深入学习的热情，促进其深刻性、敏捷性、灵活性、批判性和独立性等思维品质的提升。学生透过主题，可以了解故事背后深沉而广博的人文情怀，形成对社会、对他人、对自然、对未来的正确态度。对本课艺术手法的探究是我设定的第二个教学目标。一篇优秀的小说，必然是表达方式多种多样，表现手法灵活多变的。在小说丰富的语言环境中，学生进行审美体验、分析、评价等活动，形成正确的审美意识、健康向上的审美情趣与鉴赏品味，并在此过程中逐步掌握表现美、创造美的方法。

在经济发展日新月异的今天，时代需要具有情怀的年轻一代，青春的热血要沸腾在真善美中，生命的价值要体现在对生活的无限创造和憧憬中。小说是时代的镜子，让我们边阅读边思考，一路探索一路高歌，用最嘹亮的声音唱出青春激昂的旋律！

第八课时

一、预习作业及指导

（1）给下面加着重号的字注音，识记文中重点字词。

皱褶（　　）（　　）　嘟囔（　　）（　　）　吮吸（　　）　捂住（　　）

瞥见（　　）　怂恿（　　）（　　）　娇嗔（　　）　碾压（　　）

推搡（　　）　隧道（　　）　窸窸窣窣（　　）（　　）（　　）（　　）

（2）结合下面的资料助读，了解作者和文章的故事梗概。

①作家介绍。

铁凝，1957 年生于北京，祖籍河北赵县，作家。1975 年高中毕业后赴河北农村插队。1980 年任《花山》杂志编辑。1984 年开始从事专业文学创作。作品有短篇小说《哦，香雪》《六月的话题》，中篇小说《没有纽扣的红衬衫》《麦秸垛》《棉花垛》，长篇小说《永远有多远》《玫瑰门》《大浴女》等。铁凝的早期作品主要描写普通的人和事，着力表现现实生活中普通人的理想、追求、矛盾和痛苦。尤以细腻的描写人物的内心世界见长，文字柔婉、清新。20 世纪 80 年代中期以来，她的作品关注文化反思和女性的生存境遇，一改以往的理想主义诗意境界，以犀利的笔触鞭挞生活的冷酷。有人称她是“女性主义”作家。

②背景介绍。

20 世纪 70 年代末到 80 年代初，一方面，改革开放使中国的方方面面都产生了深刻的变化，这些都在文学作品中得到了反映；另一方面，人道主义思潮在中国盛行，有着广泛影响的文学作品也必然引起整个社会的强烈关注。《哦，香雪》正产生于此时。

（3）阅读课文，请谈谈你对《哦，香雪》这篇小说的感受。

二、课堂导入

播放《梦的怒放》，屏幕显示歌词：“梦的芽快乐生长，梦就是我心的方向，她是我的信仰，勇敢去闯；梦是最美的地方，梦就是全部的方向……”

在青春激扬的歌曲中，我们仿佛看到一群朝气蓬勃的年轻人带着梦想，走向最美的地方，就像《哦，香雪》这篇文章中那群向往美好生活的姑娘。

三、学习过程

（一）学习活动六

学生结合预习作业自主学习，独立思考，谈谈对《哦，香雪》这篇小说的阅读感受，然后自由发言。

明确：

《哦，香雪》带给我另一番青春感受：关于成长。害羞、单纯的香雪就像青春时期的我们，对一切充满好奇，又怀有一丝戒备。

感触最深的是香雪不得不跟着火车前行，最后晚上自己沿着铁轨回家那一段路上的所见所思。我认为那一段路是使香雪真正成长的关键，由对周边的害怕到自己逐渐拥有勇气，由对黑暗的恐惧到能够欣赏美丽的月光，什么都不用想，坚定信心往前走就可以了。成长不也是这样吗？好奇、诱惑、忐忑、羞涩、勇敢终究帮助我们更好地认清自己脚下的路。

（二）学习活动七

《哦，香雪》成功塑造了一群个性鲜明的山村姑娘的形象。以小组为单位，讨论比较凤娇和香雪形象的异同，感受这两类形象不同的价值追求。然后各组选出优秀的代表发言，其他小组补充点评。

明确：

项目 \ 人物		凤娇	香雪
相同		质朴、纯真、善良、热情	
不同	形象特点	①大胆直率；性格泼辣 ②对待感情含蓄执着	①性格文静，寡言少语 ②坚毅执着，勇敢自尊 ③渴望摆脱贫穷，追求现代文明
	价值追求	追求物质	追求精神

（三）学习活动八

这篇小说的主人公是香雪，题目如果叫“香雪”也未尝不可，可是为什么还要加一个“哦”呢？这个“哦”字到底该怎样读？为什么？请探究小说的主题。

活动过程：以小组为单位，小组成员以不同语气诵读标题，理解题目的含义，讨论小说的主题，然后各组选出优秀的代表发言，其他小组补充点评。

明确：

（1）标题中对“哦”的两种读法。

①读二声表示疑问，香雪会是一个怎样的女孩呢？

②读四声表示领会、醒悟，包含了赞叹，我明白了，原来香雪是这样一个女孩。

《哦，香雪》是一个带诗意的标题，表达了作者对香雪的赞美和喜爱之情。

从情节来看，“哦，香雪！”出现在小说的结尾处，是台儿沟的姐妹们见到香雪时所发出的惊喜之声。

从小说的内容和主旨来看，一方面，香雪为了那只铅笔盒而耽误了下火车的时间，一个女孩在一片漆黑中步行了30里，这种勇气说明香雪已打开心结去接受新生事物，作者为香雪的执着追求精神发出了由衷的赞叹；另一方面，作者对这样一个十几岁的女孩子独自踏上火车，走出封闭的农村，追求文明社会新生活的勇气和胆量，表达了惊喜与敬佩之情。

（2）主题。

《哦，香雪》以北方小山村台儿沟为背景，通过对香雪等一群乡村少女的心理活动的生动描摹，叙写了每天只停留一分钟的火车给一向宁静的山村生活带来的波澜，表达了姑娘们对山外文明的向往及摆脱山村封闭落后面貌的愿望，同时表现了山里姑娘的自爱自尊和她们纯美的心灵。小说更深刻的意义在于借台儿沟的一角，写出了改革开放后中国从历史的阴影下走出，摆脱封闭、愚昧和落后，走向开放、文明与进步的痛苦与喜悦。

（四）学习活动九

请你朗读香雪夜半独自走回台儿沟的情节，然后小组合作讨论这一段文字写了香雪的哪些心理活动？又是如何描写这些心理活动的？由各组代表发言，其他小组点评补充。

明确：

在香雪独自的历险经历中，她的内心经历了一系列的变化：怕──→不怕──→犹豫──→坚定，她内心的情感变化主要是通过心理描写和景物烘托来完成的。

（1）香雪丰富的心理活动，利用香雪夜半独自走回台儿沟的情节来展现。写到她害怕的心理，写到得到朝思暮想的铅笔盒而压抑不住的内心的兴奋，还想到台儿沟贫穷落后，展望它的将来，还想到了爹娘……表达了她对山里人命运的思考，对现代文明的向往，以及要求改变现状的强烈愿望。

（2）景物描写给读者展现了一幅幅月夜山景的图画，它为人物的活动提供了一个很好的背景，同时也有效烘托了人物的内心世界，表现出人物的心理变化过程。在 30 里的山路上，香雪跨越了从自卑、封闭、落后到自信、开放、进步的巨大心理障碍，在走向成熟的过程中体现了人性美和自然美的融合。

（五）学习活动十

《哦，香雪》从头到尾都是诗，它的笔调清新，语言淡雅，充满诗情画意。请以小组为单位，选择几处你喜欢的语句，品味本文的语言特色，写出感受或点评，然后小组代表展示，教师点拨指导。

明确：

（1）“它和它的十几户乡亲，一心一意掩藏在大山那深深的皱褶里……”

点评：“皱褶”一词突显出台儿沟是大山中的大山，其闭塞落后的程度不可想象。

（2）“台儿沟，无论从哪方面讲，都不具备挽住火车在它身边留步的力量。”

点评：“挽住”一词，将台儿沟拟人化，透出几分悲凉的味道。

（3）“哦，五彩缤纷的一分钟，你饱含着台儿沟的姑娘们多少喜怒哀乐！”

点评：“五彩缤纷”表明姑娘们对这一分钟的期盼；“喜怒哀乐”，表明她们对这一分钟内发生的故事既高兴又伤心的复杂感情，高兴是可以每天接触大山以外的现代文明，伤心是不能走出大山，融入现代文明的世界中去。

（4）“你望着她那洁净得仿佛一分钟前才诞生的面孔，望着她那柔软得宛若红缎子似的嘴唇，心中会升起一种美好的感情。”

点评：“仿佛一分钟前才诞生的面孔”着意刻画香雪的清纯；“美好的感情”是一种非

常健康非常纯洁的感情，不会有其他杂质，说明香雪的纯净的美，可以感化别人，使别人的心灵也变得更美好。这是对人物的侧面描写，效果非常好。

（5）“古老的群山终于被感动得战栗了，它发出洪亮低沉的回音，和她们共同欢呼着。”

点评：“被感动得战栗”既有拟人手法，又语带双关，一方面指姑娘们的声音在群山间回荡；另一方面暗指古老的大山终于慢慢被这现代文明唤醒，共同欢呼文明时代的到来，含义丰富。

（六）学习活动十一

《哦，香雪》中的青春是纯真和质朴的，让人感受到生命的美好。“香雪们”的青春追求给了你哪些启示？

明确：

（1）香雪是一个山村女孩，她质朴纯真、勇敢执着，为了摆脱贫困追求文明而义无反顾。我也是一个农村女孩，我钦佩她的勇气，她给了我一束光，让我看清了自己的路，哪怕我不能干出惊天动地的大事业，也要充实自我，为社会的进步贡献自己的一份力量。我是一棵小草，但绝不做生活的看客，我要把那一丝绿意放大，让生命拥有光芒，让青春更加靓丽！

（2）有人说青春是用意志的血滴和拼搏的汗水酿成的琼浆，有人说青春是用不凋的希望和不灭的向往编织的彩虹，有人说青春是用永恒的执着和顽强的韧劲筑起的一道铜墙铁壁。香雪的青春积极向上，她用不懈的追求证明着自己，也教会我该如何正确对待自己的青春，我要像她一样，迎着光，勇敢地飞翔！

四、板书设计

哦，香雪

铁凝

人物
- 同：质朴　纯真　善良　热情
- 异
  - 凤娇：大胆直率　性格泼辣　感情含蓄　追求物质
  - 香雪：文静少言　勇敢自尊　坚毅执着　追求精神

赞美美好心灵
追求现代文明
主题

写作特色
- 心理描写细腻真切
- 擅长环境烘托
- 笔调清新、语言淡雅

五、教学反思

小说是时代的缩影，青春是永恒的话题。高中阶段，要让学生在阅读和思考中不断成长，教师要做的就是选好角度，调动学生的积极性，在合作探究中培养学生的综合素质。

这节课我比较满意的环节有两个：一是人物形象分析。为调动学生的积极性，我采用小组活动的方式组织教学，课堂气氛活跃，学生能够比较深入地分析人物形象，通过对比找到人物的不同点，并且能用比较准确的语言进行概括，学习效果显著。二是对德育的渗透。教育的根本任务是“立德树人”。这个单元以“青春激扬”为人文主题，香雪文静少言，却勇敢自尊，执着地追求自己的理想，能够使学生受到启发，思考自己的青春该如何度过。我抓住这个契机，引导学生思考青春的价值，鼓励学生畅所欲言，在分享交流的过程中加深了认识，树立了正确的价值观。

当然，每节课都会有或多或少的遗憾，在品读语言环节，我觉得可以再稍微慢一点，重点语段让学生多读几遍，这样体会就会更深刻，对理解作者小说的风格也更有帮助。

单元学习任务活动之拓展探究
——青春纪念册

河北涿州中学　陈亚春

第九课时

一、预习作业及指导

（1）以毛泽东的《沁园春·长沙》为例，整理总结本单元诗歌在意象选择、语言锤炼等方面的特点和表达技巧，深入体会“诗味”。

（2）诵读本单元或课外的青春诗篇，选择一首你喜欢的诗歌进行背诵，深入体会青春的含义与价值。

二、课堂导入

人生盛景是青春，青春百味蕴芳华。跨越时间与空间，通过文字的魅力感受人生。感时忧国、抒发情怀也好，感悟人生、思考未来也罢，各具特色的表达，点燃了我们的青春激情。那激情与力量，那创造与奉献，那燃烧与牺牲，那崇高与热爱，都是人性中熠熠生辉的美。这美，需要我们用文字描画。选好意象，锤炼语言，运用技巧，抒发情志，这是我们写好诗歌的途径。让我们一起梳理，共同体味，以一种别样的方式去拥抱青春吧！

三、学习过程

（一）学习活动一

小组合作，整理总结五篇诗歌在意象选择、语言锤炼两方面的特点和表达技巧。一组选一篇诗歌，讨论整理，学生代表展示成果。

明确：

(1)《沁园春·长沙》。

①意象选择的特点：中心意象向四周辐射成一个意象群。比如上片的中心意象“万类霜天”回应了万山、层林、百舸、雄鹰、游鱼等意象；下片的中心意象“同学少年”辐射出“书生意气，挥斥方遒”“指点江山，激扬文字”等具体形象，构建出深远的意境。

②语言锤炼的特点：“看”“怅”有总领作用；“万”描摹出了层峦叠嶂之态，“红”寄寓了词人火热的革命情怀，“遍”描绘出了群山红得彻底的壮美景象，“层”写树林重重叠叠之貌，“漫”写江水满溢之状，“透”写江水之清，“争”写行船之奋，“击”写雄鹰之健，“翔”写游鱼在水中的轻快自如。

③表达技巧：抒情手法是景中寓情，情中显志，以绚丽的湘江秋景，抒“以天下为己任”的豪情；描写手法有远近结合、动静结合、俯仰结合、点面结合等。

(2)《立在地球边上放号》。

①意象选择的特点：选取了白云、北冰洋、太平洋、洪涛等意象，展现了大自然的雄伟和壮丽，也象征了推翻旧世界、创造新世界的时代精神。

②语言锤炼的特点：用“无数”“无限”二词描绘出“立在地球边上”所见到的开阔境界；“怒涌”“提起”“推倒”等一系列动词，描绘出一幅海涛汹涌、白云涌现的壮丽图景；“毁坏”写出了对旧世界的打破；“创造”写出了对新世界的期待。

②表达技巧：抒情手法有直抒胸臆和间接抒情；表现手法是象征，自然现象成为社会现实和时代精神的鲜明反映，是五四时期向旧世界、旧文化、旧传统猛烈冲击的时代精神的象征；修辞手法有排比、反复，排比如“不断的毁坏，不断的创造，不断的努力”表达了在世界面前积极的、奔放的、不受约束的自信与决心，反复如“力哟！力哟！”抒写对“力”的赞叹，增强了艺术感染力。

(3)《红烛》。

①意象选择的特点：选取了蜡、火、灰、泪、血、花儿、果子等意象，把红烛的特点表现得淋漓尽致，也有力地突出了诗人的忧国之心、爱国之情以及献身祖国的伟大抱负。

②语言锤炼的特点：呼告的语言，更有感染力。

③表达技巧：抒情手法是托物言志，诗人把自己比作红烛，通过红烛这一意象，表现了自己的赤诚之心与奉献精神，表达了自己对祖国前途的执着追求和献身祖国的伟大抱负；修辞手法有拟人和呼告，如“红烛啊，你心火发光之期，正是泪流开始之日”运用了拟人手法，将注意力转到烛泪上面，矛盾的现象中饱含着疑问，全诗每节都以“红烛啊”

作为开头，运用了呼告的修辞手法，倾诉了自己的所见、所思、所感。

（4）《峨日朵雪峰之侧》。

①意象选择的特点：选取了薄壁、峨日朵的雪、太阳、山海、石砾、巨石、岩壁、蜘蛛等意象，带给人强大的视觉冲击力。

②语言锤炼的特点：有些词非常具有表现力，比如“楔”，把登山者的努力与挣扎写得真实形象。

③表达技巧：描写手法是视听结合，描写极富画面感，写雪峰日落是视觉，写滑坡的石砾引动深渊的嚣鸣是听觉；修辞手法主要是对比，强大和弱小，光明和幽暗，热闹和沉寂，高峻和低矮，形成了对比和反讽。

（5）《致云雀》。

①意象选择的特点：选用轻云、天心、电光、霞云、星星、利箭、明灯、彩霞等意象，写出了云雀的特点，表达了作者对快乐、光明、自由的深切向往。

②语言锤炼的特点：《致云雀》的语言很形象，比如“晶莹闪烁的草地”“春霖洒落的声息”“雨后苏醒的花蕾”，准确地评价了云雀歌声的特点“明朗、欢悦、清新”。

③表达技巧：抒情手法是托物言志，借云雀抒情明志，向世人传递自由、喜悦与希望；修辞手法有比喻和对比，诗中将云雀比作诗人、闺阁中的少女、萤火虫、玫瑰，使云雀美丽的形象，生动地展现在读者面前，将云雀的歌声同春雨的洒落声、赞婚的合唱、凯旋的欢歌等相比，突出云雀歌声所具有的巨大力量。

总结：

（1）意象选择：围绕中心意象形成意象群；意象要突出意境的特点，凸显感情基调。

（2）语言锤炼：炼字要抓住意象的主要特点，生动，形象，有表现力；多运用增强音乐美和节奏感、强化语势、突出情感的修辞手法，如叠词、排比、反复、呼告等。

（3）表达技巧：

①抒情手法：直接抒情；间接抒情，如借景抒情、托物言志等。

②描写手法：空间角度转换（远近、俯仰），视听结合，动静结合，点面结合。

③修辞手法：比喻，拟人，衬托，叠词，夸张，排比，反复，呼告，设问。

（二）学习活动二

品读课外青春诗篇，明确诗歌写作技巧，尝试写一首关于青春岁月的诗。

（1）印发有关“青春”的现代诗，学生自读感悟，激发创作灵感。

青 春

席慕蓉

所有的结局都已写好
所有的泪水也都已启程
却忽然忘了是怎么样的一个开始
在那个古老的不再回来的夏日
无论我如何地去追索
年轻的你只如云影掠过
而你微笑的面容极浅极淡
逐渐隐没在日落后的群岚
逐渐翻开那发黄的扉页
命运将它装订得极为拙劣
含着泪
我一读再读
却不得不承认
青春
是一本太仓促的书

致青春

葛冬冬

流年太过骄横
野蛮的夺走了时间
却把回忆落下了
仓促捡起回忆
莫名的伤感刺痛全身
在疼痛中
仿佛才有了青春的快感

青春的风

汪国真

我不在乎多少梦幻已经成空
我不在乎多少追求都成泡影
在春天的季节里
谁愿意是
醉生梦死
醉死梦生
山峰挡不住我
河流挡不住我
噢
一往无前
我是青春的风
我不满足已经获得的骄傲
我不满足已经赢得的光荣
在年轻的心灵里
谁不愿意
明明白白
清清醒醒
鲜花留不住我
掌声留不住我
噢
一如既往
我是青春的风

（2）教师指导写作诗歌的技巧。

我们写作诗歌时，首先确定主题，根据主题所表达的情志，选用适当的抒情手法、描写手法和修辞手法，还要考虑意象的选择与语言的锤炼。

意象选择上，首先考虑的也是主题的表达，主题不同，意象不同。比如席慕蓉的《青春》，为了表达青春的稍纵即逝，择取“云影”作喻，又以笑容浅淡、逐渐隐没在落日后的“群岚”，写出了一种遗憾，进而引发读者对青春的思考。而汪国真的《青春的风》，以“风的行走”喻青春的流逝：即便是“山峰”“河流”，也无法阻挡，写出了青春的一往无前与不可回逆；“鲜花”“掌声”也让读者浮想联翩。

语言表达上，求简明，不赘余；求生动，不凡庸。任何一首诗的语言表达都有一定的风格，可活泼，可内敛，可清新，可平淡，可绚丽，可深沉。但不管哪种风格，语言表达一定要准确。语言是诗歌的外化，特别是动词谓语和形容词定语，要特别注意。比如席慕蓉的《青春》中“启程”一词，用来写泪水，渗透出一种青春流逝的伤感；“装订”一词，化无形为有形，具体可感。再比如葛冬冬的《致青春》，“骄横”一词，写出了对于岁月流逝的无可奈何；“野蛮”“夺”，写出了对青春消逝的一种愤慨。还比如在汪国真的《青春的风》中，“一往无前”的运用，把青春的风拟人化，形象地写出了青春的势不可挡。

表达技巧上，也要以情志为基础。席慕蓉的《青春》为了表达青春值得珍藏，采用比喻的修辞手法，把青春比作书；为了表现青春的易逝，又把青春比作云影，无一不在表现诗人对青春的无限依恋之情。葛冬冬的《致青春》运用拟人的修辞手法，赋予“流年”骄横的性格，表达了对青春的追忆与感慨。青春太仓促，唯独留下了回忆，疼痛中仿佛有了青春的快感。感悟非常深刻，能引起读者共鸣。汪国真的《青春的风》运用拟人的手法，将自己的青春比成风。一如既往地向前，去追求更高的境界，主题非常积极向上。席慕蓉的《青春》与汪国真的《青春的风》主要运用的是间接抒情，而葛冬冬的《致青春》更偏重于直接抒情。

诗歌写作，不管是意象的选用，还是语言的锤炼，抑或手法的运用，都要以作者的“情志”为核心，这是创作的根本。

（3）请学生以“青春”为主题，写一首诗歌。

要求：①诗体不限，可以写古体诗，也可以写现代诗；②至少运用本单元所学的一种手法。

示例：

青 春

青春是美丽的流苏
在缝隙的把玩中
留下了五彩的回忆

青春是勃勃的红日
在海天一线的跳跃中
酝酿出永恒的希望

青春是雪白的食盐
在煎炸烹炒的刺激中
变成了强劲的筋骨

青春是雾霭
有迷茫
青春是彩虹
经风雨
青春是刀剑
披荆斩棘必得华光

（4）教师讲评。

作品运用比喻的手法，把青春比作“流苏”“红日”“食盐”“雾霭”“彩虹”“刀剑”，从多个侧面写出了青春的特点，引起读者多维联想，并赋予其更深刻的感受。流苏，代表着一种美好，是值得欣赏与回忆的，所以有“把玩”的美妙；红日，代表着希望，一切生机蕴于其中，跳跃出无数的可能；食盐，是普通的，又是必要的，写出了青春的不可或缺；雾霭，写出青春的迷茫；彩虹，写出青春必经风雨；而刀剑，又写出了青春必须要有披荆斩棘的勇毅。

（5）学生课后修改作品，教师挑选其中优秀的作品结成《青春纪念册》。

四、板书设计

青春纪念册

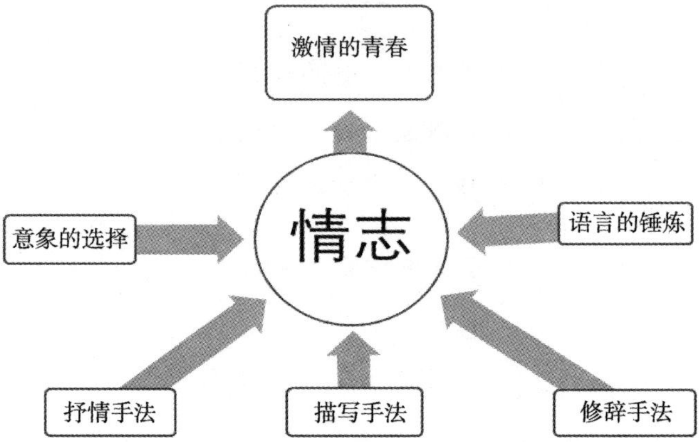

单元作业安排及单元评价

保定市教育科学研究所　杨琳

第一课时

一、作业安排

写出《百合花》的故事梗概，不少于 300 字。

二、评价建议及示例

（一）评价建议

写出至少四个主要情节（路上等待、休息询问、帮忙借被、包扎救助、牺牲盖被），不少于 300 字即为合格，主要情节少于四个或字数不够则为不合格。

（二）示例

“我”在被分配工作时，结识了一个老实、害羞的通讯员，通过“我们”的谈话得知他是“我”的老乡。在为部队向人民借被子时，他开始找了一个新媳妇借没有借到，“我”得知后来帮他，最终借到了那床新媳妇的嫁妆——红底上缀有百合花的新被子。他还把衣服挂破了。后来，他回去了，但给“我”留了两个干馒头。“我”则找了几个妇女帮忙为伤兵擦洗，其中就有那个新媳妇。开始，送来一个通讯员，“我”还紧张了一下，发现不是他后才放心。后来，又送来一个通讯员，看见那个挂破的衣服，“我”知道是他，很担心，后来从他的战友口中得知他是为了保护医护队才受重伤的，待医生来后，他已经牺牲了，而那个新媳妇却在专心致志地为他缝衣服。最后，新媳妇把自己的嫁妆被子盖在他身上来表达对他的敬重。

第二课时

一、作业安排

（1）作业一：自读《峨日朵雪峰之侧》《致云雀》《哦，香雪》三篇课文，选择你感兴趣的一篇，写一段文字，谈谈你的青春感悟，不少于300字。

（2）作业二：为什么作者给小说命名为《百合花》？请大家再读小说，写一段话，谈谈自己的看法，不少于200字。

二、评价建议及示例

（一）评价建议

（1）作业一：必须立足文本联系现实，写出学生自己的切身感受和思考。

（2）作业二：能够明确“线索”和“象征”两方面则为优秀，明确一方面则为合格，这两方面都没有明确则不合格。语言有文采、逻辑性强的作品要表扬。

（二）示例

（1）作业一：

火车的闯入让年轻的姑娘们感受到了远方的神秘魅力，在那个物质刚刚得到稍许满足的时代，精神上的追求成为山村年轻人的青春触角，不再“一心一意掩藏在大山那深深的皱褶里”，渴望走出大山，看一看山那边的世界。面对外来新鲜事物，那种胆怯、害羞、向往、尝试、执着交织的渴望，年轻人都会感同身受。从一分钟的窗口观察到以物易物的铅笔盒，还有那被火车带到下一站的尴尬，将年轻人的心理描写得细致入微，年轻的心因敏感而更易感受色彩斑斓的外部世界，让人羡慕！香雪给人的感觉不是清纯，不是美丽，而是纯净，是不由自主散发出来的澄澈！也许是这哺育了千百代人口的台儿沟给予了她这种含蓄而又内秀的性格。在深山皱褶里，台儿沟沐浴在淳朴与善良中，在这纯洁的人文情感里，台儿沟又孕育出多少心思单纯而又不图回报的人们啊！那点清纯澄澈，是我们这个时代许多年轻人缺少的！

（2）作业二：

百合花图案的被子作为一条线索联系着人物之间的关系，没有它，小说中的三个人不会聚在一起，更不会发生后来的故事。白色的百合花象征了纯洁的感情，是通讯员和新媳妇美的化身，象征了他们的一切美好品质，这些品质和他们的心就像百合花一样洁白无瑕。

通讯员，有一张“十分年轻稚气的圆脸”；与女同志“我”说话时，表现得张皇不安，腼腆羞涩；谈到娶媳妇时，更是羞红了脸，越发忸怩。还只是一个孩子！然而在战火纷飞的年代，十九岁的小通讯员却已经担当起了解放人民的重任，冒着生命危险在前线传递战报。在向新媳妇借被子时，他遇到了困难——新媳妇没把被子借给他。可“我”却很轻松地向新媳妇借到了。这让通讯员感到委屈和不服，怪新媳妇“死封建”。从他不多的话语和行动中可以看出农村娃耿直和爽快的性格。当“我”告诉他，这条新被子或许是新媳妇做姑娘时起早熬夜为自己新婚缝的，他觉得误会了人家，愧疚地想把被子还回去。这种感情态度的变化表现了他的纯朴、善良和单纯。当通讯员回团部时不忘关心“我”，给“我”留了两个干硬的馒头，这份对战友真挚的友情和关爱，平凡亲切而珍贵。更让人出乎意料的是，通讯员小小的身躯在战友危难之际竟然迸发出强大的力量和无穷的勇气。为了保护同志，舍身扑在快要爆炸的手榴弹上，牺牲了自己年轻而宝贵的生命。如此年轻的战士，他的牺牲怎能不让人动容？小说通过对新媳妇一系列的动作和细节描写，不仅写出了她对通讯员的友善、关切、崇敬、痛惜、悼念、歉疚的态度变化，更展示了新媳妇娴静、纯朴、善良、纯真、高洁如百合花一样美丽的人性美和性格美。所以，百合花正是人物纯真、高洁的优美心灵和品格的象征。

第三课时

一、作业安排

在如今多元化的社会中，有的人追求立大志成大业的人生，也有人欣赏生活中的小确幸，追求个人的快乐和随意。你对人生的大与小有什么看法和思考呢？请同学们课下写一篇不少于 800 字的文章。

二、评价建议及示例

（一）评价建议

要注意题目中的“多元化”的暗示，谈要追求立大志成大业的人生或欣赏生活中的小确幸，追求个人的快乐和随意都可以，也可以将两者融合，事业要求得高远，生活要学会知足。论述要结合实际，有针对性，要从本质、根源、趋向、办法等方面展开阐述，环环相扣，要用联系、发展、一分为二的观点看问题，语言要生动，逻辑要严谨，要综合运用举例、引用、比喻、对比、引申等论证方法。

（二）示例

在新生入学大会上的发言

尊敬的老师们、亲爱的同学们：

上午好！前几天，我的班主任李青老师告诉我，说让我代表新生发言，让我说一点走心的话。其实，哪里只我走心啊，同学们一定能感受到，在学校，老师对我们说的每一句话、给我们的每一个微笑、每一次批改的作业都是用了心、动了情的。我们将在一起用心、动情，打造我们的青春岁月！所以我们说“有一场青春叫高考，有一种美好叫师生”！

中考结束了，有个同学跟我说：“中考一结束，我突然觉得很轻松。随手翻书，恰好是我要看的那一页，觉得生活很美好；无意中听到一首歌，歌词好像就是为我而写，我也会觉得生活很美好……现在，哪怕是一点点小事都会让我感觉生活是那么美好。你说，现在我的状态是不是就是老师在中考前誓师的时候所说的，当我们走过这一段，我们的人生就会变得高远而辽阔……”我明白那位同学在说什么，他是想跟我说，他开始享受生活中的点滴带给自己的满足感和幸福感。作为他的朋友，我感到很欣慰，因为我看到了我的同学对生活的热爱和珍惜，我喜欢他的生活态度。确实，所谓生活，拆开来看就是一个个微小而确实的幸福，就是那些一点一滴让人欣喜的小温暖。我想，这就是我们常说的小确幸吧！

但是，同学们，高考只是我们人生的第一个驿站，与其说它是一个考试，不如说它是一次考验，或者是一种途径。如果没有高考，我们不会有更好的机会跳出与生俱来的环境，去更好的地方看一看，也许就在我们所在的城市或乡村终老。但是，同学们，高考从来都不是终点，我们的人生才刚刚开始，远没有达到高远而辽阔的境界。如果我们认为，可以喘气歇脚了，这就可以沉浸在一种“被动的”幸福当中，那么应该有一丝丝担心。我担心，我们真的相信高考过后就只看脸，而不再拼搏；我担心，我们真的就沉浸在这种小小的满足之中而忘了自己的责任；我还担心，我们就此安于现状，失去我们该有的蓬勃……

其实，享受小确幸带给自己幸福感的不只是现代人。数十年前，文学大师林语堂曾说，自己最幸福的时候就是躺在床上的那一刻。他还喜欢边吃花生，边写作。这些经典镜头无疑都是“小确幸”。可是，这位文学大师却从不颓废，晚年也笔耕不辍，77 岁高龄时还完成了一部《当代汉英词典》。所以，“小确幸”没有错，重点在于它装点的是什么样的人生。我想告诉你们的是，小确幸的时代更需要大志向。

另一位大师梁漱溟在《朝话》中，谈到人生的三种态度。一是“逐求”，追名求利以及一切物质享受；二是“厌离”，厌离人世；三是“郑重”，“自觉地听其生命之自然流行”，“将全副精神照顾当下”。梁老先生认为，除非彻底做到家，不然，“逐求颠倒迷离于苦乐中”，与其他动物没有差别。按照这种区分，如果处于“厌离”状态，理想遇挫，心灰意冷，“小确幸”只是精神麻醉剂，以点滴小欢愉，忘记人生的无聊和痛苦，那么将被老先生们不幸言中。但是，“小确幸”也可以是“郑重”。既有认真珍视当下、抓住一切机会之意，也有脚踏实地、不懈努力之心。

所以，就像大师那样，享受小确幸的前提是，我们对自己的人生要有规划，不会轻易放弃自己的理想。人生前期越嫌麻烦，越懒得学，后来就越可能错过让你动心的人和事，错过新风景。就像这个夏天，我学游泳时的偷懒，让我只能看着游泳馆里人家劈波斩浪而羡慕；我学外语背单词时的偷懒，只能让我放弃了很多需要英文的锻炼机会，以至于到今天我都不敢自信地张嘴说英语。所以，同学们，请记住：如果我们对自己的人生没有规划，所有偷过的懒，都会在将来的某一天变成我们的失落和忏悔。

就像大师那样，享受小确幸带给我们幸运的时候，我们要有能力改变自己，才可能摆脱小确幸背后的被动感；享受小确幸的时候，我们要有一个大的胸襟，能享受最好的也能承受最坏的，这才是我们的大格局；享受小确幸的时候，还不能逃避我们的责任感，还不能逃避使命感所带来的一切风险和挑战，我们应该要尝试它，挑战它。所以我说：“小确幸的时代更需要大志向!”

几天前，我们开始了在高中的第一课。今后，我们时刻要记得牢记我们的志向，学会学习，学会做人，学会健身；敢于拼搏，敢于创新，敢于超越。在新刷出的雪白的起跑线上，让我们同心同德，茁壮成长。要树立远大志向，将来更好地服务我们的国家和我们的人民；要享受学习生活，在课堂、操场、科技馆、文化馆、报告厅、饭厅体会每一点感动、每一点幸福。让我们怀着一颗“郑重”的心和一个大志向，享受“小确幸”，既自觉、踏实地去学习生活，又懂得体会日常的小幸福。

同学们，我们的人生将从这里起飞！蓝天之下，白云之上，我们的未来如此美好！

最后，感谢学校给我这次发言的机会，感谢所有师长对我们的悉心关怀，希望我们学校的明天因为我们而更加美好！

第四课时

一、作业安排

请阅读《立在地球边上放号》《峨日朵雪峰之侧》，写一篇札记。

二、评价建议及示例

（一）评价建议

札记的写作非常自由，人们在阅读书籍或文章时，遇到值得记录的东西和自己的心得、体会，随时随地把它写下来，即为“札记”。古人讲读书要眼到、口到、心到、手到。这“手到”就是写札记。札记要有感而发、内容充实、用语力求准确。

（二）示例

《立在地球边上放号》札记

《立在地球边上放号》是郭沫若1919年9—10月间写的一首新诗。这首诗一方面通过对大自然景观的真实描写，展示了大自然雄伟壮丽的景色；另一方面，大自然形象成为社会现实和时代精神的鲜明反照，是五四时期那种时代狂飙的象征，是那种向旧世界、旧文化、旧传统猛烈冲击的时代精神的象征。作者借这首诗想要告诉人们：科学的文明、人民的觉醒，终将彻底推翻旧世界，创造一个新世界。这首诗意境壮阔，充斥着浪漫主义色彩，具有强烈的时代感。

这首诗展现在读者面前的，是一个巨人的形象。巨人立在地球边上，他能“全方位”俯瞰地球，吹响一声声响彻寰宇的号角。他的号角声声，在欢呼怒涌的白云与壮丽的北冰洋的情景，欢呼要把地球推倒的太平洋，欢呼来自空间各个方向的滚滚洪涛。排山倒海般的洪涛既具有巨大的破坏力，又蕴藏着同样巨大的创造力，那就看人们能否掌握它、驾驭它。看吧，滚滚而来的洪涛正在不断地努力向前，描绘着“力的绘画”，表演着“力的舞蹈”，演奏着“力的音乐”，抒写着“力的诗歌”，激荡着“力的律吕”。这是一幅惊心动魄的力的图画、力的颂歌。

写这首诗的时候，作者正在日本福冈的九州大学医学部留学，那是在中国的五四运动爆发不久的时间。五四运动所产生的伟大的“力波”越过太平洋，直接震动了时刻感应着时代脉搏的年轻气盛的郭沫若，使他的如椽之笔，得到了纵横挥写的创作契机。诗中描绘的洪涛的景象，正是五四运动巨大声势的象征。再推开一层说，也是世界潮流的大工业生产规模的具体象征。五四运动对于中国，正如滚滚而来的洪涛一般，它正以巨大的破坏力，冲决一切半殖民地、半封建的思想罗网，同时以伟大的创造力建树崭新的科学与民主的现代文明。

《立在地球边上放号》札记

这首诗歌描述了五四运动所展示的中国未来的光辉灿烂的图景，新兴生产力必将战胜落后生产力，中国这个“巨人”伟大的创造力将会孕育出崭新的科学与民主的现代文明。不断的毁坏和不断的创造正是万事万物发展的法则。

从更宏观的角度来看，世界潮流的大工业生产也正以排山倒海之势席卷日本，冲向中国，并且势将蔓延到全球各个角落，这是历史前进的不可阻挡之势。

诗中所描绘的全部力的形象，同样可以看作是新兴生产力战胜落后生产力的强起奋进图。诗人在同年写的《笔立山头展望》一诗曾以极大的热情歌颂这种新兴的生产力：“一枝枝的烟筒都开着了朵黑色的牡丹呀！哦哦，二十世纪的名花！近代文明的严母呀!”互相参照印证，可以帮助我们更好地理解本诗的思想内容。

《峨日朵雪峰之侧》札记

这是登山勇士的自我写照。

起句非常凝练：“这是我此刻仅能征服的高度了。”“此刻”和“仅”两个词暗示了多重意思：这高度并非“一览众山小”的绝顶，却是“我”尽了自己的全部努力所达到的；这并不意味着将来（或下一刻）不能达到新的高度，也不意味着此刻的高度微不足道，这毕竟已是一次历尽艰辛的征服。这个判断句还暗示了“我”身后已经陆续征服了的那些高度，暗示了“我”的目标与“我”的努力之间的差距，暗示了某种“先喘口气”的决定。仿佛是一切艰辛的一种报偿，“我”吃惊地看到一派壮丽的雪峰落日景象，一个宛转重叠绵密奇崛的长句，写那太阳彷徨许久之后终于突然向一片山海跃入。还未见过有人把落日的张力和动势如此精练地组织在一个句子之中。长句极易写得或累赘或松散或拖沓，而这里意象的密度却显示了诗人锤炼的功力。

在辉煌的视觉形象之上，诗人又叠加上一个宏大的听觉形象，滑坡的石砾引动深渊的嚣鸣，如军旅的杀声渐远而去。这一音响的叠加使落日更显壮观。滑坡的动势与落日的动势都是下坠的，与攀登者的动势正好相反。于是视听合一的效果就不单产生审美意义上的“崇高”，而且在读者的生理上引发一种紧张。那一片“引力无穷的山海”事实上也在竭力使“我”下坠。千军万马般的厮杀声响在“我”身旁向深渊“自上而下”地远去时，“我”在这个高度上的坚持就绝非易事。诗句立即由“我”眼中的壮观景象转入自身状态的描述：手指插入岩缝，血滴渗出鞋底，也就是说，日落和滑坡都不是悠闲者赞叹或观赏的对象，而是此时此地贴身绝壁的登山勇士的生命体验。

诗人突然给出一个“特写镜头”：一只小小的蜘蛛在岩壁上与“我”同在！这确实是出人意料的神来之笔。在这样的高度上，只有一只不起眼的蜘蛛与“我”为伴；在这样的高度上，即便一只小得可怜的蜘蛛，也享受大自然赐予的快乐和荣耀。与前一诗节的宏阔与“嚣鸣”相对照，这里，“可怜”与“默享”两个词甚具分量。它们使前一诗节的辉煌壮丽不流于虚矫浮饰，使之凝定在一个谦卑而坚毅的高度之上；对生命的热爱，对生命力的赞颂，全由这只小小的蜘蛛得到表露。很多时候，不起眼的细小意象比司空见惯的“波澜壮阔”更有力量。

第五课时

一、作业安排

阅读下面的诗歌，写一段鉴赏性的文字。

双桅船

舒婷

雾打湿了我的双翼，
可风却不容我再迟疑。
岸啊，心爱的岸，
昨天刚刚和你告别，
今天你又在这里。
明天我们将在，
另一个纬度相遇。

是一场风暴，一盏灯，
把我们联系在一起。
是另一场风暴，另一盏灯，
使我们再分东西。
不怕天涯海角，
岂在朝朝夕夕。
你在我的航程上，
我在你的视线里。

二、评价建议及示例

（一）评价建议

诗歌是一种用形象传达抽象的艺术手段。对诗歌进行赏析，主要有三个角度：一是“形象”，分析形象的特点；二是“抽象”，即所表达的情理；三是用“形象”传达“抽象”的语言及技巧。分析形象的特点，要由分到总，由外到内，由主到次，由细节见精神；把握情理，要论世知人、通解文字，投入境界、体物动情，以诗为本、分析概括；赏析语言和技巧，要从对作者抒情达意、作品内容形式、读者感受认识的作用等角度展开来谈。

（二）示例

《双桅船》赏析

所谓舒婷诗歌的“低音区”部分，是指那些采用朦胧、象征的意象来表达诗人内在的复杂心态与细腻情感的作品。如《自画像》《往事二三》《童话诗人》《双桅船》《北戴河之滨》等。这部分作品由于内蕴丰厚，表达曲折，具有较丰富的美学价值，需要人们通过多层次的分析与透视才能理解与欣赏。因此，常被人们视为晦涩朦胧的“雾中之花”。

《双桅船》是诗人运用朦胧诗的写法，采用象征、意象来表达人的主观情绪，从而伸张人性的佳作。全诗表现了诗人双重的心态与复杂的情感。一方面，是理想追求的“灯”。另一方面，是爱情向往的“岸”。在执着追求理想的进程中，时而与岸相遇，时而与岸别离，相和谐又相矛盾。同时，在理想追求进程中，诗人时而感到前行的艰难与沉重，时而感到一种时代的紧迫感而不让自己停息。“雾打湿了我的双翼，可风却不容我再迟疑。”诗中所表现的情绪与心态，既是诗人自我的、个性的东西，同时，又是那个特定时代的青年们所普遍感受到而难以言表的东西。诗人以她细腻的心，运用象征的技巧，把它完美地表达出来，使之成为一首脍炙人口的佳作。

本诗的一个重要艺术特点是象征。在朦胧诗中，象征多是用某种具体的事物和人们能直感的形象来替代人的某种主观情绪和某种社会态度。简言之，就是用具象来表达抽象。诗题“双桅船”，就是一种象征。全诗的目的不在于描写一只客观的双桅船，而是借用双桅船这一具体形象来表现诗人自己，表现诗人双重的心态与复杂的情感。或者说，诗人觉得自己就像一只双桅船。双桅船中的“双桅”又暗示着某种深层的含义。双桅并在，意味着诗人心目中爱情与事业并立又相区别的心理。另外，诗中的“风”“岸”“风暴”“灯”等都具有明显的象征性。“风”意味着时代紧迫感给诗人的动力，“岸”象征着女性的爱情归宿，“风暴”暗指诗人与同代人所经历的不平常的年代风云，“灯”则与光明信念连在一起。

意象的运用，是本诗的另一个重要艺术特点。所谓意象，就是借用外在的景致来表现诗人的主观心态。它与传统诗歌中的“意境”不同。意境一般是触景生情并借景抒情，从而达到景中含情的艺术目的。而在朦胧诗中，诗人多以主观情绪和人的各种心态为表现对象，从主观情绪出发，想象并构造成某种具体的画面与景致，从而使抽象的情感形象化，以达到艺术表达的效果。诗人在《双桅船》中所要表达的是一种心态，一种情绪，一种感情历程。而落在语言上，却是“船”“岸”“风暴”“灯”等具体形象，并把这些具体形象加以组合，形成一幅完整的有动态过程的画面。而在画面之下，隐含并跳动着作者的心，作者的真情实感。全诗意象清新，组合自然，使诗人内在强烈的情绪得以自如地表达。

另外，本诗的语言自然流畅，诗中所蕴含的情凝重而又细腻，既有浓浓的个人感叹，又有开阔的时代情怀。诗的最后四句“不怕天涯海角，岂在朝朝夕夕。你在我的航程上，我在你的视线里”，被人们当作警句广泛流传和引用。

第六课时

一、作业安排

（1）作业一：欣赏《集结号》《地道战》等其他战争题材的电影作品，然后跟《百合花》进行对比，体会《百合花》独特的魅力。

（2）作业二：撷取校园中的一处风景，用优美流畅的句子记录下来，不少于200字。

二、评价建议及示例

（一）评价建议

（1）作业一：

①用概括性词语比较异同。

②就小说“三要素”中的任何一个要素作比较即可，也可以涉及其他方面，比如语言、艺术手法等。

（2）作业二：

①字迹清楚，标点正确，没有错别字，字数符合要求。

②语言优美流畅，恰当使用修辞手法。

③景色特点突出，描写有层次感。

（二）示例

（1）作业一：

	《集结号》	《地道战》	《百合花》
人物	形象丰满、真实	传统英雄群像 高大全	小战士和普通群众 真实亲切
情节	正面战场的惨烈	正面战场的胜利	后方军民的配合
环境	战场	地道	包扎所
语言	振奋、简洁	质朴	细腻生动
艺术手法	注重细节、场面宏大	象征、乡土气息	注重细节

（2）作业二：

雨中的撷芳亭

早春三月，微雨蒙蒙，伫立在校园的撷芳亭，接收春的信息。

桃花含笑，微微地展开几片花瓣，羞涩又美丽；嫩柳随风，摇曳着绵软的枝条，妩媚又缠绵；清澈的池水，泛着圈圈涟漪，平和又深沉。

有人说，雨声是时间的脚步；我说，雨声是未来的呼唤。琅琅书声、蓬勃的少年、亲切的老师、美丽的校园，带给我无限的遐想，浪漫温馨。岁月轮转，年轻的我们终将告别青涩，在磨砺中成长、蜕变，唯一不变的将是那镌刻在记忆深处的校园时光。

第七课时

一、作业安排

《百合花》的故事已经成为革命战争年代最温暖的回忆，但寄寓在百合花中的美好情操和动人情怀却如一株永远绽放的百合散发着沁人心脾的馨香。21世纪，多元化的思想裹挟了年轻人，作为高一的新生，你从《百合花》中学到了什么？写一篇读后感，不少于500字。

二、评价建议及示例

（一）评价建议

（1）字迹清楚，标点正确，没有错别字，字数符合要求。

（2）符合读后感的一般要求，要有一定的文本概括，在此基础上表达感受、认识和思考。

（3）语言流畅，有一定的逻辑性和文学性，恰当使用修辞手法。

（二）示例

香远益清

——读《百合花》有感

认识茹志鹃，是因为她的小说《百合花》。这篇小说文笔清新，语言质朴细腻，好像一缕清新的风，轻轻地吹入了我的心中，让我的心绪久久难以平静。

初读《百合花》，我看到了“花朵”纯洁高尚的形象。年轻的通讯员却有着大无畏的革命牺牲精神。为了掩护战友，他毫不犹豫地选择了牺牲自己，那年轻的生命在倒下的一刹那，化成了一朵高尚的、纯洁的百合花，洁白的花瓣是战士为国赴死的赤子之心，不掺杂一丝一毫的杂质，感人至深。

再读《百合花》，我闻到了“花朵”淡雅的清香。年轻的新媳妇羞涩又敏感，知道真相之后，将棉被奉献给伤员，并且加入护理伤员的队伍中；她在战争中默默成长，直到看见通讯员牺牲后，忍不住泪水直流，那轻轻地缝补衣服破洞的动作，饱含着无限的深情；她敬重小战士，却没办法用语言来表达，只能将哀思缝进密密的针脚里，月光无言，但军民鱼水之情交融在一起，散发着阵阵的幽香。这篇小说的动人之处就在于此，它用女性的笔调和视角展示不一样的人性，歌颂崇高的精神，拨动人们的心弦。

当今社会经济发展日新月异，人们追求多元化的生活，形形色色的人活跃在我们的身边，难免鱼龙混杂、尔虞我诈。我希望人与人之间的关系单纯一些、淳朴一些，即使是陌生人也能闻到彼此散发出来的善意的“清香”。

第八课时

一、作业安排

以“我的青春”为题，写一篇400字的文章，要求结合自身实际，写出自己的青春誓言。

二、评价建议及示例

（一）评价建议

（1）字迹清楚，标点正确，没有错别字，字数符合要求。

（2）主题突出，能体现当代中学生的精神风貌。

（3）文体不限，但要符合相应的文体要求。

（二）示例

我的青春

时代迎着创新的潮流一步步向前发展着，一代代青年人也不断踏上人生的新征程。这段征程上，有三块必不可少的基石，踩着它们，我们才会走向属于我们的金色人生。

蒲公英的种子需要借助风的力量才能飘落到它的生根之地，需要太阳的照耀才能得以生存。因此，我们需要平台。当下，发达的信息给予了我们许多实用有效的平台。不论生活还是学习，互联网都是我们不可或缺的好帮手，是我们探索成功之路的重要凭借。

蒲公英凭借风觅到了它的扎根之所，但若要顺利发芽，还要扎根汲取土壤中的水分和有机质。因此，我们需要提高自己的能力。时代在快速发展，作为新青年，我们要不断更新完善自己的知识储备，提高能力与水平，这不只是自身发展的需要，也是在满足社会对自身的需求。踏板再好，没有掌握弹跳技术的人，也只能呆呆地站在上面唉声叹气。

蒲公英的顺利发芽，营养物质固然重要，但归根结底在于它对大千世界的追求。因此，平台、能力这两块基石是因追求才存在的。亲身下河知深浅，亲口尝梨知酸甜。这可能是一个不断碰壁的过程，但没有谁的人生一帆风顺，这是我们必不可少的磨炼。与其看着别人在成功的道路上跌跌撞撞，不如亲自去走一段路，这样，即便跌撞也会离成功更近一步。

平台、能力、追求是我的青春宣言，我将用它们打造属于我自己的金色人生，就像蒲公英生根发芽，迎风生长。

第九课时

一、作业安排

（1）作业一：结合自己的诗歌习作，课下小组交流，并达成共识。

（2）作业二：阅读臧克家的《有的人》、余光中的《乡愁》、闻一多的《死水》、戴望舒的《雨巷》，谈谈自己的感受。

二、评价建议及示例

（一）评价建议

（1）作业一：

学生在交流过程中，要注意意象的选取、语言的锤炼和表达技巧的运用，如果能谈及这几个方面，即为合格。如果在某一方面比较突出，则为优秀。关于表达技巧，能说出超出本单元作品所用手法技巧的，要特别提出表扬。

（2）作业二：

课外阅读诗歌，只要能就某一首诗歌谈自己的收获即可。

（二）示例

（1）作业一：

我　见

我见五色花海，

微风轻捻草叶，

与芳香齐齐盛开，
肆意生长。

我见粉红晚霞，
裹着书香墨迹，
一头撞进夏天的风中，
再扑到雏菊的怀里。

我见窗外蔚蓝，
胡乱吞下些冒着气泡的水，
一缕阳光洒在头上，
微风不燥。

我见细雨飘飘落落，
径直走去，鲜衣怒马，
再回首，已如夏花，
再无开日。

脚　步

青春的脚步，
无色无声。
打破童稚的梦境，
装点未来的天空。

从田野走进盛夏的乐园，
用青春的脚步丈量色彩。
在迷醉的朝阳中飞舞，
踏着希望的脚步前行。

青春的脚步，
声色辉映。
幕布未落，
舞台由你。

交流后达成共识：

①两首诗歌都选取了相应的意象，表达了对青春的感悟。两首诗主题都很积极，但态度稍有不同。《我见》，选取了“花海”“草叶”“晚霞”“书香墨迹”“雏菊”“细雨”等意象，写出了青春的活力与魅力。文末运用发展的观点，感叹时光飞逝且不可逆，想象出再回首时的一种酸涩。《脚步》，选取了“田野”“乐园”“朝阳”等意象，以“脚步”来串联对青春的理解。文末强调青春一直在路上，自己是决定因素，必须积极努力地去拥抱青春。

②两首诗的语言都优美凝练，有一定的代入感，且能唤起人的联想。

③从表达技巧上来看，《我见》主要运用了比喻和拟人的手法，生动形象地写出了对青春的感悟。《脚步》运用了“移用”和“拟人”的手法，把“经历青春岁月”写成“青春在行走”，且行走的过程中，“声色辉映”，促人联想，引人深思。

（2）作业二：

比如余光中的《乡愁》：作品对一个抽象的、很难做出描绘却被大量描绘所覆盖的主题做出了新的诠释。在意象上，选用了“邮票”“船票”“坟墓”“海峡”四个生活中常见的物象，赋予其丰富的内涵，使原本不相干的四个物象，在乡愁这一特定情感的维系之下，反复咏叹，把抽象的乡愁具体化了。通过“小时候”“长大后”“后来啊”“而现在”这几个时序语来贯串全诗，概括出诗人漫长的生活历程和对祖国的绵绵怀念，流露出诗人深沉的历史感。作品以简代繁，恬淡、圆融，也算是“绚烂之极归于平淡”的典型。

群文教学设计案例

走进千秋诗圣

——杜甫群诗阅读教学设计

保定市清苑区第一中学　黄敏

教学分析

一、课标分析

《普通高中语文课程标准（2017 年版）》指出，学习诗歌要求能运用口头语言和书面语言传达自己对作品的感受和理解；能结合作品的具体内容，阐释作品的情感、形象、主题和思想内涵，能对作品的表现手法做出自己的评论；能比较两个以上的文学作品在主题、表现形式、作品风格上的异同。在诗歌鉴赏中能够追求正确的价值观、高尚的审美情趣和审美品位，并能够尝试创作文学作品。

杜甫诗歌内容博大精深，风格沉郁顿挫，是古代优秀的传统文化作品，所以“在反复诵读的基础上让学生感受、理解作品及层次结构”应是最浅层次的学习目标。杜甫诗歌不仅反映唐代由盛转衰的史实，而且表现出诗人心忧百姓疾苦、心怀天下社稷的炽热情怀，所以“知人论世，鉴赏诗歌，品字读句，探究规律”便是本课的重点学习任务。杜甫被称为“诗圣”，其诗歌被称为“诗史”，人们给予高度评价，“世上疮痍，诗中圣哲，民间疾苦，笔底波澜”，因此可以将“课堂写作训练”确定为较高层次的德育目标，意在使学生感受古人的美好情操，形成正确的价值观和人生观，从而达到“立德树人”的教育目的。

二、教材分析

新教材选取了杜甫的《登高》《蜀相》《登岳阳楼》《客至》等几首诗歌。这些诗歌内容丰富，题材多样：有凄凉萧瑟的无边落木、柏树森森的丞相祠堂，有漂泊万里的多病游子、凭轩涕泗的孤独诗人，有风云变幻的动荡局势、邻翁对饮的客至笑脸……透过杜甫卓越的文字，学生不仅可以了解身处乱世却依然炽热的赤子情怀，了解“安史之乱”沧桑而动荡的历史，而且能树立“群文阅读”意识，了解杜甫诗歌的风格，提高文字理解能力和思维水平，培养审美情趣，形成崇高的人格修养。

三、学情分析

本课的教学对象是高中学生，他们对杜甫诗歌已有一定的了解和积累，但仅为浅层次的背诵，对杜甫其人其诗的规律并无深入探究，诗歌鉴赏能力还有待提升。杜甫被称为“诗圣”，不仅诗歌造诣深厚，而且有“穷年忧黎元，叹惜肠内热”的家国情怀和悲悯之心。学习他的作品，跟随老师的引导深入到真实、富有意义的语文教学实践活动中，对提升学生审美能力、鉴赏能力、创造能力有重要意义，且有利于学生形成崇高的人格。

四、“三环六步”应用分析

这节课我以文意（理解句意）⟶构思（理解层次）⟶文学（鉴赏诗歌）⟶文化（人生思考）为主线，按照“三环六步”学习法逐步设置，以期渐入佳境。第一环，初步感知——反复朗诵，用心感知：第一步阅读，自主朗诵，理解句意；第二步体悟，反复朗诵，把握思路。本环节指向语文核心素养之“语言建构与运用”。第二环，深入研读——置身诗境，知人论世：第三步思考，分层解读，领悟情感；第四步鉴赏，含英咀华，品字读句。本环节采取小组学习、合作探究的形式，指向语文核心素养之“思维发展与提升”“审美鉴赏与创造”。第三环，拓展探究——归纳规律，总结升华：第五步生疑，比较阅读，探究规律；第六步表达，崇尚人格，写作训练。本环节指向更高水平的“语言建构与运用”“文化传承与理解”。

五、教学目标

（1）了解杜甫诗歌，理解文意；反复朗诵，理解层次结构。

（2）知人论世，鉴赏诗歌；品字读句，探究规律。

（3）读写结合，感受美好情操，引导学生树立正确的人生观和价值观。

六、重点难点

（1）重点：知人论世，鉴赏诗歌，提高诗歌鉴赏能力。

（2）难点：比较阅读作者的不同作品，探究杜甫诗歌的艺术特点。

七、教学方法

诵读法、小组合作探究、写作训练法。

八、课时安排

1课时。

教学过程

一、课堂导入

不知什么时候，开元盛世，已经零落成尘。一场华美的梦，一段恢宏的岁月，在诗人们的生命里掩上了门扉。大浪淘沙，许多人、许多事最终被湮没了。但偏偏有这样一些人，岁月为他们立起了不朽丰碑，他们受到无数人拜谒，被尊为“诗圣”的杜甫就是其中之一。

在动荡的年月里，他落魄而苍凉，但在诗意翩跹的大唐，他却以一颗温热之心，蘸了春秋之色，心怀家国，大爱苍生。让我们满怀敬意，一起走近杜甫，走进杜甫的诗歌。

二、“三环六步”学习指导

（一）第一环：初步感知

1. 第一步：阅读

学习活动一：你对杜甫了解多少呢？采用“头脑风暴”的方法，学生自由发言，列举你学过的或读过的杜甫诗歌，用三个关键词概括你对杜甫或杜甫诗歌的印象。

明确：

（1）杜甫诗歌：《江畔独步寻花》《春望》《望岳》《春夜喜雨》《闻官军收河南河北》《江南逢李龟年》《绝句》等。

（2）关键词：沉郁顿挫、穷而后工、忧国忧民、落魄苍凉、穷困潦倒、家国情怀等。

学习活动二：分组诵读《客至》《蜀相》《登高》《登岳阳楼》，每组一首，理解句意，展示成果。

明确：

（1）《客至》。

舍南舍北皆春水，但见群鸥日日来：房前屋后都是一波春水，只见群鸥日日飞去归来。

花径不曾缘客扫，蓬门今始为君开：长满花草的庭院小路没有因为迎客而打扫，只是为了你的到来，我家草门首次打开。

盘飧市远无兼味，樽酒家贫只旧醅：集市太远，盘中的饭菜实在简单；家境贫寒，只有陈年浊酒招待。

肯与邻翁相对饮，隔篱呼取尽余杯：如肯与邻家老翁举杯一起对饮，那我就隔着篱笆将他唤来。

（2）《蜀相》。

丞相祠堂何处寻？锦官城外柏森森：诸葛丞相的祠堂去哪里寻找？锦官城外翠柏长得郁郁苍苍。

映阶碧草自春色，隔叶黄鹂空好音：碧草映照石阶自有一片春色，黄鹂在密叶间空有美妙歌声。

三顾频烦天下计，两朝开济老臣心：当年先主屡次向您求教大计，辅佐先主开国，扶助后主继业。

出师未捷身先死，长使英雄泪满襟：可惜您却出师征战病死军中，常使古今英雄感慨泪湿衣襟。

（3）《登高》。

风急天高猿啸哀，渚清沙白鸟飞回：风急天高猿猴啼叫显得十分悲哀，水清沙白的河洲上有鸟儿在盘旋。

无边落木萧萧下，不尽长江滚滚来：无边无际的树木萧萧地飘下落叶，望不到头的长江水滚滚奔腾而来。

万里悲秋常作客，百年多病独登台：悲对秋景，感慨万里漂泊、常年为客；一生当中疾病缠身，今日独上高台。

艰难苦恨繁霜鬓，潦倒新停浊酒杯：历尽了艰难苦恨，白发长满了双鬓；衰颓满心，偏又暂停了浇愁的酒杯。

（4）《登岳阳楼》。

昔闻洞庭水，今上岳阳楼：从前只听说洞庭湖茫茫大水，如今有幸登上湖边的岳阳楼。

吴楚东南坼，乾坤日夜浮：大湖浩瀚像把吴楚东南隔开，天地像在湖面日夜荡漾漂浮。

亲朋无一字，老病有孤舟：没有得到亲朋故旧一字音信，年老体弱之身只剩一叶孤舟。

戎马关山北，凭轩涕泗流：关山以北，战争烽火仍未止息；凭栏遥望，胸怀家国，泪水横流。

2. 第二步：体悟

学习活动三：每组选择一首诗歌，反复朗诵，合作讨论，概括诗歌内容，梳理诗歌的思路，分别进行展示。

明确：

(1)《客至》。

前两句写景，后六句围绕客至集中叙事。全诗由景引发客至的欣喜和诚恳待客、呼唤邻翁对饮的生活气息。

(2)《蜀相》。

前两联记行写景，洒洒脱脱；后两联议事论人，忽变沉郁。全篇由景到人，由寻找瞻仰到追述回顾，由感叹缅怀到泪流满襟，顿挫豪迈，几度层折。

(3)《登高》。

前四句写景，述登高见闻，紧扣秋天的季节特色，描绘了江边空旷寂寥的景致。后四句抒情，写登高所感，围绕作者自己的身世遭遇，抒发了穷困潦倒、年老多病、流寓他乡的悲哀之情。

(4)《登岳阳楼》。

首联叙述诗人登楼的过程，其中蕴含了“昔”与“今”的时间跳跃过程。颔联写景，既是实写，又是想象，洞庭湖水浩瀚无边，意境雄浑壮阔。后两联抒情，颈联写政治生活坎坷、漂泊天涯、怀才不遇的心情；尾联写眼望国家动荡不安、自己报国无门的哀伤。诗人跳出“岳阳楼”“洞庭湖”这些景物的精微刻画，从大处着笔，吐纳天地，心系国家安危，悲壮苍凉，催人泪下。时间上抚今追昔，空间上包吴楚、越关山。其身世之悲，家国之忧，与洞庭水势融合无间，形成沉雄悲壮、博大深远的意境。

（二）第二环：深入研读

1. 第三步：思考

学习活动四：学生分成四组，一组研读一首诗歌，完成以下问题：

（1）《客至》。

①首联写出草堂怎样的环境？其中“但见”二字表现作者怎样的心境？

②颈联表现主人怎样的生活状况？

③请联系诗人的经历，说说这首诗表达作者怎样的思想感情？

（2）《蜀相》。

①众人皆知“蜀相”即为诸葛亮，那为何诗歌标题不用“诸葛亮”或“孔明”，却用“蜀相”呢？

②请分析诗歌四联分别用了什么手法。

（3）《登高》。

①本诗首联描写了什么景象？是如何写景的？

②全诗感情浓郁，请简要概括诗歌所蕴含的情感。

（4）《登岳阳楼》。

①本诗写景的是哪几句，有何特点？

②结合作者的个人经历和当时的时局，谈谈你对“戎马关山北，凭轩涕泗流”这两句诗的理解。

明确：

（1）《客至》。

①写出了“草堂”清幽的居住环境。“但见”二字表现诗人闲适却有些许寂寞的心境。

②从颈联可以看出主人的生活贫困。

③写这首诗时，诗人在朋友帮助下，暂时结束了漂泊流离的生活，过上了短暂的安定生活，虽依然穷困，但心情轻松愉悦。这首诗烘托老友相逢时酒兴之高、情意之浓，言有尽而意无穷。

（2）《蜀相》。

①蜀相是官职，一方面表达出作者对诸葛亮身为蜀相建功立业的肯定和赞美，同时表达了作者对建功立业、施展抱负的渴望，委婉地表达出自己怀才不遇，功业未就的伤感之情。

②艺术手法：首联设问，自问自答，点明丞相祠堂的所在地，表达了对诸葛亮的追思、仰慕和钦敬。颔联反衬，以乐景衬哀情；看眼前景，思祠中人；见满院萋萋碧草，却觉寂寞之心难言；闻数声呖呖黄鹂，倍感荒凉之境无限。颈联、尾联用典，运用三顾茅庐和诸葛亮曾辅佐刘备、刘禅两代君主，鞠躬尽瘁，死而后已，出师未捷，身留遗憾的典

故，不仅表达出作者对诸葛亮的赞美，也表达出出师未捷身先死的遗憾。

(3)《登高》。

①这首诗首联描绘了一幅天高风急、秋气肃杀、猿啼哀啸的苍茫悲凉的秋景图画。这首诗多角度多层次描写景物：其一是俯仰结合，秋风、高天为仰视，江水、沙洲为俯视。其二是视听结合，高天、清渚、白沙、鸟飞为视觉，猿声哀啸为听觉。其三是动静结合，高天、清渚、白沙为静景，鸟飞猿啸为动景。

②抒发了诗人见萧瑟秋景的悲伤、长年漂泊的苦楚、年老多病的孤独，以及忧国伤时的情怀。

(4)《登岳阳楼》。

①写景的诗句是“吴楚东南坼，乾坤日夜浮”，这两句诗既是写实，又寓想象，一“坼”一“浮”把洞庭湖的气象描绘得壮丽而又生动。

②作者举目无亲，年老多病，以孤舟为伴；战争未平，国家多难，自己老泪纵横。作者不仅哀叹自己的身世孤苦、晚境凄凉，更为国家动荡不安、战乱不休而悲伤。

2. 第四步：鉴赏

学习活动五：《蜀相》颔联“映阶碧草自春色，隔叶黄鹂空好音”有两个字用得好，小组合作，讨论赏析用字的精妙之处，然后由小组代表发言，其他同学点评补充。

明确：

“自”“空”用得好。这两个字巧妙地衬托了祠堂的荒凉冷落：碧草映阶，足见草深；茂盛的草独自欣赏春色，表明祠堂缺人管理和修葺，游人也很少来这里。黄鹂隔叶，足见树茂；黄鹂空作好音，无人欣赏。一“自”一“空”足以表明后人已把武侯呕心沥血缔造的一切遗忘，同时还含有碧草与黄鹂并不理解人事的变迁和朝代的更替这层意思。这两个字使颔联含意更加丰富。

学习活动六：小组合作，讨论赏析《登岳阳楼》颔联“吴楚东南坼，乾坤日夜浮”的妙处，然后由小组代表发言，其他同学点评补充。

明确：

登上了岳阳楼，洞庭湖的广阔一下子展现在诗人面前，好一派雄伟壮观的景象！它好像把吴地和楚地一下子劈开了似的；湖水的汪洋广阔，似乎包容了整个宇宙，连天地日月也宛若昼夜都浮在水面之上。诗人以巨笔从吴、楚两国幅员辽阔的地理位置着眼，由乾坤宇宙漫无边际的空间落笔，把洞庭湖开阔宏伟壮观的气象一览无余地描绘了出来，特别是“坼”“浮”两个动词的运用，将洞庭湖水波涌连天的浩瀚与宏阔画面一笔勾出，可谓点石成金，富于神韵。这两句诗之所以成功，不仅在于诗人运笔有神，还在于诗人宽广的襟怀、恢宏的气度。

（三）第三环：拓展探究

1. 第五步：生疑

学习活动七：这四首诗歌在意象选择、情感内容、表达技巧和语言风格上有什么共同点？请以小组为单位，比较阅读，讨论探究，选出代表发言。

明确：

（1）意象选择上具有个性化，均选用自然景观表情达意，如古塞、秋云、猿啸、危城、孤舟、落日等。

（2）情感内容上，均为社会现实与个人生活密切结合。作者将社会动荡与个人处境融为一体，表现了作者于社会动乱与个人艰难中仍然保持忧国忧民的情怀。

（3）表达技巧上，均采用借景抒情、情景交融的手法，将复杂的情感与自然景色融为一体。

（4）语言风格上，皆具有“沉郁顿挫”的特点，节奏富于变化，讲求炼字炼句。

2. 第六步：表达

学习活动八：“杜甫，始终是飘零憔悴的形象。固然，他是萧瑟的，但他从未沉沦，更不曾绝望。”你如何理解这句话。请写一段话，谈谈自己的认识与思考。

明确：

有些人在历经沧海桑田之后，仍旧明澈如初，就像那个满目沧桑的诗人，在贫寒与落魄的年月，仍旧心存无限温暖。

科考之路，仓皇落第；安史之乱，四处流亡；西南漂泊，天涯零落；夔州迟暮，凄凉落幕。无论任何时候，面对满目疮痍的世界和流离失所的黎民，心如刀绞的杜甫无数次叹息着下笔。每次下笔，他都满含热泪，对红尘世事进行冷静解剖，自然也是对万千苍生的真正照拂。面对上层社会的黑暗，他写了《兵车行》《丽人行》《哀江头》《三吏》《三别》等作品，他愿意直击世事，以敏锐和冷静的眼神，看穿世间百态，将社会的真相呈现得淋漓尽致。

流亡时，江山飘摇，生灵涂炭，他痛心疾首；捷报传来，便喜极而泣，不能自抑。其忧，源于爱国；其喜，亦源于爱国：这便是心忧天下的责任感和爱国情怀。流亡时，虽清贫如洗，但仍发出“安得广厦千万间，大庇天下寒士俱欢颜”的真诚呐喊。清贫如他，心里却永远惦记着天下人，这便是人性慈悲和人间至善。

在动荡的年月里，他落魄而苍凉，但在诗意翩跹的大唐，他却以一颗温热之心，蘸了春秋之色，心怀家国，大爱苍生。他成了五千年文明中最庄严、最瑰丽、最永久的一道光。

三、课堂小结

杜甫的诗歌是时代的一面镜子，真实地反映了唐代由盛转衰的苦难岁月。品读杜甫的诗句，好像听一首首悲喜交加的乐曲，在沉郁顿挫中，我们感受到一颗滚烫的心在滴泪、在滴血。鲁迅曾说："杜甫似乎不是古人，就好像今天还活在我们堆里似的。"虽然杜甫已逝去一千多年，但他的精神永垂不朽！

四、牛刀小试

请把"杜甫，一个__________的灵魂"补充完整，并以此为题，写一篇不少于300字的短文。

明确：

杜甫，一个沧桑而澄澈的灵魂

杜甫是沧桑的。在我们心中，他总是眉锁悲愁、鬓垂白霜的惨淡模样。

他为仕途而沧桑。一场"野无遗贤"的政治阴谋，吞没了他的志得意满，为他炙热的政治理想泼上冷水。无奈的他也过上了奉迎捧场、作诗赔笑、"到处潜悲辛"的生活，着实可悲。

他为世事而沧桑。极盛与骄奢为大唐埋下了祸患的种子，百姓有着沉重的赋税与徭役，而王室皇亲却享受着奢华淫靡的生活。而后战乱四起，内有安史反叛，外有戎狄入侵，满目疮痍，哀鸿遍野。他看着，他叹着，从"朱门酒肉臭，路有冻死骨"的声声悲泣到"白头搔更短，浑欲不胜簪"的缕缕忧愁，无常世事使他越发沧桑。

但杜甫却是澄澈的。那一首首悲天悯人的诗篇中，却也不知饱含着多少澄澈的清泪。

从轻狂放荡的年少时期，他骨子里便盈着一种澄澈，只是那份澄澈从伊始时想象着"致君尧舜、整顿乾坤"的心态上的澄澈，演变为"自非旷士怀，登兹翻百忧"的心意上的澄澈。他忧国，他忧民，流着一把辛酸泪，低吟着"吾庐独破受冻死亦足"，为世间奏响沉郁顿挫的悲歌，这便是澄澈的他。

杜甫，因世态炎凉而日趋沧桑，而他的诗并同他的人格，都凝出了清泉般的澄澈。

杜甫，就是这样一个沧桑而澄澈的灵魂。

五、板书设计

杜甫群诗阅读

- 《客至》
  - 借景抒情
  - 清幽孤寂
  - 贫穷、轻松愉悦
- 《蜀相》
  - 记行写景、议事论人
  - 渴望、伤感
  - 设问、以乐衬哀、用典
- 《登高》
  - 借景抒情
  - 肃杀凄凉
  - 俯仰、动静、视听
- 《登岳阳楼》
  - 记叙、写景、抒情
  - 雄浑壮丽（坼、浮）
  - 己：孤苦；国：动荡

→ 杜甫诗歌规律
  - 意象：自然景色
  - 内容情感：忧国忧民
  - 表达技巧：借景抒情
  - 语言风格：沉郁顿挫

教学反思

诗歌，用高度凝练的语言，形象表达作者丰富的情感，集中反映社会生活并具有一定节奏和韵律，它比其他的文学体裁更严谨、更纯粹、更精微。多年的诗歌教学告诉我，只是盲目地肢解和背诵是行不通的，教师要极力创设更多的情境，引导学生突破时空的限制，走进诗歌所描绘的世界和作者的心灵，才能真正地领会诗歌的内容和作者所要表达的深刻情感。在教学中我尝试把杜甫四首诗歌集中分析探究，采用小组合作的形式充分调动学生的积极性，让学生在主动参与中学会比较，学会辨析，学会梳理，学会归纳，学会表达，从而建构知识体系，掌握提升阅读分析能力的方法。

在教学中，需化琐碎为系统。以前我在教学中都是单篇教学，多是琐碎的诗文，缺乏系统性和整体性。在本课中，我把杜甫的文章放在一起，结合杜甫的生平经历，引导学生穿越到大唐，化身为虽颠沛流离却忧国忧民的杜甫，深入诗歌文本，把握作者的情感和杜甫诗歌的艺术特色，寻找规律，提高学生鉴赏诗歌的水平和思维品质。

在教学中，要化平板为立体。以往认识杜甫其人，也是星星点点的认识，通过学习杜甫的几首诗歌，同学们充分了解了杜甫的喜怒哀乐，了解到那个虽困苦却炽热的灵魂，让杜甫的形象在我们心中由单调的平板变为丰满的立体，于是我们更明白了“诗圣”这一称誉的分量。同时，这对于学生形成正确的价值观也有积极的作用。

守拙而归　抱朴成真

——基于《归园田居》的陶渊明群诗阅读教学设计

河北徐水综合高级中学　李超

教学分析

一、课标分析

《普通高中语文课程标准（2017年版）》中提出：要传承中华文化。“通过学习运用祖国语言文字，体会中华文化的博大精深、源远流长，体会中华文化的核心思想理念和人文精神，增强文化自信，理解、认同、热爱中华文化，继承、弘扬中华优秀传统文化。”这与语文学科核心素养中的“文化传承与理解”相对应，选择传统文化经典进行研习，思考与探究它对历史及当代的影响和作用，有助于增强学生的认同感、自豪感、责任感。陶渊明是中国第一位田园诗人，被称为“古今隐逸诗人之宗”，其诗具有独特的魅力，其思想积极、消极兼有，但他抱朴守拙的人生境界意义深远。通过对陶渊明群诗的阅读，批判地继承，让学生受到更多启迪。

二、教材分析

《归园田居》选自部编版普通高中语文教材必修上册第三单元，属于高中阶段学习古诗文的开始，对后续诗歌学习有重要的引领价值。《归园田居》既有对官场生活的强烈厌倦，也有对田园风光的无限向往，表达了对自然和自由的热爱。学习这首诗不仅要感受诗歌的意境，欣赏其独特的艺术魅力，更要感受诗人的精神世界，抓住“守拙”一词进行深入挖掘，认识古诗词的当代价值，增强对中华优秀传统文化的传承意识。

三、学情分析

在初中阶段，学生学习了《饮酒》《桃花源记》《五柳先生传》。在他们的印象中，陶渊明就是一个厌恶官场、追求田园生活、爱菊、爱酒的诗人，对其光辉人格和后世影响认识不深刻，缺少辩证理解，阅读视野不开阔，难以全面评价。当然有一部分学生很喜欢陶渊明，希望更多地了解他，所以在渗透作者生活时代背景和解读课文方面要有正确的策略，使学生们能真正理解诗人“抱朴守拙”的人生境界。

四、“三环六步”应用分析

这节课我以文字（陶渊明诗歌名句积累）→文意（田园诗意境美）→文学（隐逸乐道）→文化（守拙抱朴）为主线，按照“三环六步”学习方式在《归园田居》基础上形成群文阅读，读诗识人。第一环，初步感知——提纲挈领，感受诗境：一是阅读，利用注释，理解文意；二是体悟，合作交流，解决重点。本环节指向语文核心素养之“语言建构与运用”“审美鉴赏与创造”。第二环，深入研读——观文识人，素材积累：一是思考，群文阅读，小组交流；二是鉴赏，品读重点，解读人生。本环节指向语文核心素养之“思维发展与提升”“审美鉴赏与创造”。第三环，拓展探究——联系当下，开阔视野：一是生疑，辩证评价，批判继承；二是表达，情境练习，文化传承。本环节指向更高水平的“思维发展与提升”和“文化传承与理解”。

五、教学目标

（1）抓住意象，品味陶渊明作品的意境美，解读关键词，体会作者对人生的感悟和对社会的思考。

（2）结合时代背景、生活经历，全面了解陶渊明其人，深刻理解抱朴守拙的人生境界，激发学生对优秀传统文化的热爱之情。

（3）辩证地理解陶渊明儒道兼有的思想，深刻地体会他的精神品格对后代的影响，提高自身的思想修养和文化品位。

六、重点难点

（1）重点：分析诗歌中守拙的具体表现及深刻内涵，进而理解陶渊明诗歌的境界。

（2）难点：体味陶渊明抱朴守拙的人生境界以及在当代的深远意义。

七、教学方法

新课标强调“整合”设计，突出素养本位，整合包含学习情境、学习内容、方式方法、学习资源等方面，我通过遇见诗人→感悟诗思→聚焦诗心→牵引诗情四个流程形成板块式特色，加强学案导学的重要功能，安排学生自主探究，课上采用诵读法、提问法、比较法、活动创设法。

八、课时安排

1 课时。

教学过程

一、课堂导入

古代诗歌是中国文学皇冠上一颗光彩夺目的明珠，是中华民族灿烂文明园圃中一朵芬芳四溢的奇葩。读诗可知春秋历史，可品文化精粹，可感草木灵秀，可观文人风骨。陶渊明是中国第一位田园诗人，被称为“古今隐逸诗人之宗”。今天我们一起遇见诗人，感悟诗思，聚焦诗心，牵引诗情，在感受至美意境、体验隐逸情怀中探寻诗人的精神境界，领悟中国传统文化的真谛。

二、“三环六步”学习指导

（一）第一环：初步感知

学习活动一：欣赏对联，遇见诗人，体会隐逸情怀。

弃彭泽微官，松翠菊黄，琴书而外醉三斗；开田园诗派，韵真辞朴，千百年来第一人。

于文章无甚解，会意此心，浮华洗尽；得山水有清音，就荒三径，归去来兮。

采菊篱下，逍遥陶情山水；酌酒室中，恬淡潜心诗文。

遇见是特意地安排，也是似曾相识的问候，我们通过欣赏对联“遇见诗人”，你从这些集句联和嵌名联里看出哪些信息？并完成下面文段的填空。

陶渊明又名<u>潜</u>，字<u>元亮</u>，自号<u>五柳先生</u>，谥号<u>靖节先生</u>，又称<u>陶彭泽</u>，<u>东晋</u>（时代）

诗人，开创田园诗派，是隐逸诗人之宗。诗味醇厚，风格平淡，语言清新，感情真挚。陶渊明不为五斗米折腰的气节，成为中国古代知识分子的精神皈依。

林语堂说："陶渊明是整个中国文学传统上最和谐最完美的人物，他的生活方式和风格是简朴的，令人敬畏，使那些聪明与谙于世故的人自惭形秽。"今天我们学习《归园田居》——奇义共欣赏，疑义相与析。

1. 第一步：阅读

学习活动二：朗读《归园田居》，感悟诗思，解读"何为守拙"。

（1）学生自主诵读，学生代表有感情地朗读。要求：读对字音、读准节奏、把握情感。

（2）题目"归园田居"对应诗句"守拙归园田"，请结合注释理解"守拙"的含义。

明确：

归有光认为："文章是天地之元气，得之者，其气直与天地同流。""守拙"是文气精妙之处，全篇警策之语，也是我们解读此文的钥匙。这就是"一词立骨"。

"拙"有笨的意思，如笨嘴拙舌、勤能补拙；也是一个谦辞，如拙作、拙笔、拙见、拙荆。"守拙"是持守愚拙的本性，即不学巧伪，不争名利。

2. 第二步：体悟

学习活动三：分析《归园田居》，感悟诗思，小组合作，讨论交流，完成以下问题：

（1）重点分析 1—6 句和 19—20 句，讨论思考，何故守拙？

（2）从诗人归园田的所见、所闻、所感，诗歌营造的意境入手，分析 7—18 句，讨论思考，何以守拙？

明确：

（1）主观原因有"爱丘山""恋旧林""思故渊"，诗人作为一个真诚率直的人，其本性与淳朴的乡村、宁静的自然似乎有一种内在的共通之处，把"山丘""旧林""故渊"比作田园，用"爱""恋""思"直接抒发了对田园生活的无限向往之情。

客观原因体现在"误""三十年""尘网""樊笼"。"三十年"应该是"十三年"，他从开始作江州祭酒，到辞去彭泽县令，前后一共十三年。一个"误"字以及"尘网""樊笼"的比喻，表露了作者清高孤傲的性格，看破官场后，执意离开，表达了对官场黑暗的不满和厌恶。

（2）所见有方宅、草屋、榆柳、桃李、远村、炊烟，所闻有狗吠深巷、鸡鸣树颠，所感是无尘杂、有余闲。这些营造了自然恬静质朴的意境，体现了陶渊明宁静淡泊闲适的心境。他在田园中寻到心灵的归宿，品出自然的真意，在精神的桃花源中陶醉，享受这种生命的状态。

钟嵘在《诗品》中这样评价陶渊明：“文体省净，殆无长语。笃意真古，辞兴婉惬。每观其文，想其人德，世叹其质直。”观其文，田园平常景物，一经诗人点化，有声有色，情趣无穷。想其德，他不摧眉折腰、随波逐流、沉迷物欲，而是崇尚自由、坚守本真、隐逸乐道。

教师出示思维导图（见下图），小结全诗。

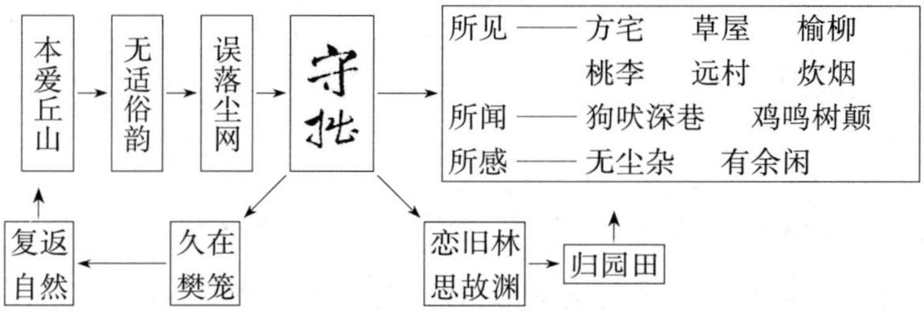

《归园田居》思维导图

这首诗以追悔开始，以庆幸结束，追悔自己“误落尘网”“久在樊笼”，庆幸自己终“归园田”、复“返自然”。“守拙”与世俗的“机巧”相对，因为不屑于钻营取巧，而是抱守自己的愚拙，不再勉强自己混迹于俗世，而是自得其乐徜徉于田园。天性的冲突，在这里得到了解决。守拙貌似自谦，其实是一种智慧选择。

（二）第二环：深入研读

“悠悠上古，厥初生民。傲然自足，抱朴含真。”这是陶渊明《劝农》中的诗句，他认为上古生民保有朴素与真淳，最为可贵。“抱朴”出自《老子》，守拙抱朴是一种传统文化，也是一种人格修养。你从陶渊明身上得到怎样的启示？我们“聚焦诗心”，进行群诗阅读。

1. 第三步：思考

学习活动四：群诗阅读，聚焦诗心，分析诗歌的内容和情感。速读两组陶渊明诗歌及评价，参考导学案中诗歌译文、评价补充，结合陶渊明生活经历及诗句图表，小组合作，讨论完成以下问题：

第一组：

杂诗（其五）

忆我少壮时，无乐自欣豫。**猛志逸四海**，骞翮思远翥。荏苒岁月颓，此心稍已去。值欢无复娱，每每多忧虑。气力渐衰损，转觉日不如。壑舟无须臾，引我不得住。前涂当几许，未知止泊处。古人惜寸阴，念此使人惧。

读山海经（其十）

精卫衔微木，将以填沧海。刑天舞干戚，**猛志固常在**。同物既无虑，化去不复悔。徒没在昔心，良辰讵可待！

龚自珍：陶潜酷似卧龙豪，万古浔阳松菊高。莫信诗人竟平淡，二分《梁甫》一分《骚》。（《舟中读陶诗》）

鲁迅：陶潜正因为并非“浑身是静穆”，所以他伟大。（《且介亭杂文二集》）

第二组：

归园田居（其三）

种豆南山下，**草盛豆苗稀**。晨兴理荒秽，带月荷锄归。道狭草木长，夕露沾我衣。衣沾不足惜，但使愿无违。

乞　食

饥来驱我去，不知竟何之。行行至斯里，**叩门拙言辞**。主人解余意，遗赠岂虚来。谈谐终日夕，觞至辄倾杯。情欣新知欢，言咏遂赋诗。感子漂母意，愧我非韩才。衔戢知何谢，冥报以相贻。

苏轼：欲仕则仕，不以求之为嫌；欲隐则隐，不以去之为高。饥则叩门而乞食；饱则鸡黍以迎客。古今贤之，贵其真也。（《东坡题跋·书李简夫诗集后》）

陶渊明生活经历及诗句图表

时间	生活状态	陶渊明诗句集锦		
29 岁前	耕种读书	少年罕人事，游好在六经	猛志逸四海，骞翮思远翥	或击壤以自欢，或大济于苍生
29—41 岁	时官时隐	畴昔苦长饥，投耒去学仕	不戚戚于贫贱，不汲汲于富贵	我岂能为五斗米折腰向乡里小儿
41—63 岁	归隐田园	云无心以出岫，鸟倦飞而知还	黄发垂髫，并怡然自乐	此中有真意，欲辨已忘言

（1）这四首诗歌分别写了哪些内容？

（2）反映了哪两种情感态度？

明确：

（1）《杂诗》写了陶渊明回忆过去志向高远，展现如今生命蹉跎，慨叹未来岁月迷茫，交织着欣悦、忧虑与惊惧的感受。《读山海经》赞叹精卫、刑天虽死无悔、猛志常在的精神，流露出顽强抗争的风格。《归园田居》描写诗人在田园躬耕劳动的情景，抒发了心情的愉快和归隐的自豪。《乞食》写诗人晚年因饥饿而去乞讨，得人馈赠、留饮的生活经历，饱含着对主人真诚款待的感激之情。

（2）第一组诗歌表现了诗人血气方刚、威猛可畏的一面，反映了文人士子功成名就、大济苍生的情怀。第二组诗歌表现了诗人淡然自得、拙朴率真的一面，反映了他归隐后洁身自好、坚守精神独立的态度。

2. 第四步：鉴赏

学习活动五：重点赏析，聚焦诗心，深入理解陶渊明“守拙抱朴”的人生境界。小组合作，讨论完成以下问题：

（1）简要赏析第一组和第二组加粗的诗句。

（2）诗人的猛志之心和守拙之道是怎样形成的？两者矛盾吗？

明确：

（1）诗句赏析。

猛志逸四海：“猛”字突出志向的奋发、凌厉。“逸”字突出志向的远大、超越。这句话是说诗人少年时代满怀豪情壮志，想要超越四海。

猛志固常在：“固”字是本来的意思。这句话是说刚毅的精神本来就永久地存在，表现诗人雄心的勇敢、坚韧，被鲁迅称为“金刚怒目”的一面。

草盛豆苗稀：地里的野草茂盛而豆苗稀疏。写出陶渊明士人出身，躬耕田亩缺乏经验。

叩门拙言辞：敲门乞食，口讷嘴笨，不知该怎么说才好，表现出一种羞于启齿的心理。

（2）关于“猛志之心和守拙之道”的理解。

①陶渊明的“猛志之心”是受家学传统和儒家经典的影响。他的曾祖陶侃曾带兵打仗，建立功勋，他身体里流淌着奋发进取的血液，怀有“兼济天下”的壮志。但由于东晋门阀制度和政治腐败，庶族寒门出生的人不可能拥有高官显位，陶渊明的理想难以实现。他曾四次退离仕途，时官时隐的生涯使他清醒地认识到自然才是人生的安身立命之所。同时他深受外祖父和道家思想的影响，他的思想逐渐转向田园，追求“守拙之道”。《桃花源记》中“黄发垂髫，怡然自乐”却与世隔绝，是他淳朴自然心灵的映照。《饮酒》中“采菊东篱下，悠然见南山”体现物我合一的和谐境界。《五柳先生传》中“不慕荣利”“忘怀得失”体现他安贫乐道的情怀。他41岁从彭泽令职位上隐退，此后终老田园。他与清菊浊酒为伴，与亲人农友相携，追求心灵的宁静，享受到一种抚慰。

②“猛志之心”和“守拙之道”表现出“达则兼济天下”和“穷则独善其身”的两种情怀，并不矛盾。生如逆旅，一苇以航。进则铿锵有力，昂扬奋发；退则率真洒脱，恬淡充实——来去皆以本心为出发点。内心调和了，生命自然丰盈，峰回路转，不能“达则兼济天下”，那就“穷则独善其身”。直面人生的苦难悲哀，真正找到了一个解决办法的，陶渊明是第一人。当然，他是经过心灵上反复的斗争和痛苦的挣扎才到达真淳境界的，更可贵的是他的真淳是深厚的、复杂的，而不是肤浅的、单调的。恰如王国维所说：“诗人对宇宙人生，须入乎其内，又须出乎其外。入乎其内，故能写之；出乎其外，故能观之。入乎其内，故有生气；出乎其外，故有高致。”

总结：选择为官，痛恨志向被混浊的世俗无情掩埋，嗟叹才华在纷繁的官场无法施展；选择归隐，似孤鹤翔于晴空，如朗月静挂夜天。曾经，这挣扎撕扯着内心，这纠结拧巴着寸肠。入世，何须？苦不堪言！出世，欣然！别有洞天！您是超脱世俗，超越羁绊，留得守拙，自在心田。

（三）第三环：拓展探究

1. 第五步：生疑

学习活动六：叶嘉莹对陶渊明的评价，你同意吗？谈谈你的认识与理解。

陶渊明的选择既有个人际遇，也有历史原因，局限难免，请看叶嘉莹先生这段话：

陶渊明的自我完善是消极的、内向的，真正是只完成了自我。当然，他的诗歌能感动千百年后的读者，那也是一种完成，但毕竟是可悲哀的。因为陶渊明并不是一个不想向外去实现自己政治理想的人，可是在这一方面他是失败了。这是很可悲哀的。而如果就“自我实现”而言，我们应该看到，陶渊明是付出多少饥寒劳苦的代价，用身体力行的实践完成了他自己，这种坚毅的品格和持守当然是我们的一种宝贵传统，我们不该抹杀。然而，以陶渊明这样伟大的人格，却只能完成个人的自我实现，在政治理想方面他只能走消极的道路，不能积极地自我完成，这又是为了什么？在我们的传统之中，哪些是应该继承的精华，哪些是应该丢弃的糟粕，难道我们不应该进行一番反省和探讨吗？

——叶嘉莹《陶渊明只完成了自我》

明确：

（1）我同意叶嘉莹先生的观点。陶渊明是一位明智的隐者，在纷扰乱世污浊官场，选择做一朵出淤泥而不染的莲。我折服于他拂衣而去不为五斗米折腰的气节，钦佩他此生官场不相见的果决。然而古之仁者讲究“修身齐家治国平天下”，强调社会责任感、使命感。遇到不公，绝非避世而逃，可做一把利刃，直指黑暗，而他只做一脉清流，不惊不扰。从这个角度讲，陶渊明绝非仁者。

（2）我不同意叶嘉莹先生的观点。陶渊明戴月荷锄，放下一身文人风骨，细嗅泥土芬芳，史无前例地与面朝黄土背朝天相融，返璞归真，平淡自然成了心中高尚的艺术境地。这是中国士大夫精神上的一个归宿，许多士大夫在仕途上失意或厌倦官场后，从他身上寻找新的人生价值，并借以安慰自己。白居易、苏轼、陆游、辛弃疾等莫不如此，余秋雨在做上海戏剧学院院长时，辞职转向文化研究，用陶渊明《归去来兮辞》做辞职演说，这种选择也无可厚非。

2. 第六步：表达

学习活动七：你如何看待陶渊明的选择？你认为怎样完善自己？请写一段话谈谈自己的认识。

明确：

东晋时期官场腐败黑暗，陶渊明没有选择沉沦，而是干脆离开仕途，去追求内心的理想，表现出能进能退的率真和来去皆由我的洒脱。他从彭泽县的大堂走出来，走到风和阳光之间，走到弥漫着菊花香的田野上。在或许清贫甚至乞讨的生活中追寻着恬淡的快乐，在或许笨拙但充实的躬耕中寻找着清新朴实的诗句，他坚守着自己的隐逸理想和守拙之道。我尊重他的选择。但我认为，“没有从天而降的英雄，只有奋不顾身的凡人”。我愿做一芯灯火，努力发一分光和热，在砥砺自我中敢为人先。我愿以恭谨的态度雕琢自身，以时间的剥蚀炼得真金。如果说生活是一场修行，自当铸就“大写”的人。我愿“拙匠”常相随，不只做画龙手，更要做点睛人。

三、课堂小结

守拙是一种生活态度，更是一种思想境界。守拙，就是拥有一股浩然气，不虚套不弄巧，泰然自持；就是拥有一颗平常心，不羡鸳鸯不羡仙，宁静致远。欣赏歌曲《归园田居》，再回顾课文。“晋陶渊明独爱菊”是他的美谈，“不为五斗米折腰”是他的傲骨，“守拙归园田”是他的选择。陶渊明不仅创作了美丽的诗文，开创了田园诗体，为古典诗歌开辟了一个新的领域，而且塑造了完美的人格，他的“抱朴守拙之道”成为历代文人学士追求的至高至真的境界，将继续影响一代又一代的后来人！

四、牛刀小试

学习活动八：牵引诗情，结合当代，完成情境练习，并展示交流。

阅读下面两则材料，结合今天的学习，写一首诗或一段话，谈谈你的感受。

（1）安徽省黄山市黟县碧阳镇陶村有“陶渊明故居·守拙园”景区，意在守住这份纯真和质朴。当今的社会物欲横流，很多人比较冒进，守拙是基础，要以拙立身，以拙创业，以拙求进。

（2）李子柒是一位现实中的造梦者，是一位让梦想成真的普通人。在乡野山涧之间，在春风秋凉的轮替之中，她把中国人传统而本真的生活方式呈现出来，让现代都市人找到一种心灵的归属感，也让世界理解了一种生活着的中国文化。

示例一：

潜　颂

潜者，隐也
一字名潜，潜隐半生
君应生于高山性若磐石
而非浼于金川曲折蜿蜒
谷米五斗何能令你折腰
青山万仞方为归栖之所

天地本自宽
纵情山水间
种豆南山下
披星戴月还
乘衣袂蹁跹
秉最初一念

君曾言皎皎云间月
君不见明月照今人
李氏有女名子柒
筑梦现代楼厦间
物欲俗世仍作古
恰君当年守拙还

君乃浊世一清菊
看破妄念尘中仙
君乃遗世一醒夫
乐天逍遥醉梦还
君之肉体随风散
化作明月耀河川
君之意志延千载
于今犹绽桃花源

示例二：

鲁迅曾言：“陶潜正因为并非浑身是静穆，所以他伟大。”静穆即安静庄严，静穆的陶渊明是有些懦弱的，他的四海猛志不足以支撑他在浑浊不堪的官场瞒天过海，所以宁愿背上生活的沉沉重负，也义无反顾地一搏，表现出他的不静穆。杨绛先生曾说世界是自己的，与他人毫无关系。用这句话总结陶渊明并不为过，生活是陶潜自己的，他回归田园，抱朴守拙。他边耕种边在泥土中寻他的诗句，边采菊边在南山下过他的日子。梭罗曾在《瓦尔登湖》中提到他步入丛林，是为了摒弃无意义的世俗，以至于在生命终结前不觉得白活一场。陶渊明亦是如此，他步入田园达到了实现自我的境界，正是“万古浔阳松菊高”。

五、板书设计

守拙而归　抱朴成真

陶渊明

田园诗派之祖
隐逸诗人之宗
抱朴守拙之道——→{谦辞　选择 / 文化　修养 / 态度　境界}至高至真

教学反思

说起陶渊明，就其诗是田园鼻祖，对其人我们往往称隐士。我喜欢陶渊明，对他深入理解还是由一幅书法作品引起。我看到“抱朴守拙”四个大字，很是欣赏。追本溯源，“抱朴”源于《老子》“见素抱朴，少私寡欲”；陶渊明的《劝农》中，也用到“抱朴含真”。“守拙”源自陶渊明《归园田居》；这节课我从“守拙”这个词切入整合成群文阅读，这样操作可以让学生对陶渊明有更系统的理解和深入的分析，避免碎片化的零星的无根的语文积累。我想到课堂教学设计“一词立骨法”和“思维导图法”的使用，采用“1＋X”的方式呈现群文阅读教学。

根据新课标的核心素养要求之一“文化传承与理解”，设计对联欣赏导入，注重读写结合的丰富性，真正学练结合，提升学生文化素养和语文灵气。另外，安排对联周写作练习，就本单元作者开展相关对联积累、练习的活动，开阔学生视野，让学生的阅读与写作训练更加多姿多彩，结合传统文化和时代热点真正提升阅读效果，促进阅读经验分享。我也主动写对联发挥引领作用，如“一碗茶两壶酒三钵淡饭四豆灯不必为五斗米折腰，十亩地九间屋八方云天七尺躯只需把六字言流传”。学生的创作有的非常精彩，如“误落尘网悔樊笼羁鸟性长违，喜归田园看故渊池鱼趣再生”。

另外，充分发挥导学案的作用，课前利用限时练让学生自读思考练习，课上才能有效交流分享，课后才会引发学生的创作兴趣，修改完善自己的文段，形成良好的学习链。当然还要注意单元的整体规划，其实理解诗人的“猛志之心”与“守拙之道”是怎样形成的，也是让学生尝试学习写文学评论。

对于群文阅读教学，我仍在尝试探究阶段。学习了一些课例，在实践中逐步积累经验，在课外拓展的关联性和延伸性方面也有意识地渗透。40 分钟完成是一种挑战，所以资源的取舍与课堂设计还要上一个台阶，当然也可以安排两课时。新课标基于学习任务群的课堂教学改革已经迫在眉睫，教材的编写、资源的开发、教学策略与学习行为已有很大变化，时代的要求给我们带来了挑战，也为语文学科的发展带来了欣喜，我们要坚定学科信念，更新教学理念，主动探索落实。

自是花中第一流

——李清照群文阅读教学设计

河北徐水综合高级中学　李超

教学分析

一、课标分析

《普通高中语文课程标准（2017年版）》对诗歌等不同题材的优秀文学作品教学提出了高标准："使学生在感受形象、品味语言、体验情感的过程中提升文学欣赏能力，并尝试文学写作，撰写文学评论，借以提高审美鉴赏能力和表达交流能力。"这次语文课程改革以语文学科素养为纲，以学生实践活动为主线，以学习任务群为主要呈现方式，以自主学习、合作学习、探究学习为主要学习方式。其中最大的改变之一就是"任务群"的诞生，要求能从多篇文本或一组信息材料中发现新的关联，能围绕某一方面的问题组织专题探讨。而群文阅读是一种具有突破性的阅读教学实践，"是师生围绕着一个或多个议题选择一组文章，而后师生围绕议题进行阅读和集体建构，最终达成共识的过程"。我采用群文阅读的方法，以"情真志洁才高，自是花中一流"为议题，主要从核心素养"思维发展与提升"的角度，通过阅读与鉴赏、表达与交流的自主活动，培养形象、逻辑、辩证思维能力。

二、教材分析

部编版普通高中教科书《语文・必修・上册》第三单元选入了《声声慢》。李清照诗词适合开展群文阅读：选择一个恰当的切入点，牵一点而动多篇进而构建一个高度融合的有机整体，激发学生阅读兴趣、探究欲望，挖掘文本内涵、训练思维，引导学生体会诗歌的审美意境和人文精神。这节课聚焦李清照词作中“花”的意象，借花品词，以花观人，深入分析这位古代女子的情、志、才，观照她的心路历程，欣赏古典诗词之美、文化之美。

三、学情分析

初中学生学过《如梦令》《渔家傲》《夏日绝句》等作品。李清照“端庄其品，清丽其词”，学生对这位千古第一才女很感兴趣，但对她的认识往往停留在表面，缺少情感共鸣和理性认识。高中再次接触，要让学生熟悉李清照的跌宕人生和独有才情，不断提升自己的体验、分析、鉴赏、评价、创造等能力，进而深入走进李清照，思考自己的人生，由小我提升到大我的境界。

四、“三环六步”应用分析

这节课我以文字（积累字词、理解意象）→文意（领悟意境，体会情感）→文学（鉴赏婉约、豪放风格）→文化（女子情志与才学）为主线，按照“三环六步”学习法进行李清照群文阅读教学。第一环——初步感知，先读清照，观其情：一是阅读，领悟意境，比较愁情；二是体悟，理解意象，观照品格。本环节指向语文核心素养之“语言建构与运用”“审美鉴赏与创造”。第二环——深入研读，聚焦意象解人生：一是思考，结合背景，体会豪放；二是鉴赏，以花为媒，朗诵品读。本环节指向语文核心素养之“审美鉴赏与创造”“思维发展与提升”。第三环——拓展探究，全面了解察其才：一是生疑，补充经历，关注命运；二是表达，布置作业，主题写作。本环节指向更高水平的“文化传承与理解”。

五、教学目标

（1）品读李清照含有花的词，从不同角度品读“花”意象的内涵，深刻理解其中蕴含的情感。

（2）通过比较阅读培养学生形象、逻辑、辩证思维的能力，通过朗读等活动提升学生思维品质的深刻性、创造性。

（3）推荐李清照更多的词，提高学生的审美情趣和鉴赏品位，全面认识李清照这位才女，然后联系到更多的优秀女子，进而热爱诗词等传统文化，涵养自身。

六、重点难点

（1）重点：品读李清照含“花”这个意象的不同的词，深刻理解其中蕴含的情感。

（2）难点：通过群文阅读的结构化阅读和集体建构理念，提升辨识与提取、比较与整合、评价与反思、应用与创新四项关键能力，体会“一代婉约词宗”的闺阁之情、家国之悲、淡泊之志、豪放之气、才学之俊、跌宕之慨。

七、教学方法

比较法、点拨法、讨论法。

八、课时安排

1 课时。

教学过程

一、课堂导入

俗话说，文如其人。李清照一生跌宕起伏，如一朵花，摇曳在历史的红尘中，她用旷世才情和独有魅力在诗词文苑中“自是花中第一流”。臧克家盛赞她：“大河百代，众浪齐奔，淘尽万古英雄汉；词苑千载，群芳竞秀，盛开一枝女儿花。”这节课我们通过群文阅读，读李清照含“花”的词，观其情，品其志，察其才，解其人。

二、“三环六步”学习指导

（一）第一环：初步感知

1. 第一步：阅读

学习活动一：经历是季节的冷暖交替，文字是情感的花开花落，我们初读清照，观其情。学生有感情地朗读下面这两首词，并思考以下问题：

醉花阴

薄雾浓云愁永昼，瑞脑销金兽。佳节又重阳，玉枕纱厨，半夜凉初透。

东篱把酒黄昏后，有暗香盈袖。莫道不销魂，帘卷西风，人比黄花瘦。

声声慢

寻寻觅觅，冷冷清清，凄凄惨惨戚戚。乍暖还寒时候，最难将息。三杯两盏淡酒，怎敌他、晚来风急？雁过也，正伤心，却是旧时相识。

满地黄花堆积。憔悴损，如今有谁堪摘？守着窗儿，独自怎生得黑？梧桐更兼细雨，到黄昏、点点滴滴。这次第，怎一个愁字了得！

（1）这两首词表达了什么样的感情？请找出原句。

（2）这两首词分别用了哪些典型意象？

（3）分组讨论两首词中的“黄花”意象，分析其“愁情”有何不同？

明确：

（1）两首词都写出了愁，“薄雾浓云愁永昼”和“这次第，怎一个愁字了得”。

（2）《醉花阴》中典型意象有薄雾、浓云、东篱、酒、暗香、西风、黄花，《声声慢》中典型意象有淡酒、晚风、雁、黄花、梧桐、雨。

（3）李清照生于1084年，18岁嫁给门当户对的赵明诚，两人情趣相投，感情深厚。这首词写于1103年，她19岁，正是渴望爱情、享受爱情的少妇。“莫道不销魂”——“黯然销魂者，唯别而已矣”，而且是相思之别，今天又是重阳节，“每逢佳节倍思亲”，丈夫在外，李清照思念会有多浓！心里会有多苦！“多情自古伤离别，更那堪冷落清秋节”，“帘卷西风”其实是西风卷帘。大家想想，菊花的花瓣纤长瘦细，让我们想到李清照纤瘦清秀的外形。在西风中，菊花尚能迎风斗霜，而她经过了一天的苦闷纠缠，百无聊赖，精神萎靡不振。有一句话“人淡如菊”，李清照也是淡雅高洁的，她对花自赏，顾影自怜，“瘦”强调的不仅是外形，还有精神，这样就把愁化无形为有形了。《醉花阴》是一种闲愁，万般柔情的真诚表白，雅致而清新，呼唤出一个清瘦的相思女子。

《声声慢》这首词写于1151年，李清照67岁了，已经饱经了人世沧桑。“满地黄花堆积”，一个“满”字展示了萧瑟之景，残英满地，词人心中非常煎熬，孤苦凄凉，就像堆积的黄花一样憔悴。也有一种说法是菊花也许开得还很灿烂，因为忧伤憔悴无心赏花，这个“摘”字说明菊花还在花枝上。李清照的个人命运随着国家命运而改变：北宋灭亡，故国不堪回首，深情仍在，与丈夫却生死相离。又经历了珍藏多年的金石书画丢失事件、再婚离婚等不幸遭遇。此时，凄凄惨惨戚戚是她的心境。满地黄花让我想到“桑之落矣，其黄而陨”。晚年的李清照，愁不仅有自己的，也有时代的，是剪不断理还乱的家国悲愁。《声声慢》是一腔悲愁，满腹凄苦的哀婉诉说，沉重而深广，刻画出一个形单影只的无助孀妇。

学习活动二：结合李清照生活轨迹地图，生于山东章丘，行走于汴京，又屏居青州；

宋亡后，来到建康；丈夫去世后，又辗转于杭州、绍兴、越州等地。这两首词体现了李清照前后两个时期什么样的鲜明特色？

明确：

李清照	内容	词风
南渡前	闺怨离愁	清丽柔媚
南渡后	怀旧悼亡	凄婉哀怨

总结：李清照以心抗世，以笔唤天，化愁为美。当我们品读这两首词时，再回望一下千年前的风雨，总能看见那个立于秋风黄花中的寻寻觅觅的美神。

2. 第二步：体悟

学习活动三：李清照词的特殊魅力就在于它一如作者的人品，于哀怨缠绵之中有执着坚韧的阳刚之气。虽为说愁，实为写真情大志，所以才耐得人百年千年地读下去。我们再读两首词，品其志。学生小组合作赏析，完成以下问题：

渔家傲

雪里已知春信至。寒梅点缀琼枝腻。香脸半开娇旖旎。当庭际。玉人浴出新妆洗。

造化可能偏有意。故教明月玲珑地。共赏金尊沉绿蚁。莫辞醉。此花不与群花比。

鹧鸪天·桂花

暗淡轻黄体性柔，情疏迹远只香留。何须浅碧深红色，自是花中第一流。

梅定妒，菊应羞，画栏开处冠中秋。骚人可煞无情思，何事当年不见收。

（1）《渔家傲》中的梅花和《鹧鸪天·桂花》中的桂花具有什么样的特点？

（2）分别表现李清照什么样的品格？

明确：

（1）《渔家傲》中的梅花特点——傲岸、秀拔、娇美，《鹧鸪天·桂花》中的桂花特点——淡雅、高洁、柔和。

（2）《渔家傲》中的梅花表现了李清照卓尔不群、独立不凡的品格，《鹧鸪天·桂花》中的桂花表现了李清照淡泊从容、坚定自信的品格。

补充：

《渔家傲》作于李清照18岁时，上片写寒梅初放，光润明艳，“香脸半开”“玉人浴出”用了拟人、比喻修辞；下片写踏雪寻梅，月明梅香，侧面烘托出梅花的美丽高洁。写梅即写人，象征了李清照对理想生活的美好追求。大自然对梅花如此偏爱，洁白的雪、晶莹的梅，银色的月光、金色的酒杯、绿色的淡酒，此情此景，让我们感受到李清照傲岸不凡、卓尔不群的个性。

《鹧鸪天·桂花》上片写出了桂花的柔美之态，颜色轻黄淡雅，处在人迹险远的地方却芳香浓郁。“自是花中第一流”说桂花无须点缀，不同流俗，已绽放出最美好的姿态。下片用梅花嫉妒、菊花羞涩正面衬托桂花。“冠中秋”是说中秋桂花飘香，是花中第一，埋怨屈原没有情思，没有收录到作品中。联系写作背景，由于北宋末年党争的牵累，李清照曾随丈夫屏居乡里十年之久，摆脱了官场上的钩心斗角，远离了都市的喧嚣纷扰。本词用托物言志的手法，桂花外貌不扬而内秀丰富，正是作者傲视尘俗、乱世挺拔的正直性格的写照，表现了虽不为人赏识却淡泊从容、坚定自信的乐观情怀。

（二）第二环：深入研读

1. 第三步：思考

学习活动四：诗格即人格，每一首诗的背后都站着一个鲜活的生命，穿过岁月依然光彩万分。读《夏日绝句》和《渔家傲》，思考体现了李清照什么特点？

夏日绝句

生当作人杰，死亦为鬼雄。

至今思项羽，不肯过江东。

渔家傲

天接云涛连晓雾，星河欲转千帆舞。仿佛梦魂归帝所。闻天语，殷勤问我归何处。

我报路长嗟日暮，学诗谩有惊人句。九万里风鹏正举。风休住，蓬舟吹取三山去！

明确：

《夏日绝句》以铿锵刚韧的笔锋气势，表现出项羽的铮铮气节，体现了李清照巾帼不让须眉的豪情，有气魄，有胆识。《渔家傲》意境恢宏、雄奇，化用《离骚》《逍遥游》中的诗句，隐喻了对理想境界的追求和向往，使梦幻与生活、历史与现实融为一体，体现了她豪迈、坚定、大气的一面。婉约词宗李清照更有豪放的一面。

总结：李清照以布衣之身，思公卿之责，念家国大事；以女子之身，求品格对等，才学之重。我想到田震唱的那句歌词——红颜娇媚承受雨打风吹，拔剑扬眉豪情快慰。李清照如铿锵玫瑰，如傲岸寒梅，如淡泊秋桂，自是花中一流！

2. 第四步：鉴赏

学习活动五：林徽因曾写过“你是一树一树的花开”，我认为易安也如此，我选取五种花从三个时期进行了整理（如下表），请你按这种格式朗读：大家好，我是经典朗诵人__________，我把__________读给你听，并简要说明推荐理由。

李清照	荷花	海棠	菊花	梅花	桂花
少女时期	《如梦令》	《如梦令》		《点绛唇》 《渔家傲》	
少妇时期	《一剪梅》 《怨王孙》		《醉花阴》 《多丽》	《玉楼春》 《蝶恋花》	《鹧鸪天》
晚年孀居	《南歌子》	《好事近》	《声声慢》 《鹧鸪天》	《满庭芳》 《孤雁儿》 《清平乐》 《菩萨蛮》	《摊破浣溪沙》

明确：

我是经典朗诵人某某，我把李清照的《清平乐》读给你听：

清平乐

年年雪里，常插梅花醉。挼尽梅花无好意，赢得满衣清泪。
今年海角天涯，萧萧两鬓生华。看取晚来风势，故应难看梅花。

我的推荐理由：这首词有三处写梅花——赏梅而醉、对梅落泪、无心赏梅，写出了李清照少历繁华、中经丧乱、晚遇凄凉的一生。

总结：年少是天真的花、快乐的花、希望的花，是“少年不识愁滋味”的岁月静好；少妇是寂寞的花、相思的花、甜蜜的花，是“衣带渐宽终不悔，为伊消得人憔悴”的真诚表白；晚年是离乱的花、孤苦的花、沉痛的花，是“茕茕孑立，形影相吊”的无助无奈。“年年岁岁花相似，岁岁年年人不同”，“花”的意象淋漓尽致地展现了李清照的生命历程，已经上升为她的情感寄托和理想追求，花的开谢枯荣贯穿她人生的不同阶段，达到了花亦是人、人亦是花的境界。

（三）第三环：拓展探究

1. 第五步：生疑

学习活动六：自读下面的三组补充资料，思考完成问题：知否知否，人生是一条河，每个人都是摆渡人，李清照是如何对待命运沉浮的？

第一组：

大明湖畔，趵突泉边，故居在垂杨深处；漱玉集中，金石录里，文采有后主遗风。

——郭沫若

男中李后主，女中李易安，极是当行本色。前此太白，故称词家三李。

——沈去矜

第二组：

至晏元献、欧阳永叔、苏子瞻，学际天人，作为小歌词，直如酌蠡水于大海，然皆句读不葺之诗尔。又往往不协音律，何耶？盖诗文分平侧，而歌词分五音，又分五声，又分六律，又分清浊轻重。

——《词论》

余性偶强记，每饭罢，坐归来堂烹茶，指堆积书史，言某事在某书某卷第几页第几行，以中否角胜负，为饮茶先后。中，即举杯大笑，至茶倾覆怀中，反不得饮而起。甘心老是乡矣！故虽处忧患困穷，而志不屈。

——《金石录》后序

第三组：

李清照的词自成一家，称为易安体，作品集是《漱玉词》，她不仅写词，还论词，提出词“别是一家”之说，认为晏殊、欧阳修、苏轼是文学大家，写的词却是雕饰的诗。她在“归来堂”曾与赵明诚度过了赌书泼茶的幸福时光，研究金石书画，在丈夫死后整理了《金石录》。

但这位千古才女在1132年再嫁，可是张汝舟娶李清照只是为她手里残存的文物，发现她看守得严密，断不肯把这些东西轻易交付时，竟对她大打出手。后来她提出诉讼，与张汝舟离婚。按宋代法律，无论什么原因，妻子告丈夫，就得坐牢。面对世俗嘲骂与牢狱之灾，李清照陷入了人生的低谷。

明确：

李清照曾经拥有无比幸福的眷顾，但也遭遇了无奈痛苦的打击，她驾着一叶生命的兰舟迎着世俗的风浪，既体会到“曾经沧海难为水”的甜蜜，亦饱经“除却巫山不是云”的苦涩，更加坚定地追寻人格独立、精神自由。她怀着破釜沉舟的勇气做了一场情感与理性的挣扎、搏斗，凭借胆力和决断赢回了自由身。她抵挡住纷纭评说，站立成一道别样的风景。

2. 第六步：表达

学习活动七：“1987年，国际天文学会命名水星上第一批环形山，有十五座环形山以中国人的名字命名，其中一座的名字就是李清照。从此，李清照的名字在太阳的照耀下开始放射更加辉煌的光芒。”这段文字选自《康震评说李清照》，读后你有什么认识与看法？课下请写一篇不少于800字的作文。

示例一：

繁华落尽易安宁

是谁家小姐，露浓花瘦，薄汗轻衣透？

是谁家小姐，帘卷西风，人比黄花瘦？

更是谁家小姐，肤若凝脂气幽兰，一笑百媚生？

在半生的绿肥红瘦、梧桐冷雨之间，李清照手执一青灯，在闹巷与孤壁之中蹒跚地走过……

春风十里，贺卿良辰，平安喜乐，与君常伴。

北宋的才女，宰相的儿媳，李清照的前半生一片坦途。在海棠花盛开的时节，她弄妆梳洗迟，在幽径中漫步，写下“知否知否，应是绿肥红瘦”的安逸生活；在东篱晚菊之中，她思念丈夫，于黄昏落日之时，吟出“莫道不销魂，帘卷西风，人比黄花瘦”的相思华章。

沉睡不知光阴之须臾，她不会料到如今的愁苦会不及以后的万分之一。

风雨飘摇，山河破碎，为她带来了赵明诚的死讯，也结束了她悠闲安逸的前半生，从此漂泊流亡，命运坎坷。

南宋政权偏安杭州，贵族奢侈享乐，而失去倚仗的李清照第一次看到了底层劳苦人民的艰辛。失落的日子告诉她：你必须藏好软弱，世界大雨滂沱，万物苟且而活，无人为你背负更多。

记忆是时光的产物，遇见是缘起，错过是缘尽，注定与丈夫离别后，人间无地寄相思。深秋时节，枫叶如丹，一如殷红的思念盛开在寥落的沈园，成了她与赵明诚最后的牵绊。然而，再嫁时认错人，李清照背负起世俗的偏见，遭到政治上的诬陷，走上了和离的道路。改嫁没能让李清照寻得一份生活上的安定，没让她与过去彻底诀别。她要活下去，只有与命运抗争。在这个女子为卑的社会里，李清照如履薄冰，在黑暗中苦苦地寻找光明。

亡国之恨、遗孀之痛、忧民之思，让这个本来清纯不谙世事的女子瞬间成熟。世俗带给了她黑暗，教给她低头，去逢迎，去攀附，但她不愿沉沦，不唯名利，只图安宁。这才是真正的成长。在岁月斑驳处，静静聆听，是花落果成的声音。

这就是李清照，既胆怯又勇敢，既顺从又抗争，虽历经丑恶，却仍存善心，秉一初心，行一世路。

从此不盼身处安逸，唯愿心中安宁。

从此世间再无李清照，人间只留李易安！

把所有的夜归还给星河，把所有的春光归还给疏疏篱落，把所有的慵慵沉迷苦恨归还给过去的李清照。从现在起，凛冬散尽，星河长明，凡是过往，皆为序章……

示例二：

披微雨落花　登兰舟守望

我翻读了李清照的诗，在晨晓迷蒙的烟雾里，在和煦温暖的日光下，在暗香盈溢的花室中。这个美好的女子，用含情的文字，教会我们坚强，教会我们记住花的香、叶的绿以及生活的希望。我始终相信，李清照是在乱世拥挤的人潮中，也能让我们准确无误地辨识出的女子；是那个与之擦肩必定叫人频频回望的女子；是那个走过春秋岁月，依旧可以朴素清淡的女子。

如水的岁月，如水的光阴，原本就该柔软多情，但它偏生是一把锋利的尖刀，削去我们的容颜，劫掠我们的青春，剥蚀我们的美好。18 岁嫁到赵家的那一刻，所有人都祝福她成为一个生活富裕、幸福美满、与丈夫日常“赌书消得泼茶香”、体味人间情长的绝代娇妻。但世事的变幻、战乱的离苦使易安在寻寻觅觅自己的幸福之时，总被黑暗的气息压迫得凄凄楚楚。在日暮时分“争渡，争渡”，到头来也曾失却归路。双溪的扁舟上载起了青春，却载不动许多愁苦。

何者为言愁？离人心上秋！我总以为追溯一个人的前情过往，悲伤会多于喜悦，因为我们会在极短的时间内，掠过她的一生。从曼妙多情的少女，到一个阅尽世间百态、早已一无所有的老妇人，这期间，该尝历多少五味杂陈的烟火。从赵明诚出仕远游，李清照幽居独处，历经多少落花时节，却总是思君不见君。她轻解罗裳，独上兰舟，凝眸远望，纷扰离愁。是此情难消，无可奈何的“才下眉头，却上心头”，亦是东篱把酒、黯然销魂的“帘卷西风，人比黄花瘦”。

不知是谁说过人生要有起伏才能平安，太过顺遂反不得长久。信了这句话，面对人生突如其来的馈赠与掠夺便能从容平淡许多。“落日熔金，暮云合璧，人在何处？染柳烟浓，吹梅笛怨，春意知几许。”即便身在异乡，陷入囹圄，却依旧观日落携春意几许；即便月缺之时，亦未必惆怅，可以倚花独卧，温柔地怀念远方的人事。读李清照，心情不会有太多起落，她始终是血泪自尝，坚毅勇敢，不舍得让人为她落一滴泪。

也曾和挚爱的人生离死别，也曾落下一身病骨，也曾奔忙于红尘陌上。连遭国破、家亡、夫死、婚变之痛，可李清照却从不肯向岁月低头，“生当作人杰，死亦为鬼雄”是她对南宋偏安一隅的愤怒号呼。晚年的李清照孑然独处，在苦苦地跋涉，顽强地抗争，看透了沧桑变幻的她在晚来风急之时勤修《金石录》，在梧桐冷雨之时考撰《漱玉词》。这世上太多人携风沙上路，而李清照依旧披落花微雨独行，使南宋王朝在黑暗之中多了一芯烛火，似乎连我此刻描摹她的文字，也平添几分典雅与风情。

三、课堂小结

李清照是诗词文苑中最秀美的一朵花，令后人惊艳、动容，我们今天只是窥豹之一斑，如果想进一步了解她，请阅读《半世烟雨　半世落花》和《康震评说李清照》两本书。李清照的词不仅印在书上，还要流淌在我们的生命里！送大家两句话：九万里风鹏正举！自是花中第一流！

四、板书设计

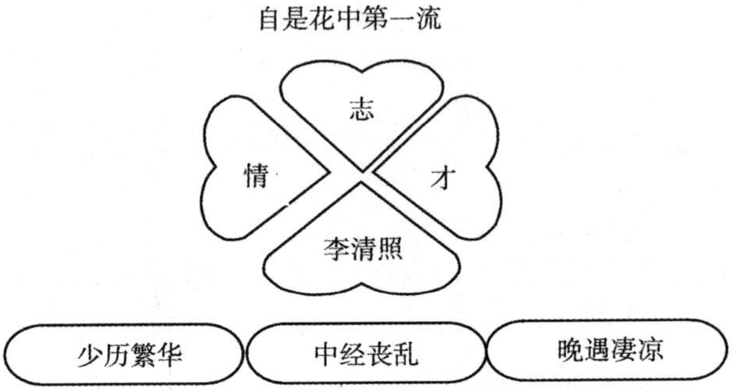

教学反思

叶嘉莹说："凡是最好的诗人，都不是用文字写诗，而是用整个生命去写诗的。"我认为李清照也是如此。我以新课程实施为背景，以新课标理念为核心，设计并实践李清照群文阅读课，有得有失，思考如下：

第一，善创设情境，营造氛围。备课时，《女人花》《铿锵玫瑰》在脑海浮现，一婉约一豪放。李清照柔情豪气并重，司马迁称屈原志洁物芳，李清照词中的花风韵独特美好，以花为媒！我用到了歌词，如果加上音乐渲染，更有锦上添花之效。智慧的课堂需精巧设计，学生才热情洋溢，诗词教学注重读中悟情，设计"经典朗诵人"环节，引领学生个性解读。于漪老师曾说："学生不认真进行思维训练，读，就有口无心；看，就浮光掠影；说，就不得要领；写，就内容干瘪，词不达意。"读看说写是课堂生成的有效途径，要找到合适的钥匙，开启思维的门扉，搭建舞台，调动更多学生积极参与，使课堂生机盎然。

第二，明思维重点，走向清晰。求同存异是群文整合的方法。选取的李清照的两组词适合比较阅读，问题设计符合循序渐进思维提升的特点，四步台阶有助于引领学生精神的成长。我设置任务"品黄花析愁情""品梅花桂花析品格"进行思维训练，通过讨论交流进行体验，学生举手发言积极、语言表述条理分明。我写总结性文字抛砖引玉，通过齐读感染学生写作片段，锻炼思维的深刻和创新性。整个课堂眉清目秀，总体看容量稍大，应更精简高妙。

单篇精读为学生奠基，群文阅读为学生展翼。群文研究，路漫漫而修远，我将上下而求索，在语文课堂的沃土上，深耕细作，陪伴学生享受阅读，感悟精彩。

单篇教学设计案例

《荷塘月色》教学设计

保定市第三中学　舒建发

教学分析

一、课标分析

《普通高中语文课程标准（2017 年版）》指出："感受和体验文学作品的语言、形象和情感之美，能欣赏、鉴别和评价不同时代、不同风格的作品，具有正确的价值观、高尚的审美情趣和审美品位。"语文教育是提高审美素养的重要途径，要让学生在语言文字运用中受到美的熏陶，培养自觉的审美意识和高尚的审美情趣，培养审美感知和创造表现的能力。本篇为写景抒情散文，重点在于通过对荷塘美景进行生动细致的描绘，表达作者对自然人生的丰富感受和深刻思考。世界不缺少美，只是缺少发现，而深陷题海的学生缺少的就是对美的发现、感知与体悟。审美能力首先体现在对身边事物的审美鉴赏上，荷塘和月色是学生熟悉的身边事物，借助朱自清先生的这篇散文，引导学生品味其描写抒情的语言，感受其思想和情感，以发展学生的想象力和审美力。语文教学应为学生创设良好的学习情境，如可以借助本地的名胜古迹——古莲花池，要求学生参观欣赏荷塘并交流探讨，这样可以促使学生在互动中提高学习效率，培养学生的合作意识、团队精神，强化学生的文化自信。

二、教材分析

《荷塘月色》属于部编版普通高中语文教材必修上的第七单元，是写景抒情的名篇。学习本篇散文，要展开想象的翅膀，力求身临其境、心临其境。通过作者描绘的景物，触摸作者思想的触角。朱自清先生以其秀丽、隽永、细腻的笔法，描写出光影交映、浓淡相宜、疏密相间的荷塘月景，抒发对黑暗现实的强烈不满和对宁静优美的大自然发自内心的热爱，以及对美好生活的向往，并含蓄表达了作者不满现实、渴望自由、想超脱现实而不能的复杂感情。

文章以“我”去观赏荷塘为脉络，以人物的行止为线索。全文的写景抒情，都是随着作者的脚步、视线的移动逐步深化的。行文中以荷塘、月色为中心，又适当点染周围背景，层次清晰分明，详略得当。这种移步换景、点面结合的写景状物手法非常适合学生效仿。同时在写景状物中委婉含蓄的情感表达也符合现在年轻人的心理状态。鼓励学生多动笔，写写身边事、周围景，用心捕捉人对大自然的感情。

三、学情分析

本节课的教学对象是河北保定的高一学生。因为保定有古莲花池、白洋淀，所以学生对荷塘并不陌生，具有一定的体验体悟基础。学生在初中学过《爱莲说》，对荷花以及荷花精神具有一定的知识储备，而且他们也具有一定的合作、交流、探究能力。本文写的是清华大学里的荷塘，是大学教授笔下的月色，学生有较强的阅读兴趣。作为他们的语文老师，我经常把自己写的随笔和大家分享，因此学生具有一定的交流、表达、鉴赏、探讨的兴趣。但他们缺少丰富的人生阅历与情感基础，很难正确把握作者复杂的情感，需要教师结合写作背景加以引导。

四、“三环六步”应用分析

语文的本元一定是生活，是活生生的现实情景。在语文课堂教学中要密切联系现实生活，结合师生亲身感受体悟文本语言和作者情感，我认为这样的语文课才最有意义、最有价值。本篇散文的初步感知首先是景物，鼓励学生们能亲临荷塘欣赏月色，然后在阅读文本的过程中注重勾画和点评。深入研读的关键在于寻找并领悟那些自己写不出的优美语句。探究表达的重点则是情感共鸣，借鉴老师写关于荷塘的随笔，鼓励学生在说一说的基础上议一议、写一写。

第一环节的“阅读”重在学生对文本的第一印象，不动笔墨不读书，对文本的勾画点评能增强读书的仪式感。阅读变成一种真正的文本参与，转换角色，要求学生尝试从阅读者变成作者。读出语文的本元，就要从别人的文章中，读出自己的感触，从而理解作者的心理感受。“体悟”则是学生对文本有所感有所悟，重在培养学生的理解概括能力。第二环节的“思考鉴赏”则考验教师的课堂把控能力，重在对学生的启发引导。通过问题的设计引导学生体悟情感、鉴赏语言。第三环节的“生疑表达”，主要是在鉴赏的基础上抓住“敏感点”，做进一步的思考与表达。这个敏感点可以是学生感觉疑惑不解的地方，也可以是学生有情感共鸣的地方。这一环节的设置是为了避免吃“夹生饭”，“敏感点”的选择不能强求，要顺其自然，重在平时课堂积淀形成的习惯和氛围。这非一朝一夕之功，尤其需要教师和学生之间的互动共鸣和默契。

在三个环节中，语文核心素养之语言建构与运用、思维发展与提升、审美鉴赏与创造各有侧重，而文化传承与理解则一以贯之。

五、教学目标

(1) 体悟作者对自然人生的丰富感受和深刻思考。

(2) 鉴赏文章精巧独特的艺术构思和优美隽永的语言。

六、重点难点

(1) 重点：抓住关键语句，体会作者的感情。

(2) 难点：抓住景物特点，促进表达，尤其是提高写作能力。

七、教学方法

讲授法、诵读法、讨论法、小组合作法。

八、课时安排

1 课时。

教学过程

一、课堂导入

初中大家学过《爱莲说》，请大家齐背！

世间花木万种，独有莲“出淤泥而不染，濯清涟而不妖”，一篇《爱莲说》写出莲的风流与气度，寄予了作者对理想人格的肯定和追求。前有古人，后有来者，今天我们一起学习清华教授朱自清先生的这篇《荷塘月色》，看一看文章寄寓了作者怎样的思考和情感。

二、“三环六步”学习指导

（一）第一环：初步感知

1. 第一步：阅读

学习活动一：初读课文，给自己设想一个考试前周末的夏夜出游的情境，代入心情，体会意境，读出情感，然后完成以下问题：

（1）勾画下列词语，结合课文注释或字典标注读音。

袅娜（　　）（　　）	梵（　　）婀玲	峭楞（　　）楞	媛（　　）女
棹（　　）	敛裾（　　）	鹢（　　）首徐回	幽僻（　　）
霎（　　）时	蓊（　　）蓊郁郁		

（2）勾画表现作者情感的重要语句，体会作者内心情感变化，做好旁批。

明确：

（1）词语注音。

袅娜（niǎo nuó）	梵（fàn）婀玲	峭楞（léng）楞	媛（yuàn）女
棹（zhào）	敛裾（jū）	鹢（yì）首徐回	幽僻（pì）
霎（shà）时	蓊（wěng）蓊郁郁		

（2）重要语句。

①“这几天心里颇不宁静。”

不加掩饰，直接说明作者内心有苦闷，心绪烦乱。这也正是夜深人静游荷塘的缘由。

②“像今晚上，一个人在这苍茫的月下，什么都可以想，什么都可以不想，便觉是个自由的人。白天里一定要做的事，一定要说的话，现在都可不理。”

作者感到在这种幽僻的环境之中，自己成了一个自由的人。在这种环境里，可以不做违心的事，不说违心的话，可以无拘无束、自由自在，抛弃尘世间的喧嚣和烦恼。

③“但热闹是它们的，我什么也没有。”

作者虽然置身于热闹的氛围中，内心却依然是孤独的。

④“这真是有趣的事，可惜我们现在早已无福消受了。”

采莲是古时趣事、诗人趣事、少年趣事，可现在没有条件、没有心情去体验。

学习活动二：男生读第 1、2、3、10 段，女生读第 4 段至第 9 段，请概括每段的主要内容，不超过 6 个字。

明确：

第 1、2、3、10 段内容：深夜出游、小路漫步、独处思考、回家感受。

第 4 段至第 9 段内容：月下荷塘、塘上月色、荷塘周围、想起江南采莲、记起《西洲曲》。

2. 第二步：体悟

学习活动三：再读课文，转换角色，从阅读者变成作者，与文本共鸣，读出自己的感触，深入理解作者的心理状态。然后同桌之间交流合作，讨论概括作者心理上发生了哪些变化。

明确：不宁静（出门散心）⟶愉悦（赏荷塘月色美景）⟶思乡（想起江南故乡的采莲）。

（二）第二环：深入研读

1. 第三步：思考

学习活动四：小组合作讨论，作者开篇那种“颇不宁静”的心结（心事）最后是否得到了开解（释然）？请结合现实生活和自己的经历感悟与思考，一定要在文章中找到依据，每组由一名代表发言。

明确：

（1）观点一：释然。

作者通过欣赏荷塘月色体会到了独处的妙处，释然了。

文章第三段写“我也像超出了平常的自己，到了另一个世界里……白天里一定要做的事，一定要说的话，现在都可不理”。忙得尘世千日累，偷得浮生半日闲。作者是在找个机会和这个世界疏离，即使这种疏离只是暂时的。作者独处之时，从繁复的外在世界回归简单的自我空间，面对真实的自我，可以无拘无束、自由自在，抛弃尘世间的喧嚣和烦恼。所以，作者释然了。

（2）观点二：没有释然。

①对江南采莲热闹场景的描写反衬自己现在的孤独寂寞，内心更不宁静了。

原文第八段说“这真是有趣的事，可惜我们现在早已无福消受了”，江南是作者的故乡，采莲场景是作者美好的回忆。人的记忆总是会被现在的生活刻意篡改并美化，成为现实痛苦生活的鲜明对比。

②开头结尾对妻子的叙述，可见妻儿的不理解，难以释然。

从文章开头“妻在屋里拍着闰儿，迷迷糊糊地哼着眠歌”和结尾“轻轻地推门进去，什么声息也没有，妻已睡熟好久了”可以看出，妻子对作者并不理解，达不到精神契合，所以作者的愁绪依旧，难以释然。

2. 第四步：鉴赏

学习活动五：小组合作，研读第四段，身临其境地进行想象，静心感悟自然，看看哪些语言是自己写不出来的，勾画并赏析语言的妙处。然后选出代表发言。

明确：

（1）“正如一粒粒的明珠，又如碧天里的星星，又如刚出浴的美人。”

运用博喻（一本体多喻体）的手法，突出了荷花晶莹剔透、若隐若现、纤尘不染的美。

（2）“微风过处，送来缕缕清香，仿佛远处高楼上渺茫的歌声似的。”

运用了通感的手法，以听觉来写嗅觉，突出香味的若隐若现，写出了含蓄婉约的朦胧美。

（3）“叶子本是肩并肩密密地挨着，这便宛然有了一道凝碧的波痕。”

通过比较，将小小荷塘写出了一片大海的气势。绿叶成波，突出了荷叶多而密的美。

学习活动六：小组合作，研读第五自然段，鉴赏作者是如何描写月光的。然后选出代表发言。

明确：

（1）“月光如流水一般，静静地泻在这一片叶子和花上。薄薄的青雾浮起在荷塘里。”

“泻”，照应“月光如流水一般”中的“流水”这个喻体，增强动感，表现了月辉照耀、一览无余的情景。“浮”，水气轻轻升腾，慢慢扩散、弥漫，以动景写静景，以“青雾”衬“月光”，表现了月光的朦胧、淡雅。

（2）“叶子和花仿佛在牛乳中洗过一样；又像笼着轻纱的梦。”

“洗”“牛乳”的比喻承上文“泻”字而来，一个“洗”字表现了月光洁白柔和而又鲜艳欲滴。“笼”“梦”的比喻承上文“浮”字而来，一个“笼”字表现了月光下叶子与花的轻飘柔美的姿容，衬托了月光的朦胧、柔和。月光如牛乳轻纱，月色如梦似幻，怎一个美字了得？

（3）“虽然是满月，天上却有一层淡淡的云，所以不能朗照；但我以为这恰是到了好处——酣眠固不可少，小睡也别有风味的。”

“酣眠”比喻朗照，“小睡”比喻淡淡的云遮住了满月的意境。这种朦胧柔和的恬淡正合作者此时的心境，所以说“恰是到了好处”。

（4）“塘中的月色并不均匀；但光与影有着和谐的旋律，如梵婀玲上奏着的名曲。”

写月光离不开写月影，光影如名曲。这句运用了比喻与通感的手法。将视觉形象化为听觉形象，光与影的黑白块儿仿佛变成了活泼跳跃的音符，化静为动，写活了。光与影的和谐分布与名曲的优美、悠扬、和谐动听，两相烘托，增加了意境美。

（三）第三环：拓展探究

1. 第五步：生疑

学习活动七：作者观赏完月下荷塘的美景后却说“但热闹是它们的，我什么都没有”。请结合写作背景和作者的思想经历来思考，作者为什么这样说？小组合作，选出代表发言。

明确：

蝉声蛙声和开头提到的孩子们的欢笑，展现了和平时期平民百姓世俗生活的日常热闹场面。作者虽然置身于这种热闹的氛围中，内心却依然是孤独的，可见作者的无奈。作为一名清华大学的教师，在1927年白色恐怖笼罩中国的情况下，是参加革命还是暂时逃避？其孤独、寂寞、苦闷、彷徨是别人无法感知的，更是妻儿无法理解的。

2. 第六步：表达

学习活动八：再读课文，联系社会背景，体会作者的心境，谈谈对朱自清这个文人知识分子形象的认识。

明确：

朱自清在青年时代曾参加过五四运动，向往过俄国十月革命，后来也投身过反对北洋军阀的斗争。1927年蒋介石叛变革命，中国革命处于低潮，蒋介石、汪精卫的法西斯暴行激起中共党人和广大革命人民的奋起反抗，并引起一部分正直的知识分子的不满和谴责。朱自清是一位有正义感的作家。他不满于反动派的血腥屠杀，但因受阶级的局限，没有勇气正视血淋淋的现实，只能用消极态度表示不满和反抗。本文正是通过“我”在荷塘月夜的独步深刻地表现了作者在时代的政治高压下寂寞、苦闷、彷徨的情绪。

学习活动九：分享教师游览古莲花池时写的散文《风拂方塘，花叶平等》，请学生阅读并谈谈体会。

明确：

我最喜欢这几句话：“一池荷水，花、叶、柄、果、藕，谁是主角？从未有一种植物能让人如此思考人生！万物有致，众生平等。”因为这几句话蕴含着理性的思考。老师详写莲花、莲叶等是为了下文的议论与抒情，有感而发，流畅自然，把自己的独特思考写到了文章中。生活中，我们也要擅于发现这样的“触发点”，及时记录整理我们的感动与思考。

三、课堂小结

本节课我们学习了景物描写的方法，探讨了作者的心理和思想，感悟到了那个特定年代知识分子的精神状态。阅读看似简单，但不是每个人都有的能力。除了字正腔圆，还有心有灵犀，更有欣然神往！阅读要身临其境，有所会心，在与文本对话中获得审美享受。我们要从阅读中积累写作经验，写作不是一种高深莫测的技艺，而是每个人都可以做到的一种勇敢的表达，只不过表达是分层次的，除了有事可写、有感而发，还有瞬息即逝的灵光一闪，更要蕴含丰富的情感和深沉的道理。

语文离不开生活，希望大家和老师一起用语言和文字记录生活，书写诗意人生。

四、牛刀小试

从下面两道题中选做一道：

（1）在晚上回家途中观察夜景，写两段写景抒情的文字，不少于500字。

（2）细读课文的景物描写部分，利用周末时间去观察古莲花池，画一幅荷塘或荷花的画，选出优秀的图画在班中展示。

附教师下水文：

风拂方塘，花叶平等

喜欢莲花是因为一句歌词：“红莲花，白莲藕，一根竹竿天下走。”记得好像是上初中时看过的某电视剧的主题歌。电视剧里面有一个扶危济困的丐帮帮主，本为配角，出场出手却出人意料，给人留下深刻印象。当时觉得他很酷！现在百度一下发现电视剧改编自古龙先生的武侠小说《名剑风流》。名剑风流，快意恩仇，这是少时我们心中激荡的英雄梦。年已不惑，梦已远逝，难觅影踪。岁月将心中个人主义的英雄侠客打磨成沉稳睿智的谦谦君子，我这个羡慕武侠英雄的70后，就想去看看莲花。

莲花，清静之花，无富贵雍容之态，无矫揉造作之姿。务求真实自我，于天地间，成就一番别有滋味的风情流韵。

今天听说教师持教师资格证可免票游览古莲花池，还可以带着孩子。于是，我欣欣然来看满池的荷花。走进莲池书院，目极满眼大朵荷叶，碧空星散荷花，从未感受过花叶如此和谐，竟没有“红花还需绿叶衬”的俗美。花开如火种、火炬、火焰，各有其形态；花有待放、怒放、凋零，各有其风流。含苞的爽利，怒放的张扬，凋谢的静雅。花下叶盘托举，如蔽日圆伞，舒展大气，绿得夺目，玉盘金露，好自独酌。花叶无论何姿何态，均以自信加冠，没有丝毫怯弱，似乎弃时间于不顾，任尔侵蚀，我自坦然。

叶下那长长的一秆入水极深的叶柄，中空外直，颇有竹韵。撑过暮春，撑过盛夏，撑起满塘的风景。好花不常开，好景不常在，但它偏偏叶枯可以入药，花谢方见真心！那莲蓬如反扬的花洒，圣洁清净，绿得圆满。“蜂房水涡”，略数有二十七八个。静修于莲房，终成正果。莲蓬如蚌，内有珍珠般莲子，怜子清如水。想那水冷之秋，水浅绿尽，泥有莲藕。洁身自白，出淤泥而不染，七窍玲珑，必数藕然！莲子清心，食藕自清，这么多年，人心世故，不屑于染。

细思世间花木万种，为何独一篇《爱莲说》传其风流？一池荷水，花、叶、柄、果、藕，谁是主角？从未有一种植物能让人如此思考人生。万物有致，众生平等。无高低贵贱，无左右尊卑。生活中若有不服，若有不解，且去观那荷塘。塘虽半亩，荷却和谐。想起 20 年前刚上班时，我们这些年轻人称保洁阿姨、门卫大叔为老师，敬畏岁月和身份无关。如今类聚的势利，可怜可笑。以前的侠客更多是弱者在苦难现实生活中的美好想象，今天的谦谦君子则应展现自己独特的平等胸怀。

红莲花，白莲藕，一支水笔书间走。不动笔墨不读书，常动心神常远行，博雅情致曲意达，物事成韵写风情。风拂方塘，花叶皆低首，复抬头。

五、板书设计

荷塘月色

朱自清

颇不宁静
↓
寻求宁静
↓
是否释然？

景物变化：月下荷塘——塘上月光——荷塘周围
情感变化：淡淡喜悦——茫然失落——朦胧向往

阅得尘世千日累，读得荷月半日闲。

教学反思

思考是一种能力，有深浅之分；鉴赏是一种艺术，有规律可循。“美”总是和“妙”相连，妙在可遇不可求，妙在可感不可说。我的课堂比较开放，鼓励学生静下心来认真体会，放下包袱，积极发言，不怕说不到位，不怕说错，力求在体会交流中碰撞出思维的火花，进而实现鉴赏与审美能力的提升。

但是，这样的目标并不能完全实现。本节课学生虽然参与较多，但切身的感受较少，还不能和老师、作者产生较好的交流或共鸣。今后在学生文本细读指导和情景化教学方面还需要认真研究，努力践行“三环六步”教学法，切实提升学生的审美鉴赏能力，从“能读”到“会读”，最终达到“爱读”。

《说“木叶”》教学设计

河北容城中学　王静

教学分析

一、课标分析

《普通高中语文课程标准（2017 年版）》指出：阅读和鉴赏实用类、论述类文本时，“能提取和概括主要信息，能区分事实和观点，分析各部分内容之间的关系，发现观点和材料之间的联系；能利用获得的信息解决具体的实际问题”。

首先，本文是文艺随笔，“说”表明这篇课文属于议论文体，“木叶”是文章论题，本文主要是就古诗中的“木叶”意象进行分析说理，所以依据课标要求，我将理解中国古代诗歌中“木叶”意象的意蕴定为重点学习目标之一。其次，本文的另一个教学重点就是让学生能够触类旁通，举一反三，真正提高学生独立分析鉴赏的能力，加深学生对文艺创作和文学鉴赏的认识。

二、教材分析

《说“木叶”》是部编版普通高中教科书《语文・必修・下册》第三单元的一篇课文。本单元主要学习知识性读物的阅读方法，这个单元的学习导言提到：“阅读时要把握关键概念和术语，厘清文章思路；分析作者阐释说明、逻辑推理的方法，体会文章语言严谨准确的特点；还要运用所学知识，探究实际问题，形成自己的见解。”

本文内容比较单纯集中，围绕古诗中的意象“木叶”深入到“木”的艺术特征谈诗歌精微之处的表达效果，看似烦琐，其实内容并不多，在结构梳理上可简单化。为何用“木”不用“树”是全文的关键，这是重点。另外，林庚先生深谙诗歌妙道，此文参透了诗歌创作与鉴赏的玄机，撩开了诗歌神秘的面纱，但林先生没有摆出那种“理论”的面孔来吓唬读者，没有故弄玄虚地搬弄术语，而是把深奥的文学理论渗透于古诗“木叶”意象的捕捉和阐释中。这样，读者也会在一种“潜在的力量”的影响下，不知不觉地参悟了深蕴其中的道理，走进诗歌的殿堂。所以，我通过多媒体课件，巧妙运用声、色、形，为学生提供丰富多彩的生动形象的感性材料，于无形中点化学生，引导他们含英咀华，于细微处见精神，认真体味“木”“树”等词语不同的意味和艺术效果，解读诗歌的内涵和抒情意蕴，从而了解诗歌的语言特点，把握鉴赏诗歌语言的方法。更重要的是让学生在优美诗句的熏陶中热爱诗歌，热爱古代文化。

三、学情分析

高中学生阅读的文艺评论并不多，加上文艺评论本身抽象难懂，学生可能会产生畏难心理，对课文不感兴趣，读不下去，或者虽能读下去，但只是蜻蜓点水，走马观花，难以抓住重点。另外，学生古典诗歌的积累有限，诗歌的鉴赏能力不高，对课文中的一些诗句不能正确理解。针对学生实际情况，在教学中，应注意调动学生平时阅读作品的艺术体验，激发学生的学习兴趣，对学生感到难懂的地方进行重点讲解，将文章讲透，并用理论指导实践，学以致用，从而提升学生的审美品位，增强阅读文艺评论的能力。

四、“三环六步”应用分析

新课改强调，教师是学生学习的合作者、引导者和参与者，学生应该成为课堂的主体。基于此，我通过“三环六步”的教学过程，采用“自主、合作、探究、创新”的学习方式，把学习的主动权还给学生。第一环——初步感知：第一步是阅读，初读课文，了解作者，扫清文字障碍；第二步是体悟，把握文章大意，梳理文章结构。此环节是基础内容的学习，提前布置预习任务，由学生自主完成。第二环——深入研读：第三步是思考，走进文本，根据上一环节梳理的结构层次思考和分析相关问题，重点研读 4 至 6 段，概括“木”的两个艺术特征，并依据特征探究“木叶”为什么成为诗人们笔下钟爱的形象，学生分小组，合作探究，这是在第一环整体感悟基础上的深入研究，特别体现学生的“思维发展与提升”；第四步是鉴赏，赏出文章的神韵亮色，重点赏析课文中运用大量古诗词的作用和本课题目的艺术效果，同样采用小组合作探究的形式。这是思维的再一次提升，也是学生“审美鉴赏与创造”的过程。第三环——拓展探究：第五步是生疑，主要是知识的迁移，激发学生的创新创造；第六步是表达，学生通过讨论，得出结论，发表观点，交流感受心得。此环节的目的是让学生能够触类旁通，举一反三，真正提高学生独立分析鉴赏的能力，加深学生对文艺创作和文学鉴赏的认识，学生既完成了“语言建构与运用”又达到了“文化传承与理解”。

五、教学目标

（1）培养学生抓住关键句，整体把握文章的能力。

（2）品味文中诗句意蕴，弄清文章由“木叶”所阐述的诗歌语言暗示性理论。

（3）利用诗歌语言暗示性的特点，掌握文中阐述的知识和道理，品味诗歌意象，提高鉴赏古代诗歌的能力。

（4）感受汉字独特的美，发展审美能力；理解并积累古诗文，继承传统文化。

六、重点难点

（1）重点：品味文中诗句的意蕴，弄清文章由“木叶”所阐述的诗歌语言暗示性理论，把握“木”的艺术特征。

（2）难点：利用诗歌语言暗示性的特点，掌握文中阐述的知识和道理，品味诗歌意象，提高鉴赏古代诗歌的能力。

七、教学方法

创设情景法、引导提问法、诵读品味法、自主合作探究法。

八、课时安排

1 课时。

教学过程

一、课堂导入

教师给出英文，请学生思考翻译：

If you do not leave me，I will be by your side until the life end.

翻译结果：

①如果你不离开我，我们会死在一起。

②如果不滚开，我就和你同归于尽。

③你若不离不弃，我必生死相依。

④问世间情为何物？直教人生死相许。

⑤天地合，乃敢与君绝。

⑥你在或不在，爱就在那里，不增不减。

同学们，这就是汉语的表现力，用词不同则意境不同，而林庚先生的《说“木叶”》讨论的就是这个问题。

二、“三环六步”学习指导

（一）第一环：初步感知

1. 第一步：阅读

学习活动一：自主预习，初步感知，了解作者，扫清文字障碍。

明确：

（1）读作者：

林庚，著名学者，诗人。早期以诗闻名于世，与戏剧家曹禺、小说家吴组缃并称“清华三才子”，专于中国文学史，尤长于楚辞、唐诗研究。

（2）读课文：

逐字读课文，读准字音，扫清文字障碍。

袅袅（niǎo niǎo）	橘徕（jú lái）	皎皎（jiǎo jiǎo）
灼灼（zhuó zhuó）	寒砧（hán zhēn）	庾信（yú xìn）
言筌（yán quán）	窸窣（xī sū）	迢远（tiáo yuǎn）

2. 第二步：体悟

学习活动二：学生自主学习，熟读课文，划分文章层次，梳理文章结构；理解文章内容，把握文章大意。

明确：

文章结构层次：

第一部分（第 1—3 段）发现问题：列举我国古代诗歌史上的一个现象，就是“木叶”成为诗人笔下钟爱的形象，而“木叶”形象的关键在一个“木”字。

第二部分（第 4—6 段）分析问题：说明了“木”的两个艺术特征，以及为什么有这些特征，说明诗人钟爱的原因。

第三部分（第 7 段）解决问题，总结全文：“木叶”与“树叶”概念上相差无几，艺术形象上差别一字千里。

文章大意：“木叶”与“树叶”在概念上相差无几，在艺术领域却有着巨大的差别，可谓一字千里。

（二）第二环：深入研读

1. 第三步：思考

学习活动三：分析“木叶”意象，探究文章主旨，小组合作探究以下问题：

（1）浏览第 1—3 段，勾画出里边的古诗词，看看作者发现了什么现象？

（2）阅读第 4—6 段，分析“木叶”的意象特点，完成下表，概括“木”的两个艺术特征，并依据特征探究“木叶”为什么成为诗人们笔下钟爱的形象？

意象	场合	外形	颜色	质感	意味	联想
木叶						
树叶						

（3）阅读第 7 段，探究文章主旨。

明确：

（1）古诗词。

屈原《九歌》：袅袅兮秋风，洞庭波兮木叶下。

谢庄《月赋》：洞庭始波，木叶微脱。

陆厥《临江王节士歌》：木叶下，江波连，秋月照浦云歇山。

王褒《渡河北》：秋风吹木叶，还似洞庭波。

柳恽《捣衣诗》：亭皋木叶下，陇首秋云飞。

沈佺期《古意》：九月寒砧催木叶，十年征戍忆辽阳。

杜甫《登高》：无边落木萧萧下，不尽长江滚滚来。

庾信《哀江南赋》：辞洞庭兮落木，去涔阳兮极浦。

发现的现象：“木叶”是历代诗人笔下钟爱的对象；“木叶”一用再用，且有所发展：“落木”产生过许多精彩的诗句，“树叶”“落叶”却无人过问。

（2）“木”的意象分析及两个艺术特征。

①“木”的意象分析：

意象	场合	外形	颜色	质感	意味	联想
木叶	秋风 叶落	脱尽 叶子	枯黄	干燥	空阔 疏朗	离人的叹息 游子的漂泊 清秋的性格
树叶	春夏 之交	枝叶 繁茂	绿（叶） 褐绿（干）	饱含 水分	饱满 绵密	密密层层 浓阴满地

②“木”的两个艺术特征：

第一个特征（第 4 段）：“木”比“树”更显得单纯，仿佛本身就含有一个“落叶”的因素。

“木”就是“树”，在概念上是一致的，但在意味上，“木”一般是在秋风叶落的情景中取得鲜明的形象，而“树”则要借助树叶的多来表达饱满的感情。这就说明了“木”和“树”在艺术形象领域是不同的。

第二个特征（第 6 段）：“木”不但让我们容易想起树干，而且还会带来“木”所暗示的颜色，它可能是透着黄色，而且在触觉上它可能是干燥的而不是湿润的，带来疏朗的清秋气息，与“落木”相比，还带着些许缠绵。

“袅袅兮秋风，洞庭波兮木叶下”中“木叶”飘零中透些微黄；“美女妖且闲，采桑歧路间；柔条纷冉冉，落叶何翩翩”中“落叶”则饱含水分，繁密；“静夜无四邻，荒居旧业贫；雨中黄叶树，灯下白头人”中的“黄叶”微黄但不干燥，无飘零之意；“无边落木萧萧下”中的“落木”则代表着疏朗和空阔的意境。

“木叶”被钟爱的原因：古代诗人们之所以如此钟情于“木”，是因为其在表达情感和营造意境方面有独特的魅力。

（3）文章主旨。

作者通过说“木叶”，告诉人们诗歌语言是富于暗示性的，提倡推敲用字用词，养成创作和欣赏的好习惯，从而更好地把握诗歌的内涵和意境。

2. 第四步：鉴赏

学习活动四：赏析文章的艺术特色，分小组合作探究以下问题：

（1）作者既是一位深谙诗歌妙道的学者，又是一位畅游诗歌海洋的高手，文章大量援引古诗人关于“木叶”的诗句，这对于阐发道理起了怎样的作用？

（2）课文阐释的是诗的语言的“暗示性”问题，而标题却拟为“说‘木叶’”，若改为“谈谈诗歌语言的‘暗示性’”，你认为如何？

明确：

（1）引古诗句的作用：

①作为引子，引出议论话题。

②作为例证，使得分析说理有凭有据。

③调节文气，更增添了文章的文化内涵。

（2）对改变标题的看法：

不好。

①标题若改为《谈谈诗歌语言的“暗示性”》，整个文章的行文思路就要改变，它可能就要从理论的角度来论述，成为理论性很强的学术论文。

②原题目把深奥的文学理论附着并渗透于有关“木叶”的诗句中品读玩味，化抽象为形象，化深奥为简单，并逐层深入，既体现了作者的科学态度，也契合了读者的阅读心理。

（三）第三环：拓展探究

1. 第五步：生疑

学习活动五：知识迁移，思考古代诗歌中还有哪些意象和“木叶”一样具有丰富的意蕴、富于暗示性，并背诵相关的诗句。

明确：

具有丰富的意蕴、富于暗示性的意象还有“梅”“松”“菊”“柳”“大雁”“月亮”等，相关诗句如下：

梅：墙角数枝梅，凌寒独自开。（王安石《梅花》）

松：明月松间照，清泉石上流。（王维《山居秋暝》）

菊：采菊东篱下，悠然见南山。（陶渊明《饮酒》）

柳：昔我往矣，杨柳依依。今我来思，雨雪霏霏。（《诗经·采薇》）

雁：无可奈何花落去，似曾相识雁归来。（晏殊《浣溪沙》）

月：举头望明月，低头思故乡。（李白《静夜思》）

2. 第六步：表达

学习活动六：自主学习，思考这些常见意象的意蕴，分享自己的理解和感受。

示例：

（1）作为古诗中的常用意象，“月”更多地被诗人赋予思乡之意蕴。自从李白在唐朝的时空中吟出“举头望明月，低头思故乡”以来，天上那一轮在不同的空间可以同时沐浴到其光辉的月亮，便被寄寓了浓浓的思乡之情。杜甫的“月是故乡明”一句，则以强烈的情怀将“月”与故乡紧紧牵系。范仲淹的“明月楼高休独倚，酒入愁肠，化作相思泪”几句中，那思乡的愁泪也是在“明月”之下流出的，而明月本身也自然成了引发诗人思乡之愁的意象。

（2）古诗中的常用意象“梅”，以其凌寒独开、花洁香芳的特质，多被诗人赋予清高之意蕴。例如王安石在诗中赞梅道：“墙角数枝梅，凌寒独自开。遥知不是雪，为有暗香来。”诗中的梅便以其色洁花香的品性而具有了清高的象征意蕴。从有“梅妻鹤子”之称的林逋写梅的名句“疏影横斜水清浅，暗香浮动月黄昏”中，也可以由梅影映于清水之中，暗香在高高的月空下飘浮的诗句里，读出梅清高的特质。

三、课堂小结

本节课我们重点体会了诗歌语言富于暗示性的特点，“这暗示性仿佛是概念的影子，常常躲在概念的背后”，成为一种“潜在的力量”。我们不留心就不会觉察它的存在，敏感而有修养的诗人，正在于能认识语言形象中一切潜在的力量，把这些潜在的力量与概念中的意义交织起来，成为丰富多彩、一言难尽的言说。因此，我们在鉴赏诗歌的时候，就要鉴赏出概念后面的语言的暗示性，从概念领域进入到艺术形象领域，从而鉴赏出诗歌的丰富内涵。同时，我们还要思考同类文学现象，触类旁通，举一反三，了解中国古典诗歌意象的相对稳定性特点，提高对古典诗歌的理解力和领悟力。

四、牛刀小试

（1）体味下列诗句中各意象潜在暗含的意义，把它们各自表达的情感用线连起来。

梧桐更兼细雨，到黄昏，点点滴滴。	离别之情
羌笛何须怨杨柳，春风不度玉门关。	怨恨之情
墙角数枝梅，凌寒独自开。	思念之情
其间旦暮为何物，杜鹃啼血猿哀鸣。	忧愁情绪
夜闻归雁生相思，病入新年感物华。	脱俗之境
采菊东篱下，悠然见南山。	圣洁坚贞

明确：

梧桐更兼细雨，到黄昏，点点滴滴。	离别之情
羌笛何须怨杨柳，春风不度玉门关。	怨恨之情
墙角数枝梅，凌寒独自开。	思念之情
其间旦暮为何物，杜鹃啼血猿哀鸣。	忧愁情绪
夜闻归雁生相思，病入新年感物华。	脱俗之境
采菊东篱下，悠然见南山。	圣洁坚贞

（2）仔细阅读下面的诗句，然后填空。

A. 闺中少妇不知愁，春日凝妆上翠楼。忽见陌头杨柳色，悔教夫婿觅封侯。（唐·王昌龄《闺怨》）

B. 天下伤心处，劳劳送客亭。春风知别苦，不遣柳条青。（唐·李白《劳劳亭》）

C. 先生不知何许人也，亦不详其姓字，宅边有五柳树，因以为号焉。（晋·陶渊明《五柳先生传》）

D. 山下孤烟远村，天边独树高原。一瓢颜回陋巷，五柳先生对门。（唐·王维《田园乐》）

柳树在中华文化中可谓源远流长，丰富多彩，因此历代咏柳的诗文不计其数，文人更常借柳寄托情意：因柳是温柔谦逊的象征，所以古人常以之自勉自励，如（　　）；因受陶潜影响，柳也是后人向往的桃源所在，如（　　）；柳与“留”同音，因此折柳赠别也可以表达分别时的留恋难舍之情，如（　　）；后来更以见柳兴起对远方亲人的思念之情，如（　　）。“柳情”真是蕴涵丰富啊！

明确：C、D、B、A

五、板书设计

说“木叶”

林庚

木叶——————疏朗、空阔

相去无几——暗示性——一字千里

树叶——————绵密、饱满

教学反思

第一，“用教材教，而不是教教材”，说的就是教育的主体是学生，教学需要回归“人的本位”，教的内容不囿于教材，而是基于学生发展的需要，不仅授学生所需之鱼，还要授学生所需之渔，甚至授学生所需之渔场。

第二，运用“三环六步”的教学方法，由低到高，逐步完成预设的学习目标，不仅落实了“语言建构与运用”“思维发展与提升”“审美鉴赏与创造”“文化传承与理解”四个维度的语文核心素养，收到了很好的学习效果，而且注重学生的参与体验，激活了学生的思维想象，提升了学生的审美情趣，引导学生真正走向了深度学习。

第三，在实际的教学过程中，我发现学生对课文的理解达不到预想的要求，以至于在梳理课文时没有设计中的那么顺畅，如果学生能有更充分的时间阅读课文，效果会更好。另外对“教师引导，以学生探究为主”的教学方法，落实得还不够好，这是今后课堂教学要重点改进的地方。

《拿来主义》教学设计

河北容城中学　王静

教学分析

一、课标分析

《普通高中语文课程标准（2017 年版）》指出，阅读论述类文章，应把握作者的观点、态度和语言特点，理解作者阐述观点的方法和逻辑，还应培养学生的思辨能力，尝试提出需要深入探究的问题，能用文本中提供的事实、观点、程序、策略和方法解决学习和生活实际中遇到的具体问题。

所以《拿来主义》教学目标的重点之一就是文章的主要观点和基本倾向，理解“拿来主义”的含义与掌握“拿来主义”的方法。其次，从“理解作者阐述观点的方法和逻辑”的角度，教学目标就是要能清晰地分析文章的论证方法。同时，鲁迅的杂文有“广泛的社会批评与文明批评”，其间包蕴着关注社会生活的责任意识、远超时代的思想观念和对问题的发现与思考能力，所以有必要引导学生探究“拿来主义”的现实意义，并提出自己的见解，提高学生对社会生活的关注度，从而达到“立德树人”的教育目的。

二、教材分析

《拿来主义》是部编版普通高中教科书《语文·必修·下册》第六单元的一篇精读课文。这一单元的课文都是论说性文体。本单元的学习导言中提到：“要准确把握作者的观点和态度，关注作者思考问题的角度，学习他们有针对性地表达观点的方法；学会发现问题，从合适的角度以恰当的方式阐述自己的看法。”《拿来主义》是鲁迅先生杂文的代表作，属于既典范又有特点的议论文，并且思想深邃，发人深省。学习本课，应从议论文文体角度引导学生清晰地梳理出作者的论证思路和论证方法，深入挖掘“拿来主义”的思想内涵，鼓励学生多角度思考、质疑或阐发，从而使学生理解“拿来主义”在当今时代的现实意义。

鲁迅杂文因包含着对“社会现实”“思想文化”“政治文化”的批判，其时代性、思想性特征显著，客观上导致文本艰深难懂，所以我认为教材的处理上应适当弱化鲁迅味，降低文章的时代感，淡化过强的文章主题与政治内涵意识，以文本的字词句为基础，采用以置身文意、以意逆志为主、知人论世为辅的阅读方法，强化文章整体意识，从思路、思维、思想三个角度解析、探究。以语言能力为基本凭借，带动语文核心素养的各方面能力，让本文发挥出议论文在培养语文核心素养方面的常态功能。

三、学情分析

这是鲁迅先生 1934 年写的一篇著名杂文，主要针对的是当时对待外来文化的某些错误态度。授课对象是高中一年级的学生，他们对议论文的接触不多，不深入，对议论文的把握程度还停留在运用引用论证和举例论证这两种最简单、最基本的论证手法阐明一个道理的水平上，而其他的论证方法，如常见的比喻论证、类比论证等还未掌握，并且他们的逻辑思维能力还在形成当中，所以还要从议论文的论证结构、论证方法等基本知识入手，这样才便于学生掌握。另外，鲁迅的文章对于学生而言，理解上还是有一定的难度，所以可以设计情境让学生更加直观地去了解，同时也加深对文本内容的透析，调动学生学习本文的积极性。本文是一篇杂文，对于杂文的相关知识，需要给学生进行补充。另外鲁迅先生的文章在中小学课本中多次出现，所以对于鲁迅先生的相关知识没必要再展开。

四、“三环六步”应用分析

为了落实新课标的教学要求，全面提升学生的核心素养，本课我采取了“三环六步”的教学方式。第一环——初步感知：第一步是阅读，初读课文，了解作者及写作背景，了解相关文体知识，扫清文字障碍；第二步是体悟，把握文章大意，梳理文章结构。此环节是基础内容的学习，也是后边能够顺利深入研读课文的前提，除布置预习任务外，课堂上要做好检查和强调，主要由学生自主完成。第二环——深入研读：第三步是思考，深入文本，思考、分析问题，弄清“送去主义”和“拿来主义”的本质、内涵。这一步由教师提前预设思考问题，层层递进，深入挖掘文本，特别注重学生的“思维发展与提升”，学生或自主思考，或分小组合作探究；第四步是鉴赏，赏析本文的多种论证方法和幽默犀利的语言特色。论证方法采用小组合作探究的形式，语言特色先由教师引导去体验，再由学生自己动手找出并分析，整个鉴赏的过程主要就是培养学生“审美鉴赏与创造”的能力，当然思维也再一次提升。第三环——拓展探究：第五步是生疑，联系现实，激励学生创新；第六步是表达，学生自主思考后，表达观点，交流感受。此环节是学生“语言构建与运用”的环节，以文化的传承、创造为重点，强调的是创造性和应用性。

五、教学目标

（1）把握文意，理解“拿来主义”的含义及实施条件。

（2）梳理本文先破后立、破中有立的论证思路，学习比喻论证。

（3）学习本文语言准确、生动、幽默、讽刺的特点。

（4）深刻理解“拿来主义”的内涵，学以致用。

六、重点难点

（1）重点：理解“拿来主义”的含义，掌握“拿来主义”的方法，并学习比喻论证的论证方法。

（2）难点：学习本文先破后立、破中有立的论证思路；学习本文语言准确、生动、幽默、讽刺的特点。

七、教学方法

讨论法、点拨法、诵读法。

八、课时安排

2 课时。

教学过程

一、课堂导入

近年来，除了早已被大家熟知的情人节与圣诞节，感恩节、万圣节等西方节日也逐渐被更多的中国年轻人接受。对此种现象有两种不同的观点：反对者认为这是崇洋媚外，是对我国传统文化的轻视；支持者认为过洋节日时髦，开心就好，没啥不合适。那么，中国人要不要过这些洋节？能不能过这些洋节？其实，鲁迅先生早在20世纪30年代就已经给了我们答案。答案就在今天我们要学习的《拿来主义》这篇课文中。

二、“三环六步”学习指导

（一）第一环：初步感知

1. 第一步：阅读

学习活动一：自主预习，初读课文，了解作者及写作背景，了解相关文体知识，扫清文字障碍。

明确：

（1）读作者。

鲁迅，原名周树人（1881—1936），字豫才。浙江绍兴人，20世纪中国重要作家，新文化运动的领导人，左翼文化运动的支持者。我国著名的文学家、思想家、革命家。其代表作品主要有《呐喊》《彷徨》《故事新编》《狂人日记》《阿Q正传》《朝花夕拾》。

（2）读写作背景。

这篇文章写于1934年6月4日。当时，由于国民党反动政府对日本侵略者实行“不抵抗主义”，致使日本侵略者很快占领了东三省，并把侵略的魔爪伸向华北。国民党反动派投靠英美帝国主义，出卖国家领土主权，文化界也有一些反动文人，叫嚷“发扬国光”，掀起一股复古主义的逆流。在革命阵营内部，由于帝国主义长期的军事侵略、经济侵略和文化侵略，一些人特别是青年人对外来的东西产生了恐惧，甚至有一种盲目排外的情绪。在对待古代文化和外国文化问题上，存在着两种错误态度：一种是全盘肯定，全盘吸收；一种是全盘否定，盲目排斥。这两种态度，都不利于我国革命文化的发展。

鲁迅针对敌人破坏新文化发展的种种罪行，针对革命阵营内部某些人对待古代文化和外国文化的错误态度，写了两篇文章：一篇是《论“旧形式的采用”》，阐明正确对待古代民族文化遗产的态度；一篇就是《拿来主义》，着重阐明对待外国文化遗产的态度。这两篇文章可以说是“姊妹篇”。

（3）读文体知识。

杂文是文艺性的政论文。它兼有政论、文艺两种因素，但以议论为主。杂文不像一般议论文那样抽象地说理，或者简单地举例论证，而是运用形象化的方法，通过对具体事例的剖析，以比喻、征引、联想、引申、夹叙夹议等手法来阐发深刻的道理。

杂文的题材广泛，内容丰富，篇幅短小，形式灵活。杂感、随笔、短评、札记、书信、日记、编后、序跋、演讲等，都可以成为一篇好的杂文。

杂文有以下三个特点：

①篇幅短小，取材广泛。杂文通常在三五百字到一千字左右，它笔墨不多，言简意赅，取材广泛多样，点滴的感受，片断的思想，鳞爪的观察，小到微尘，大至宇宙，天南海北，古今中外，新闻时事，奇谈趣闻，皆可入文。作者评人、议事、说理、录言、记闻均可。

②敏锐迅速，泼辣犀利。杂文反映生活敏锐迅速，战斗性强，正如鲁迅所说，杂文“是感应的神经，是攻守的手足”（《且介亭杂文·序言》），“是匕首，是投枪，能和读者一同杀出一条自下而上的血路来的东西”（《小品文的危机》）。

③冷嘲热讽，幽默风趣。杂文常通过轻松风趣的语言，采用影射、讽喻、双关、夸张、反语等修辞手法，在善意的微笑或无情的嘲讽中，揭露生活中的假、恶、丑。

（4）读课文。

逐字读课文，读准字音，积累字词，扫清文字障碍。

残羹（gēng）　冷炙（zhì）　冠冕（miǎn）　自诩（xǔ）　脑髓（suǐ）

蹩（bié）进　孱（càn）头　譬（pì）如　玄（xuán）虚

残羹冷炙：吃剩的饭菜，借指权贵的施舍。有时亦比喻饮食节俭，生活清苦。

勃然大怒：突然变脸大发脾气，形容人大怒的样子。

礼尚往来：在礼节上讲究有来有往。现也指以同样的态度或做法对待对方。

冠冕堂皇：文中意思是很体面、有气派。

2. 第二步：体悟

学习活动二：梳理文章结构，把握文章大意，完成以下问题：

（1）熟读课文，学生自主概括每段段意，探究段落之间的关系，划分文章层次，整体感知课文内容。

（2）在通读课文的基础上用原文回答：什么是“拿来主义”？“拿来主义”就是主张“拿来”，对吗？

（3）学生依据结构层次的划分合作交流，小结本课的论证思路。

明确：

（1）文章层次及主要内容。

课文可分为三部分：

①第一部分（第1—4段）：揭露批判“送去主义”的实质及其严重后果。

1、2段着重揭露“送去主义”在学艺（文艺）上的表现及其鼓吹者的媚外行径，主张必须针锋相对，实行“拿来主义”。

3、4段尖锐地指出“送去主义”自欺欺人的实质，它必然导致亡国灭种的惨重后果。

②第二部分（第5—9段）：阐明“拿来主义”的内涵，批判在对待文化遗产问题上的错误倾向。

第5段，承上启下，提出“拿来主义”。

第6段，揭示“送去主义”的危害性，阐明实行“拿来主义”的必要性。

第7段，揭示“拿来主义”的含义是：“运用脑髓，放出眼光，自己来拿！”

第8段，批判对待文化遗产的三种错误态度。

第9段，阐明实行“拿来主义”应怎样区别对待文化遗产中的精华和糟粕。

③第三部分（第10段）：总结全文，指出实行“拿来主义”的人应具有的胆识和品质，以及“拿来主义”对创造民族新文化的重要意义。

（2）“拿来主义”的含义及理解。

在文章的第5段中，鲁迅有明确的表述：“送去”之外，还得“拿来”，是为“拿来主义”。

鲁迅先生的“拿来主义”不只是主张“拿来”，同时也主张“送去”，既送出去与人交流，又拿进来学习创造，才是真正的“拿来主义”。

（3）本文的论证思路。

这种先批判错误的思想，然后树立自己观点的论证思路叫先破后立。

作者要论说的是“拿来主义”，但它是针对历史和现实存在的问题提出来的，近代的“闭关主义”必然导致“现在”的“送去主义”；“送去主义”是一种有往无来的卖国行径，必然导致国势日弱，被动挨打，从长远看，将造成亡国灭种。因此，采取与“送去主义”

针锋相对的“拿来主义”就刻不容缓。“送去主义”和“拿来主义”是一个问题的两个方面，“破”正是为了“立”，“破”得彻底，“立”得才牢靠。

（二）第二环：深入研读

1. 第三步：思考

学习活动三：深入研读文本，小组合作探究以下问题，弄清“送去主义”和“拿来主义”的实质、内涵。

（1）研读第一部分，弄清“送去主义”的实质与危害：①第 1 段“别的且不说罢”一句有什么作用？作者列举了哪些事例来揭露国民党政府“送去主义”的媚外丑态？②一味奉行“送去主义”会产生什么严重后果及危害？③“抛来”和“抛给”有何区别？

（2）重点研读第二部分，理解“拿来主义”的主张，领会运用形象的比喻阐明抽象深刻道理的写作方法：第 5 段中哪些词语含有讽刺意味？第 6 段的“送来”与“拿来”有何区别？第 7 段的“运用脑髓，放出眼光，自己来拿”怎么理解？第 8 段批判了对待文化遗产的哪几种错误态度？第 9 段阐述了“拿来主义”者应采取怎样的态度和方法？完成下表。

分类	具体所指	对待态度	文中依据
鱼翅			
鸦片			
烟枪、烟灯			
姨太太			

（3）朗读文章最后部分，简要概括出每句话的主要内容。

（4）总结全文，归纳中心，加深理解。

明确：

（1）“送去主义”的实质与危害。

①这一句把所要揭露、论述的范围加以严格的限制，只讲文化上的事。本文写于 1934 年 6 月 4 日，那时日本帝国主义的魔爪已经伸到了东北、华北，国民党政府推行卖国主义政策，变本加厉地出卖国家的领土、资源和主权，确实“成了什么都是‘送去主义’了”。因此，用“别的且不说罢”的句子，不仅使论述的范围明确，而且增强了揭露的深刻性。

作者举了三个“送”的事例：“先送一批古董到巴黎去展览，但终‘不知后事如何’”，即有去无回，这是媚外的可耻行径。“还有几位‘大师’们捧几张古画和新画，在欧洲各国一路的挂过去，叫作‘发扬国光’”，“捧”何其郑重、恭敬，媚态可掬；“一路的挂”，何其卖力，何其寒碜可笑；“发扬国光”，反语，讽刺不以为耻、反以为荣的行为。“还要送梅兰芳博士到苏联去，以催进‘象征主义’……也可以算得显出一点进步了”，用这种方式来“显出一点进步”，多么可怜，暗示“学艺”上的东西已经相当贫乏。作者讽刺批判的锋芒不是对着几位艺术家，而是指向卖国媚外的反动当局及其御用文人，字里行间充满着憎恶和鄙视。

②作者以尼采自诩为太阳，“光热无穷，只是给与，不想取得”作类比，可“尼采究竟不是太阳，他发了疯”；中国不只是“丰富”，还要“大度”，“只是送出去”，同样是愚蠢可笑的。说“掘起地下的煤来，就足够全世界几百年之用”，但是，几百年之后呢？我们的子孙，“当佳节大典之际，他们拿不出东西来，只好磕头贺喜，讨一点残羹冷炙做奖赏”。“磕头”“讨”和“残羹冷炙”“奖赏”等词语，形象、深刻地写出了“送”的结果是我们的子孙后代无法立足于世界民族之林。

③“抛来”指把无用的东西抛弃掉，或者无代价地送人或施舍，一般不会怀有什么不良的动机或目的。“抛给”指有目的、带恶意的输出。

总结：

作者把对待文化遗产的问题放在历史和现实的背景中加以考察，文章一开始便从“闭关主义”说起，进而揭露国民党政府在“学艺”上实行“送去主义”的种种媚外求荣、欺世惑众的事实，揭示“送去主义”必然使中国人民更加陷入被侵略、受奴役的悲惨境地。因此，“送去”之外，还得“拿来”。

（2）“拿来主义”的理解与比喻论证的分析。

第 5 段：“摩登”是针对上文“自从给枪炮打破了大门之后……成了什么都是‘送去主义’了”而言的，把卖国媚外的行径说成“时髦”，一味地“送去”说成“赶时髦”，其讽刺意味是很浓烈的。“吝啬”是针对上文“丰富”“大度”而言的，两者鲜明对照，对“送去主义”者进行讽刺鞭挞。

第 6 段：“送来”是帝国主义对我国进行的经济、军事、文化的侵略和掠夺，是“抛给”的同义语；“拿来”是根据需要自己拿，二者本质不同，内容迥异。

第 7 段：“运用脑髓”指用脑筋独立思考，有主见；“放出眼光”指要看得清，有辨别力；“自己来拿”指要有选择，自己拿。

第 8 段：“大宅子”比喻文化遗产。

怕："徘徊不敢走进门"，是"孱头"，本质是逃避主义者。

怒："勃然大怒，放一把火烧光"，是"昏蛋"，本质是虚无主义者。

羡慕：欣欣然接受一切，是"废物"，本质是投降主义者。

以上三种人对待文化遗产的态度都是错误的。

第9段：对待文化遗产的正确态度，首先是"占有"，然后是"挑选"。"占有"是前提，不"占有"就无从"挑选"；"挑选"是关键，不"挑选"，"占有"就毫无意义。具体如下表：

分类	具体所指	对待态度	文中依据
鱼翅	精华	吸收（使用）	只要有养料，也和朋友们像萝卜白菜一样的吃掉
鸦片	精华与糟粕互现	批判地吸收 （使用　毁灭）	只送到药房里去，以供治病之用，却不弄"出售存膏，售完即止"的玄虚
烟枪、烟灯	旧形式	适当保存 （存放　毁灭）	除了送一点进博物馆之外，其余的是大可以毁掉的了
姨太太	糟粕	坚决抛弃 （毁灭）	大以请她们各自走散为是

小结：文中运用"大宅子""鱼翅""鸦片""烟枪和烟灯"等当时人们所熟悉的事物作比方，使如何对待文化遗产这个抽象问题具体化，深奥道理浅显化，将怎样"挑选"说得具体形象又清楚透彻。尤其是对"孱头""昏蛋""废物""姨太太"等形象的勾勒，寓意丰富，耐人寻味。

（3）最后一段每句话的主要内容。

第1句话：对待文化遗产的态度是"我们要拿来"。

第2句话："拿来主义"的具体做法是"或使用，或存放，或毁灭"。

第3句话："拿来主义"的结果（意义）是建设民族新文化。

第4句话："拿来主义"者应具备的条件是"沉着，勇猛，有辨识，不自私"。

第5句话：从反面指出"拿来主义"的意义是创新。

（4）全文中心思想。

本文批判了国民党反动派的卖国主义政策和一些人对待文化遗产的错误态度，阐明了批判继承文化遗产的基本原理和方法，指出了正确地继承和借鉴乃是建设民族新文化必不可少的条件。

鲁迅对待文化遗产的见解，跟毛泽东同志"古为今用""洋为中用""排泄其糟粕，吸收其精华”的意见是一致的。时至今日，这篇文章仍然放射着思想光辉，值得我们认真学习和借鉴。

2. 第四步：鉴赏

学习活动四：小组合作，探究以下问题，赏析本文的论证方法和语言特色。

（1）本文最核心的问题是阐明对待文化遗产批判继承的正确态度，包含着深刻的马克思主义原理，但并没有枯燥地讲述理论，全文写得轻松活泼，很有趣味。作者究竟用什么方法取得了这样的效果呢？结合文本具体说明。

（2）本文的语言特点是犀利幽默，教师带领学生结合以下文中具体的句子，细心品味作者是怎样达到犀利幽默效果的。

①自从给枪炮打破了大门之后，又碰了一串钉子，到现在，成了什么都是“送去主义”了。

②我想，首先是不管三七二十一，“拿来”！

③近来就先送一批古董到巴黎去展览，但终“不知后事如何”。

④还有几位“大师”们捧着几张古画和新画，在欧洲各国一路的挂过去，叫作“发扬国光”。

⑤活人替代了古董，我敢说，也可以算得显出一点进步了。

⑥只有烟枪和烟灯，虽然形式和印度，波斯，阿剌伯的烟具都不同，确可以算是一种国粹。

明确：

（1）论证方法。

①举例论证（第1段）：用典型事例证明观点。

②类比论证（第3段）：用同类事物相比较。

③对比论证（第8、9段）：用性质相反事物作比较。

④比喻论证（第8、9段）：用有相似点的事物打比方。

比喻论证就是用比喻来说明道理。这种方法是用人们容易理解的、比较浅显的事物或道理来证明不容易理解的、深奥的事物或道理。运用这种方法能把道理讲得通俗形象，增强作品的艺术性和感染力。

（2）语言特色赏析。

①使用老百姓口语中常用的比喻，既形象又生动，把“闭关主义”必然演化为“送去主义”的深刻道理一语道破，暗含对“闭关主义”者的揶揄。

②使用民间俗语，“拿来”态度之鲜明跃然纸上。

③引用人们喜闻乐见的话本或旧小说中的套话，后文的“出售存膏，售完即止”更是化用商店广告，都含有强烈的讽刺性。

④⑤⑥都是反语。反语的讽刺性是尽人皆知的。

总结：犀利的语言、讽刺幽默的风格，固然是高超的语言艺术，但更重要的是来自对事物的敏锐深刻的观察和思考，来自对敌人和旧事物的憎恶痛恨。语言是思想的外壳，没有深刻的思想、强烈的感情，就不会有高超的语言艺术。我们应当透过鲁迅先生的语言风格更深刻地理解鲁迅先生的伟大人格。

（三）第三环：拓展探究

1. 第五步：生疑

学习活动五：我们生活的这个社会可谓丰富多彩，思想也是五花八门，面对外界的诱惑，我们该如何选择呢？“拿来主义”是否已给了我们一些启发？小组合作讨论，然后代表发言。

明确：

（1）在交友的过程中，对于朋友提出的建议，我们就可以实行“拿来主义”，“择其善者而从之，其不善者而改之”。

（2）对网络、小说、游戏等，我们也都可以实行“拿来主义”，批判地借鉴吸收。

2. 第六步：表达

学习活动六：学生讨论交流后，写一段话，谈谈自己的体会与认识，不少于200字。

明确：

对于网络，我们可以实行“拿来主义”。首先，我们就是要“拿来”使用；其次，我们要进行“挑选”，对我们有利的我们就积极大胆地去用，不利的就要抛弃或远离。例如：网络可以丰富我们的日常生活，它让我们生活中的信息传递和交流变得方便迅捷，世界成了一个“鸡犬之声相闻”的地球村，人们即使相隔万里，也如近在咫尺；网络还像是一座移动图书馆，它给我们提供了海量信息，成为我们重要的学习工具，我们可以借助互联网查阅资料，从而提高我们的学习效率。这就是“鱼翅”，我们就要毫不犹豫地把它“吃掉”。

但一些网络游戏却特别容易使人沉迷。一旦沉迷其中，不仅会影响我们正常的学习、工作和生活，还会对我们的身心健康造成严重影响。这就是“鸦片”，甚至是“烟灯”“烟枪”，我们必须谨慎对待，远离为上。

三、课堂小结

通过这节课的学习，我相信大家都明确了对待文化的正确态度，那就是运用“拿来主义”。

季羡林告诉我们：没有文化交流，人类社会就无法进步。顾城告诉我们：黑夜给了我黑色的眼睛，而我们要用它寻找光明。希望同学们在以后的学习生活中，都能自觉地灵活地运用“拿来主义”!

四、板书设计

- 拿来主义
  - 破
    - 闭关主义（排外）
    - 送去主义（媚外）
  - 立—拿来主义
    - 破（反对三种态度）
      - 孱头　消极逃避
      - 昏蛋　完全否定
      - 废物　全盘接受
    - 立—拿来主义
      - 占有
      - 挑选（提出三种方式）
        - 鱼翅　使用
        - 鸦片　存放
        - 姨太太　毁灭

教学反思

第一，这是一篇杂文，论证思路上采用了先破后立的方法，所以我在阅读课文和讲课思路上花费了一定的时间。为了让学生更好地走进文章，我先介绍这篇课文的写作背景，让学生明确这篇课文谈的是对待外国文化和中国文化遗产的态度。在讲解的时候关注学生的理解，注重文章严密的逻辑性，依靠学生小组的探究和交流，让学生产生兴趣，发现问题，提出疑问，思考作者行文的特点，学习本文可供借鉴的写法。因为这样的思路较为清晰，所以课上学生反映还是很好的。

第二，发挥学生主体性是至关重要的。在教学中，我主要起引导的作用，把问题抛给学生，让学生质疑探究讨论，锻炼了学生的合作能力和解决问题的能力。一开始，我就通过问题呈现，让学生自由朗读，感悟思考，尽快进入文本，了解文本。对于比喻论证的方法和联系实际等问题则采用小组合作形式，尽可能地让他们参与其中，发挥其主观能动性。

第三，课堂的最后一个环节，我让学生联系实际，讨论“拿来主义”的现实意义，学生讨论很热烈，举了许多生动的例子，如外国节日的泛滥、大街上充斥着太多外国尤其是美国的产品，如可口可乐、肯德基、麦当劳等，活跃了课堂氛围，更加深了学生对“拿来主义”的理解，收到了预期的效果。

第四，不足之处是教学节奏过快，在抛出问题后，没有给学生充分思考的时间和空间，只要有学生反应，就急忙地往下讲，课堂引导不充分，导致学生对知识把握不够精细，课堂生成有些囫囵吞枣。所以即使在学生预习的情况下，教师提出问题后也应该先让学生做充分地思考，要有意识地锻炼学生的思维能力和表达能力。

《喜看稻菽千重浪》教学设计

河北满城中学　李季

教学分析

一、课标分析

《普通高中语文课程标准（2017 年版）》中提出：实用性阅读与交流任务群的教学要“引导学生学习当代社会生活中的实用性语文，包括实用性文本的独立阅读与理解，日常社会生活需要的口头与书面的表达交流。”因此，老师要引导学生在阅读与鉴赏活动中不断地充实精神生活，完善自我人格，提升精神境界，正确认识个人与自然的关系、个人与社会的关系、个人与国家的关系。引导学生学习当代社会生活中的实用性语文，丰富学生的生活经历和情感体验，提高阅读与表达的水平。

二、教材分析

《喜看稻菽千重浪——记首届国家最高科技奖获得者袁隆平》选自部编版普通高中教科书《语文・必修・上册》第二单元，这个单元的人文主题是“劳动光荣”，属于“实用性阅读与交流”任务群，所选篇目为人物通讯和新闻评论。本课是一篇人物通讯，也是一篇精讲课文，学习提示中明确了“阅读时注意了解通讯报道的一般特点，关注作者如何通过不同的渠道采集材料，又是怎样多角度、分层次进行报道的”。教学时要引导学生深入挖掘典型事件里所表现的人物精神，并且概括出作者的立场和态度，培养学生热爱劳动、尊重劳动者的品质。

三、学情分析

高一学生已经具备了一定的自学能力，能够阅读篇幅较长的人物通讯，能够独立梳理和概括课文内容，也能够就人物的精神品质和作者的立场发表自己的看法，教师可以充分发挥学生的主体优势，采用点拨式教学法进行教学。同时，学生对通讯人物了解不多，与人物的距离感较大，不能深入理解其精神，认识肤浅，缺乏感动，自我激励的效果不明显。因此需要进一步引导，挖掘通讯人物的现实意义，激励学生向时代楷模学习，落实语文教学“立德树人”的目标，培养学生高尚的人格。

四、“三环六步”应用分析

为了更好地落实新课标的教学要求，提升学生的核心素养，培养阅读人物通讯的能力，我采用了“三环六步”学习方式组织学习。第一环是初步感知，第一步是阅读，初读文本，自主预习，借助导学案了解人物通讯的基本知识；第二步是体悟，说一说对袁隆平的整体印象，这一步由学生自主完成。然后分组讨论，梳理概括典型事迹。第二环是深入研读，第三步是思考，概括袁隆平的精神品质、作者的观点态度，写出自己对袁隆平的评价，填充表格，这一步由学生分小组讨论完成，主要培养学生合作探究的能力，促进思维提升；第四步是鉴赏，再次浏览全文，概括本文在结构上有什么特点。第三环是拓展探究，第五步是生疑，分组讨论，总结怎样才能写好一篇人物通讯；第六步是表达，学生自主思考，自由表达，结合课文联系实际，写一段话谈谈认识。

“三环六步”环环相扣，语文核心素养的培养贯穿于整个学习过程中，整节课以教师为主导，学生为主体，全面认识袁隆平，深入体会“劳动最光荣、劳动最崇高、劳动最伟大、劳动最美丽”的内涵，积累写作素材。

五、教学目标

（1）了解人物通讯的基本知识。

（2）梳理典型事迹，概括袁隆平的精神品质、作者的观点态度。

（3）分析文章结构特点、叙事特点、细节描写。

（4）会写人物通讯。

六、重点难点

（1）重点：了解人物通讯的基本知识；梳理典型事迹，概括袁隆平的精神品质、作者的观点态度。

（2）难点：分析文章结构特点、叙事特点、细节描写；会写人物通讯。

七、教学方法

小组合作法、点拨法。

八、课时安排

1 课时。

教学过程

一、课堂导入

2004 年“感动中国”的颁奖词这样评价袁隆平：

他是一位真正的耕耘者。当他还是一个乡村教师的时候，已经具有颠覆世界权威的胆识；当他名满天下的时候，却仍然只是专注于田畴，淡泊名利，一介农夫，播撒智慧，收获富足。他毕生的梦想，就是让所有的人远离饥饿。喜看稻菽千重浪，最是风流袁隆平！

今天，就让我们走近这位“杂交水稻之父”和“共和国勋章”的获得者，被称为“当代神农”的农业科学家——袁隆平。

二、“三环六步”学习指导

（一）第一环：初步感知

1. 第一步：阅读

学习活动一：自主预习，借助导学案了解人物通讯的基本知识。

明确：

（1）概念：人物通讯是以写人物的思想和事迹为主的通讯。有系统报道某个人物先进事迹的长篇通讯，也有表现人物片断事迹的人物素描、人物特写、通讯小故事。

（2）充当主角的人物类型：①各行各业的英雄模范人物；②人们普遍关心的社会名流；③在平凡的生活和工作中体现了某种人生价值或为人民做出贡献的普通人；④某些对社会有警示作用的反面人物。

（3）人物通讯的基本结构类型：

①传记式：较完整地写出人物一生的主要事迹，篇幅较长，内容丰富。

②特写式：侧重于写人物的一时一事，或某一侧面，很常见。

③群像式：报道对象不止一个，而是一个集体中的若干人，或是同一时空范围内的几个同类人。

2. 第二步：体悟

学习活动二：进一步阅读文本，说一说袁隆平给你留下的最深刻的印象是什么。

明确：

认真负责、实事求是，朴素、自信，有远见、有梦想，等等。

学习活动三：分组讨论，梳理概括袁隆平的典型事迹。

明确：

(1) 1960 年发现“天然杂交稻”杂种第一代，但 1961 年试种失败。

(2) 1964 年发现水稻天然雄性不育株，两年后发表论文，开创了世界水稻研究的新纪元。

(3) 1992 年用事实反驳针对杂交稻是“三不稻”的贬斥文章。

(4) 1997 年提出选育“超级杂交水稻”的设想。

(二) 第二环：深入研读

1. 第三步：思考

学习活动四：分组讨论，概括袁隆平的精神品质、作者的观点态度，写出自己的评价，完成表格。

精神品质	作者的观点态度	读者的评价

明确：

精神品质	作者的观点态度	读者的评价
严谨认真、注重实践、以科学的态度面对失败	赞扬实践精神	实践者
尊重权威但不迷信权威	赞扬创新精神	创造者
尊重科学、实事求是、平和大度	赞扬实事求是、捍卫真理的态度	捍卫者
勇于担当、不断进取	赞扬心怀天下、无私奉献的精神	追梦者

2. 第四步：鉴赏

学习活动五：再次浏览全文，概括本文在结构上的特点。

明确：

（1）标题采用正副标题的形式。正题引用了毛泽东《七律·回韶山》中的诗句，表达了作者对袁隆平杰出贡献的赞美；副题点明所报道的人物及所获奖项。

（2）主体内容使用小标题结构。能够使条理清晰，结构统一，重点突出，吸引阅读的兴趣。

学习活动六：分组讨论，概括本文在叙事上的特点。

明确：

人物通讯既要有新闻性，又要有文学性。本文在记叙事实、列举数据的基础上运用细节描写，同时融入议论、抒情两种表达方式，使文章既真实又生动。

（1）细节描写生动

示例1：眯起双眼——→出神打量——→跨过水渠——→走进稻田——→蹲下身子——→翻看土壤。连续使用动词，突出了袁隆平一丝不苟的工作态度。

示例2：目光停留——→屏气静神——→伸出双手——→抚摸——→激动得几乎要喊出声——→用布条标记。突出研究工作的艰辛。

（2）数据准确

示例1：（袁隆平关于“三不稻”的回答）杂交稻比一般水稻每亩增产100千克左右。1976—1991年全国累计种植杂交稻19亿多亩，增产粮食近2000亿千克。由此可见，杂交水稻的推广，对解决我国11亿人口的温饱问题发挥了极其重要的作用。目前，全国种植面积最大、产量最高的一个水稻良种“汕优63”是杂交稻。近几年的种植面积都超过1亿亩，平均亩产稳定在500千克左右，不仅产量高而且品质好，被评为全国优质籼稻米。

示例2：1997年，袁隆平提出了超级杂交稻选育的指标、株型模式和技术路线，选育出一批具有超高产潜力、米质优良的亚种间苗头组合，小面积最高产量达每亩1139千克（每公顷日产107.4千克），达到了日产量100千克/公顷的超级稻产量指标。如果按年推广2亿亩计，年增粮食可养活7000多万人口。

（三）第三环：拓展探究

1. 第五步：生疑

学习活动七：怎样才能写好一篇人物通讯？学生分组讨论，梳理总结，小组代表发言。

明确：

（1）选材典型、精当，使文章更真实。

（2）数据准确，增强文章真实性。

（3）小标题式结构，清晰整齐。

（4）细节描写，生动形象，使人物形神兼备。

（5）引用诗词，丰富文章内涵，有利于表达作者的赞美之情。

2. 第六步：表达

学习活动八：袁隆平执着追求，恪尽职守，淡泊名利，为我们树立了良好的榜样，而当下有些人却贪图享受，缺乏责任感，没有追求。作为新时代的高中生，你有怎样的价值追求？打算如何实现自己的人生价值？请结合文本联系实际，写一段话谈谈你的认识，不少于300字。

示例：

2010年4月28日，“2010中国心灵富豪榜”在北京大学百年讲堂隆重发布，唯一的“首富榜”被中国著名科学家袁隆平摘得。主办方给他的评价是：他用一粒种子，改变了世界；他创造的物质财富，只有两个字可以形容——无价。

袁隆平淡泊名利，始终以一个农民的姿态为人类做着贡献，他的心灵高尚无私，他的生命散发着泥土般质朴的芬芳。作为学生，我们要学习他严谨认真、注重实践、百折不挠的精神，更要学习他勇于担当、不断进取、心怀天下的品质，不能贪图享受、坐享其成。

夜行的航船因为有灯塔指引，才不会迷失方向，而我们有时代楷模引领，也一定能够找准方向，实现生命的价值。是小草就染绿一方天地，是大树就撒下一片阴凉，我们要勤奋耕耘，乐于奉献。我们坚信，只有用汗水浇灌的花朵才会分外艳丽，只有用自己的双手创造的生活才更甜蜜，让我们沿着榜样的足迹，奋发向上，脚踏实地开创属于自己的未来！

三、课堂小结

本文是一则人物通讯，通过真实而典型的事迹报道了袁隆平在杂交水稻研究方面遇到的困难和取得的卓越成就，让我们更加全面地了解了这位伟大的农业科学家。学习了这篇课文，同学们更深刻地体会到劳动的意义、劳动者的伟大。希望同学们都能向袁隆平学习，做对国家有用的人！

四、牛刀小试

请在班级里任选一位三好学生，就他（她）的先进事迹写一篇人物通讯。

要求：有细节描写，不少于500字。

五、板书设计

喜看稻菽千重浪

——记首届国家最高科技奖获得者袁隆平

沈英甲

一、人物通讯
- 概念
- 人物类型
- 结构类型

二、袁隆平：农业科学家“杂交水稻之父”

杰出的劳动者
- 实践者
- 创造者
- 捍卫者
- 追梦者

三、写作特色
- 选材典型
- 数据准确
- 小标题式结构清晰
- 细节描写生动
- 引用诗词丰富内涵

教学反思

第一，强化文体意识。篇幅较长的文本对学生来讲最大的困难是梳理内容。如果有文体意识，按照不同文体的写作规律来梳理就能够更加快速，更加准确，教学中老师要加强指导，明确要求。这节课学习的是人物通讯，在初步感知环节，我特意将相关的文体知识渗透给学生并指导阅读，效果比较明显，以后可以针对不同文体加强这方面的指导。

第二，提倡小组合作。因为预习环节通常在课前完成，学生在独立阅读的基础上，可以自由讨论，特别是字词梳理环节，小组合作可以节省时间，课上可以略过。疑难问题也能够在课前梳理出来，这样学生听课更有重点，为提高课堂效率做好准备。这节课的小组合作比较成功，调动了学生的积极性，加深了对相关问题的认识，关于如何实现自身价值的问题，学生讨论得更加热烈，教学更加富有成效。同学们统一了思想，明确了目标，真正达到了文本教学与德育教育相结合的目的。

《边城》教学设计

河北定兴第三中学　赵振威

教学分析

一、课标分析

本篇选自部编版普通高中教科书语文选择性必修下册第二单元第5课第2篇，属于“中国现当代作家作品研习”学习任务群范畴。《普通高中语文课程标准（2017年版）》要求学生通过对该任务群代表性作家作品的研习，应“大体了解现当代作家作品概貌，培养阅读现当代文学作品的兴趣，以正确的价值观鉴赏文学作品，进一步提高文学阅读和写作能力，把握中国现当代文学作品思想性、艺术性、观赏性有机统一的价值取向”。据此，对于本篇的学习，宜在略读基础上精读作品，把握其精神内涵与艺术价值；撰写读书笔记，写出内容提要和阅读感受。

二、教材分析

部编版普通高中教科书《语文·选择性必修·下册》第二单元课文有小说、诗歌、散文、话剧多种体裁，体现了现当代文学创作的多方面成就。研习此单元，可以对现当代创作的概貌有大致的了解，还可以加深对百年来中国社会变革和发展的认识，特别是对人的心灵变化的认识。按照教材要求，研习本单元，要结合特定的社会历史背景，理解作品的思想文化内涵，探索其中蕴含的民族心理和时代精神，了解百年来人们社会生活和情感世界变动的轨迹。要根据其艺术表现方式，多角度、多层面探究作品的意蕴；注重对作品的个性化解读，获得鲜活的审美体验。本篇为略读课文，而篇幅较长，需长文短教。拟以小组合作探究为途径，以探寻研究为主轴，以咬文嚼字为根本，以问题导学为主线，以课文为例，提高思维和表达两方面的能力。

三、学情分析

《边城》首次出版于1934年。该小说以20世纪30年代川湘交界的边城小镇茶峒为背景，以兼具抒情诗和小品文的优美笔触，描绘了湘西地区特有的风土人情；借船家少女翠翠的纯爱故事，展现出了人性的善良美好。美好的爱情故事，易打动学生，而由于社会生活、思维方式、文化特点等已发生沧桑巨变，学生对作品所表现的社会环境、人物形象可能会感觉疏远，对情节发生发展的原因和方向、作品主题的把握易产生困惑。所以教学中要帮助学生从核心情节切入，分析环境、人物的特点，进而深入把握小说情节发展的根本原因及作品的主题。

四、“三环六步”应用分析

按“三环六步”学习方式设计，将此课分为“初步感知”“深入研读”“拓展探究”三个环节、“阅读”“体悟”“思考”“鉴赏”“生疑”“表达”六个步骤。应引导学生通过“阅读”“体悟”进入文本，扫清文字障碍，梳理情节结构；通过“思考”“鉴赏”深入文本，分析小说的人物、环境，把握主题，鉴赏写作手法及特色；通过“生疑”“表达”跳出文本，分析情节发展的原动力，进行文化思考。此课以“初步感知”为基础，以“深入研读”为关键，以“拓展探究”为适度的延展与创造。

五、教学目标

（1）泛读与精读相结合，培养学生整合阅读信息的能力。

（2）梳理情节，认识边城中美好的人物形象，把握边城环境特点，进而把握作品主题，理解情节发展的原动力。

（3）领会《边城》的诗意美，领略作品散文化的叙事笔调。

（4）陶冶情操，探寻《边城》的内在意蕴和现代价值，感悟沈从文的悲悯情怀。

六、重点难点

（1）重点：感受边城的风景、风俗之美；认识翠翠等边城人的人性、人情之美。

（2）难点：分析翠翠的形象及悲剧性命运；理解沈从文的悲悯情怀。

七、教学方法

小组合作法、问题探究法。

八、课时安排

2 课时。

教学过程

一、课前预习

（1）积累常见、常用、读写常错的字词。

（2）勾画出小说的环境描写的语句。

（3）找出小说主要人物的言行，品味小说中的淳朴的人性。

（4）勾画出小说中的民俗描写，体会这些民俗的特点以及内涵。

（5）用自己的话复述情节。

二、课堂导入

在那遥远的地方，有位好姑娘。她的渡船能度过岁月，却不能渡过自己小小的心愿；热闹的端午，能够种下一颗豆绿的种子，却没有长出火红的希望。

今天，我们走进边城（投影出示一组湘西风景、民俗的图片），走进这个让人喜爱又让人遗憾的文学世界，也走进沈从文的内心世界。

三、“三环六步”学习指导

（一）第一环：初步感知

1. 第一步：阅读

学习活动一：通解文字，给下列加着重号的字注音，并解释词语的意思。

（1）安辑保守　（2）泅水　（3）踹水　（4）喧阗

（5）俨然　（6）怏怏　（7）糍粑

明确：

(1) 安辑（jí）保守：辑，和，和睦；安定和睦，保卫守护。

(2) 泅（qiú）水：游泳。

(3) 踹（chuài）水：踩，蹬。

(4) 喧阗（tián）：声音大而杂，喧闹。

(5) 俨（yǎn）然：形容很像。

(6) 怏怏（yàng yàng）：形容不满意或不高兴的神情。

(7) 糍粑（cí bā）：把糯米捣碎后蒸熟做成的食品。

2. 第二步：体悟

学习活动二：小说的三要素是情节、环境、人物。我们先从情节入手学习小说，小组合作讨论，本文的线索是什么？核心事件是什么？并完成下面的表格。

章节	时间（摘引原文）	情节（用四字短语概括）
三		
四		
五		
六		

明确：

本文的线索是端午节，核心事件是翠翠与傩送的爱情故事。围绕这个凄美的爱情故事，作品节选部分先写端午节的鼓声引起翠翠对两年前端午节的回忆；又写两年前端午节翠翠和傩送两人的相遇及翠翠对傩送产生好感；再写一年前端午节翠翠和爷爷回家，他们两个人不同的心事；最后写爷孙摆渡，一方面写爷爷对摆渡人的大方及对翠翠将来的牵挂，另一方面写翠翠陷入单相思的孤独。

章节	时间（摘引原文）	情节（用四字短语概括）
三	某年的端午节	吸引翠翠
四	两年前的端午节	巧遇二老
五	一年前的端午节	爷孙回家
六	摆渡时	爷孙摆渡

（二）第二环：深入研读

1. 第三步：思考

学习活动三：走进边城，研读文本。出示问题，分组讨论：

（1）作者以“边城”二字命名有什么意味？第三节第 2 段告诉我们，边城最热闹的日子是端午、中秋和过年。作者在下文所写的种种习俗，透露出边城人怎样的生活氛围和性格？

（2）在这样的“桃花源”里，生活着哪些人物？他们有怎样的特点？

明确：

（1）从题目“边城”可知，这里很偏僻，它在两省接壤处，在湘西，也就是湖南西部。从文中第 1 段来看，作者用对比表现了边城的特点：这里“一切莫不极有秩序，人民也莫不安分乐生”；别的地方则“在不幸中挣扎”，也就是说，这里与世隔绝，有一种不被打扰的宁静和美好。

从文中所写的风俗来看，画“王”字，说明大人希望孩子长得像小老虎似的，表达了边城人美好的愿望；龙舟赛，“全茶峒人”去看，而且“莫不”倒锁了门去看，说明他们对生活的热爱；赛龙舟的时候，桨手、带头的、鼓手、锣手，大家齐心一致，取得胜利，表现出团结精神；旁边有“鼓声如雷鸣”，还有“两岸人呐喊助威”，胜利后还要放五百响鞭炮，种种热闹，表现出热血性格；捉鸭子比赛，是城中的戍军长官安排的，尽善于泅水的军民人等参加，表现出官民同乐的生活氛围。

总结：

从以上风俗来看，作者要突出的是一个“和”字，展现了边城人祥和、和睦、和谐的生活氛围。而这里的风景，有刚刚涨过的豆绿色的龙船水、明朗的天空，处处表现出一种不被污染的原始状态，处处洋溢着生机，让人感到快乐。两方面的描写，与前文一句话呼应：“一切莫不极有秩序，人民也莫不安分乐生。”作者就这样，在我们面前徐徐展开了边城的风俗美和风景美，这就是小说所表现的环境，如“桃花源”一般。

（2）龙头大哥顺顺——他是行船的领头人，说明有能耐，受尊重；他是泅水的高手，却在儿子长大以后，就不再下水捉鸭子了，说明钟爱自己的儿子，且大方洒脱；他敢于下水入火，愿意“帮助人远离患难”，到“八十岁”也是“不可逃避的责任”，说明勇敢仗义；他送鸭子、粽子给翠翠的爷爷，说明慷慨大方。

爷爷的老朋友——爷爷的老朋友本在城里，爷爷一邀，他就替爷爷守渡船，说明他和爷爷感情深厚，重情重义；爷爷赶回去希望他也去看看热闹，他却愿意同老船夫一起喝酒，说明他不喜热闹。

卖皮纸的过渡人——他非要把钱送给老人不可，说明他不爱贪小便宜，为人纯朴。

总结：

边城不仅有像“桃花源”一样的风景美和风俗美，也是一个充满“诗意”的所在。生活在那里的是一群未被近代文明所污染的人，善良、勇敢、慷慨、质朴、谦让、真诚，他们是那样淳朴；再加上前面介绍的官民同乐的场面，可见他们没有明显的阶级对立，也没有经济压迫，大家和谐友好地生活在一起，他们是那样和谐。淳朴的人性美、和谐的人情美，让我们无比向往。

2. 第四步：鉴赏

学习活动四：鉴赏人物，感受美好。出示问题，分组讨论：

（1）翠翠、傩送、爷爷的形象有怎样的特点呢？是在哪些具体的描写中展现出来的？

（2）小说没有激烈的矛盾冲突，主要以景物、风俗描写为主，具有散文化倾向。请就此探讨本文的写作风格。

明确：

（1）傩送——见到码头上只有翠翠一个人，就主动询问，说明他关心别人；在根本不认识对方的情况下，请翠翠到家里去，说明他热情善良；被骂以后不计较，和翠翠开玩笑，还叫伙计送她回家，说明他宽厚开朗；外号岳云，在茶峒有名，说明他长得帅，有才干。既知道关心人，又热情善良；既宽厚开朗，又有才干，再加上长得漂亮，这样的小伙子，不讨人喜欢才怪。（正面侧面结合、细节刻画）

翠翠——翠翠误会了人家的好意，“她以为那男子就是要她上有女人唱歌的楼上去”，她不愿意别人把她看成那种唱歌的轻薄的女子，以为自己被欺侮了，显得那么清纯；傩送对自己不但不记仇，还派人把自己送回去，所以她“吃惊”；翠翠才十三岁，得到一个陌生男子的照顾，心里面是有几分羞涩的，所以会“害羞”，而在她错怪了别人的时候她会感到很难为情。从这些地方，我们能看出翠翠的可爱。文中说翠翠有了心事，“属于自己不关祖父的，却使翠翠沉默了一个晚上”，她对傩送产生了一种朦胧的感觉，而这种心事羞于对爷爷讲起，所以只能“沉默”；而“一个晚上”的交代，说明翠翠心里一定想了很多。正是这种对爱情的朦胧、美好的憧憬，才让人感到翠翠清纯、可爱。这是一个“和羞走，倚门回首，却把青梅嗅”的小姑娘。（语言心理描写、细节刻画）

爷爷——爷爷不是不在意翠翠，但他忘记了接翠翠，反倒和老朋友喝起酒来了，而且还喝多了，说明他太在意自己的老朋友了，有点老糊涂，有些老顽童的脾气；文中说爷爷“即刻”把船拉过来，说明爷爷不放心翠翠，说明他知道自己错了；当他看到翠翠回来后，

还在问“翠翠，你怎么不答应我，生我的气了吗”，说明爷爷很在意翠翠，怕她生气。（行为、语言描写）

翠翠和爷爷的关系——翠翠为爷爷没有接自己而生气，但是“轻轻地”抱怨，表现了少女的薄嗔的心理；没有特别生气，说明和爷爷的感情基础很好；“当她看明白了醉倒的另一个老人后，就完事了”，说明翠翠对爷爷有深厚的感情，所以很快就原谅了爷爷。虽然这祖孙俩偶尔会有一些小矛盾，但在一些微小、琐碎的生活细节中，时时都让人感到祖孙二人相互关心、相依为命的那份浓浓的亲情。

在翠翠爱恋傩送这件事上，祖孙二人似乎有那么一点隔阂了。爷爷去顺顺家躲雨，看到了大老，大老早就名声在外，且又送了鸭子，爷爷觉得大老又有出息，又厚道，长得应该也不错，所以想让翠翠喜欢大老：“顺顺真是个好人，大方得很。大老也很好，这一家人都好!”“翠翠，假若大老要你做媳妇，请人来做媒，你答应不答应?”翠翠喜欢二老。“一家人都好，你认识他们一家人吗?”翠翠对爷爷有抱怨，因为在爷爷的话里，居然没有说到翠翠惦记的二老。“爷爷，你疯了，再说我就生你的气!”因为翠翠喜欢二老，且羞于提婚嫁之事，所以不愿爷爷再说下去。“谁也不稀罕那只鸭子!”鸭子是大老送的，要是二老送的，即使是鸭毛，也会珍惜。

虽然爷孙两个有了一点隔膜，但当爷爷说到翠翠长大了时，翠翠说：“人大了就应当守船呢。”“人老了应当歇憩!”这些话表现出的是翠翠对爷爷的关心。况且下面还有这一句，“翠翠睨着腰背微驼白发满头的祖父，不说什么话”，我们认为这句话也是写翠翠对爷爷的感情的，她看到爷爷越来越老，已经想着替爷爷守船了。

总结：总之，偏僻的、与世隔绝的边城，有着一种不被打扰的宁静和美好，这里，有风景美、风俗美，人性美、人情美，还有清纯、可爱的少女。

（2）小说的散文化倾向，表现为以景物、风俗描写为主，在我们面前展现了一幅牧歌式的湘西画卷，使小说具有一种超脱尘世的美，具有浓浓的抒情化倾向。沈从文用一种画家的笔法描摹出了如水柔、如云洁的世外桃源——边城，展示出了从未被现代工业文明污染的通体澄澈的“处女气息”。

他的散文化的记叙语言使得这个现实生活中的边陲小城纯洁晶莹、温柔又不乏壮伟，小城无须浓涂艳抹，已如拂面的春风一般，具有乡土气息的语言显得质朴而亲切。

他的散文化的抒情语言如流水一般，在字里行间带给我们一阵清新，自然表现出一种审美理想、一种关于“回归自然”的愿望。

他的散文化的白描手法，又使得句式简峭，自有神韵。寥寥几笔就将山水灵气与人的秀气准确勾出，不用铺张方式诉说，对小说语言的凝练与简洁起到了促进作用。

学习活动五：启发思考，把握主题。小组合作探究，作者为什么要写这样的边城，这样的翠翠？

明确：

(1) 对湘西的深沉的爱。

> 我轻轻叹息了好些次。山头夕阳极感动我，水底各色圆石也极感动我。我心中似乎毫无什么渣滓，透明烛照，对河水，对夕阳，对拉船人同船，皆那么爱着，十分温暖地爱着！我看到小小渔船，载了它的黑色鸬鹚向下流划去，看到石滩上拉船人的姿势，我皆异常感动且异常爱他们。
>
> ——沈从文写给张兆和的家书

这段话三次写到“感动”，三次写到“爱”，表现了作者的深深的爱，爱他的家乡，爱他的湘西。湘西滋养了他，而这一片土地也成为他绵绵诗情所萌芽的沃土。

(2) 对理想世界的追寻。

本文成于1934年。沈从文12岁就接受了基本的军事训练，15岁随军外出，曾做上士，后来还以书记名义随大军在边境剿过匪，又当过城区屠宰税务员，这“放纵野蛮”的数载间，他体会到了底层人物的美好和辛酸。到了20岁，他决意去北京闯闯，沈从文目睹的是一群自私、懦弱、虚伪、卑鄙却又冠冕堂皇、假冒斯文的灵魂，在体会现实中上流社会的腐朽生活和城里人“庸俗小气自私市侩”的风气之后，引发了他写作《边城》的激情。

过去让他留恋，现实使他失望，他要干什么呢？下面是作者的想法：

> 这世界上或有想在沙基或水面上建造崇楼杰阁的人，那可不是我。我只想造希腊小庙。选山地作基础，用坚硬石头堆砌它。精致，结实，匀称，形体虽小而不纤巧，是我的理想的建筑。这庙里供奉的是“人性”。
>
> ——沈从文《从文小说习作选·代序》

沈从文想建一座希腊小庙，这是他理想的建筑，在这小庙里供奉人性。边城就是沈从文所建的希腊小庙；翠翠，这个15岁的质朴纯真的女孩，则是庙里所供奉的“爱”与

“美”的“人性”的化身。边城和翠翠，表现出沈从文对理想世界的追寻。

（3）对“人”的关照和悲悯的情怀。

既然作者的理想世界这么美，可是为什么故事的结局不是大团圆？

> 溪水依然在流，青山依然苍翠如烟，可是一个诗意的神话终于还是破灭了。这个诗意神话的破灭虽无西方式的剧烈的戏剧性，但却有最地道的中国式的地久天长的悲凉。
>
> ——李锐《另一种纪念碑》

诗意的神话破灭，带来了地久天长的悲凉，弥漫在小说里的是那种如雾如烟的悲凉的美。

> 原来这个老年人在雷雨将息时已死去了。
>
> 翠翠于是大哭起来。……
>
> 到了冬天，那个圮坍了的白塔，又重新修好了。可是那个在月下唱歌，使翠翠在睡梦里为歌声把灵魂轻轻浮起的年轻人，还不曾回到茶峒来。
>
> 这个人也许永远不回来了，也许“明天”回来！

爷爷故去，傩送远走，翠翠还沉浸在自己的梦里，这个结尾更能表现作者对“人”的关照和悲悯的情怀。

总结：

沈从文曾言：“我作品能够在市场上流行，实际上近于买椟还珠，你们能欣赏我故事的清新，照例那作品背后蕴藏的热情却忽略了；你们能欣赏我文字的朴实，照例那作品背后隐伏的悲痛也忽略了。”如果我们能读出《边城》在牧歌式的田园理想之后，沈从文先生独有的枯叶一样飘零的诗情和渗透在字里行间的悲天悯地的情怀，我们才真正理解了作者，理解了沈从文的不随波逐流的伟大。

（三）第三环：拓展探究

1. 第五步：生疑

学习活动六：生发疑议。小组合作探究，这里有风景美、风俗美，有人性美、人情美，可是为什么会发生关于爱情的悲剧故事？

明确：

（1）天命迷信思想。

湘西世界在沈从文的笔下是一个封闭的世界，外来文化不易传播进来，人们都普遍具有排外心理，而且十分抗拒外面的新鲜事物。这里的人们有着浓厚的封建思想，他们认为一切都是天命。正如王保生先生所言："说来真有点像书中那个船总顺顺说的'一切皆是命'"。老船夫对翠翠父母爱情悲剧的看法就充分印证了这一点。在老船夫看来，翠翠的母亲抛弃家中老小，陪那个兵双双殉情就应该天负责，他认为冥冥之中自有定数。再如老船夫进城打探消息时听老马兵说大老被淹坏了，然后他就感叹说这是天意。

（2）主人公主体意志薄弱。

《边城》是围绕翠翠与大老、二老之间的爱情纠葛展开的。翠翠的爱情是自发的而不是自觉的，更不是自主的。翠翠渴望与她中意的傩送有情人成眷属，共同继承她祖父的摆渡生涯。但最终有情人没能在一起的根本原因就是翠翠自身主体意识的薄弱。在爱情面前，她总躲躲闪闪，不敢正视，更不用说主动追求。她生长在湘西，那种传统思想深植于她的灵魂中，控制着她的少女情思，致使其在面临爱情时意识薄弱。正是翠翠的这种性格缺陷，使爱情在她一次次的躲闪中与其失之交臂。每当爷爷问起翠翠的终身大事，翠翠从不正面回答，总采取躲避的态度，这既是翠翠性格上的缺陷，更是边城女性在爱情面前的主体意志薄弱的见证。

（3）作者的精神寄托。

沈从文在谈及《边城》的创作时说："将我某种受压抑的梦写在纸上，这样一来，我的过去的痛苦的挣扎，受压抑无可安排的乡下人对于爱情的憧憬，在这个不幸的故事上，才得到了排泄与弥补。"他在小说中构建了一个理想化的、完美的湘西世界，他赋予翠翠以"美"的化身，他把翠翠的爱描写成一种超越一切世俗利害关系的最为高尚也最富有诗意的爱。无论是湘西还是翠翠，抑或是老船公、傩送等，对他们的刻画描写都是沈从文在面对现实时的精神寄托。沈从文把他对金钱、名利的态度展现在了湘西这个完美世界中，他想通过这种方式来寄托自己的情感。

2. 第六步：表达

学习活动七：沈从文先生所写的边城位于湖南省凤凰县。这个美丽的故事吸引了无数人不远千里前往寻梦。那么，"边城"对于现代人的意义是什么？请完成下面的填空，表达对这篇文章现实意义的思考。

边城是先生永远的梦，也是现代人永远的梦。世界日渐喧嚣，真诚、美好、淳朴等美好的人性日渐远离我们的世界，而“边城”将成为人们永远的追寻。但人们真能找到边城吗？

与其说是寻找翠翠，不如说是＿＿＿＿＿①＿＿＿＿＿；

与其说是寻找边城，不如说是＿＿＿＿＿②＿＿＿＿＿；

与其说是寻找感觉，不如说是＿＿＿＿＿③＿＿＿＿＿。

明确：

①寻找一种失落的文化

②寻找一段远去的岁月

③寻找一方不曾污染的人间净土

四、课堂小结

通过学习，我们积累了字词，把握了本篇以端午节为线索、以翠翠与傩送的爱情为核心故事的情节特点，领略了边城的风俗美和风景美，分析了翠翠清纯、可爱的形象及其他人物的人性美和人情美，鉴赏了作品散文化特征，理解了作者对湘西深沉的爱、对理想世界的追寻、对“人”的关照和悲悯的情怀，挖掘了悲剧发生的原因，并思考了文章的现实意义。

沈从文先生曾经写下“照我思索，能理解‘我’；照我思索，可认识‘人’”，这几句话就刻在沈从文先生的墓碑上。越过历史的风尘，我们真的读懂沈从文了吗？《边城》的学习结束了，但我相信，我们的边城之旅，才刚刚开始……

五、牛刀小试

自选角度或从以下专题中任选一题，展开探究，写一篇研究性小论文，字数300字左右：

1. 沈从文笔下的湘西世界

2. 翠翠的形象及意义

3. 沈从文先生在文字中隐伏的悲痛

明确：

沈从文笔下的湘西世界

《边城》是沈从文的代表作，也是支撑他所构筑的湘西世界的柱石。他通过一个古朴曲折的爱情故事表现了对理想的人生形式的追求。我们从沈从文笔下的湘西世界总体的大叙事的角度考察《边城》，则不难发现他的真正的命意在于建构一个诗意的田园牧歌世界，支撑其底蕴的是一种美好而自然的人性。从《边城》中，我们看到沈从文笔下诗画般的湘西世界，自然山水滂沱而又秀美，人们单纯而又勇敢，没有贫富、地位之分，均以诚挚为美，以亲善为人之本，使读者置身于温馨的世界。这种描写手法本身就是对尔虞我诈无情的鞭挞。作者笔下的湘西风情与现实中的都市世界形成鲜明的对比。

外公对孙女的爱、翠翠对傩送纯真的爱、天宝兄弟对翠翠真挚的爱以及兄弟间诚挚的手足之爱，代表着未受污染的原始文明的传统美德。作者状写湘西自然之明净，目的在于衬托湘西人清水般的心灵。

翠翠的形象及意义

《边城》中的主人公翠翠，是沈从文向往的优美人性与人生的化身与极致。这个湘西少女，是渡船老人的外孙女，祖孙俩相依为命，长期生活在山水间、渡船上。青山绿水与古朴的环境造就了翠翠清澈透明的性格，她美丽、热情、纯真，从不发愁，从不动气，过着勤俭、宁静的生活。随着岁月的更替，翠翠的情感发生了变化：她喜欢看迎送新娘的喜轿；因为在一次龙舟竞渡时邂逅船总的儿子傩送，从此暗暗倾心。至此，作者向读者展现了翠翠青春的觉醒和萌动、朦胧的憧憬和少女羞涩的美妙心态，表现了人类感情中极为美好的一面。在渡船老人溘然长逝后，翠翠守着渡口，虽有失落，但依然抱着期待，尽管傩送“这个人也许永远不回来了，也许‘明天’回来”，翠翠仍因循着传统的方式，平和地生活着、等待着。作者通过这一形象，描绘出人世间一种纯洁美好的感情，讴歌了象征着爱与美的人性与人生，“为人类‘爱’字作一度恰如其分的说明”。

沈从文先生在文字中隐伏的悲痛

沈从文表现了蕴藏在湘西下层人民身上的勤劳、勇敢、正直、善良而又淳朴的品德，努力挖掘他们身上的人性美，并在他们身上寄托着重塑民族品格的理想。但是，他深谙这种处于原始自在状态的人性所具有的迷信、愚昧的缺陷。这种缺陷具有不可忽视的破坏性作用，当它发作时，势必破坏人们自由自在的和谐状态。《边城》的爱情悲剧正是这种缺陷作用的结果。至此，《边城》的内蕴所呈现出来的就不是单一的“证明人性皆善”或揭露人性的阴暗面，而是展现人性的阴暗面与“人与自然契合”的对抗关系，以及在这种对抗中人类所受到的惩罚，启发人们认识到这种惩罚，从而“能够追究这个民族一切症结的所在，并弄明白了这个民族人生观上的虚浮、懦弱、迷信、懒惰，由于历史所发生的坏影响，我们已经受了什么报应，若此后再糊涂愚昧下去，又必然还有什么悲惨场面……为这个民族自存努力上，能够尽些什么力，且应当如何去尽力”。

六、板书设计

边　　城

沈从文

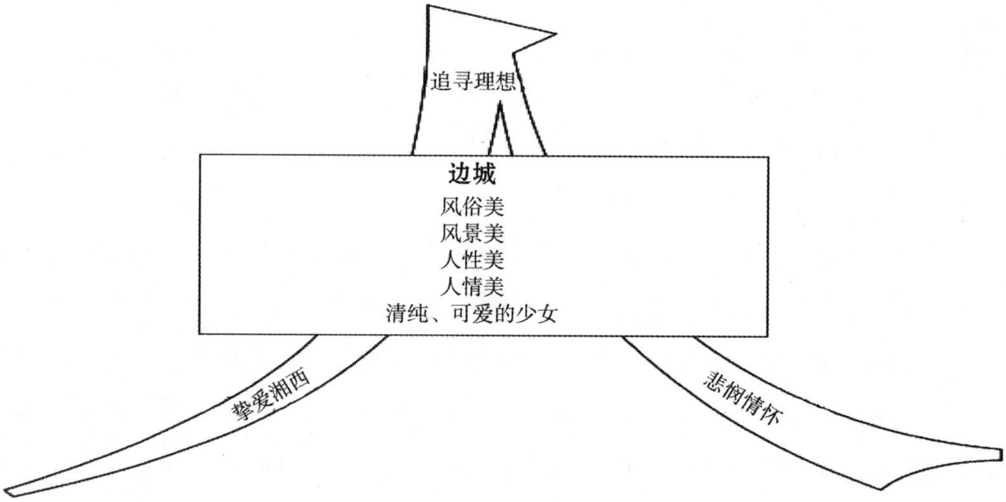

教学反思

文学是人学，文学的本质是生命的勃发，文学作品教学就是让生命激情正汹涌澎湃的学生用自己的一颗火热的心去体验这种勃发，从而激发他们的生命意识，拓展他们人生的宽度和厚度。以上教学设计正是在这样的理念指导之下进行的。

张志公说：“传统语文学习的思路一点也不复杂，一是文字，一是文章。”传统的东西之所以能“传”能“统”，是因为它有不为时间所消磨净尽的巨大价值。既然如此，从“文字”开始，然后进入“文章”，读，悟，思，赏，疑，议，使学生的认识由浅入深，由粗到精，然后有一点点创见；使学生的感情由疏离文本到情怀激荡。这应该是语文基本的学习路径吧。

整节课的主体采取小组合作探究的形式，分成四个组，对环境、人物、主题、写作风格进行探究；首先扫清文字障碍，把握文本结构；其次探究悲剧根源，研讨现实意义；最后总结，对全文进行整体把握。整体思路为由外入内，由情节、环境、人物到主题；由内容到形式，由把握内容到鉴赏文章的散文化风格；由浅入深，由悲剧到悲剧产生的根源；由继承到创造，由对文本的学习到对其现实意义的思考；由分到总，由对问题的逐一研讨到最后总结。课堂形成问题链，具有一定的层次性、体系性和针对性，学生能理解得比较透彻。板书的内容是在问题展开的过程中一点点补充完善的。

《梦游天姥吟留别》教学设计

河北涿州中学　陈亚春

教学分析

一、课标分析

《普通高中语文课程标准（2017 年版）》明确指出："研习传统文化经典，旨在引导学生通过阅读中华传统文化经典作品，积累文言阅读经验，培养民族审美趣味，增进对中华优秀传统文化的理解，提升对中华民族文化的认同感、自豪感，增强文化自信，更好地继承和弘扬中华优秀传统文化。"《梦游天姥吟留别》是中国传统诗歌经典，其严密的章法、工整的语言、奇特的想象、大胆的夸张、豪气冲天和飘逸不群的风格等，具有强大的艺术力量，也成为中华文化的一种典范。

关于文学阅读，《普通高中语文课程标准（2017 年版）》指出："精读古今中外优秀的文学作品，感受作品中的艺术形象，理解欣赏作品的语言表达，把握作品的内涵，理解作者的创作意图。"结合自己的生活经验和阅读写作经历，发挥想象，加深对作品的理解，力求有自己的发现。《梦游天姥吟留别》作为经典，我们在课堂教学引导阅读时，要让学生在感受形象、品味语言、体验情感的过程中提升文学欣赏能力，并尝试文学写作，撰写文学评论，借以提高审美鉴赏能力和表达交流能力。

二、教材分析

《梦游天姥吟留别》是部编版普通高中教科书《语文・必修・上册》第三单元的一篇课文。这个单元的学习导言中提到："学习本单元要逐步掌握古诗词鉴赏的基本方法，认识古诗词的当代价值，增强对中华优秀传统文化的传承意识。要在诵读和想象中感受诗歌的意境，欣赏其独特的艺术魅力；感受诗人的精神世界，体会诗人对社会的思考与对人生的感悟，提高自身的思想修养和文化品位；尝试写作文学短评。”

《梦游天姥吟留别》是乐府诗体的一种，属古体诗，其章节、句式和格律一般比较自由，语言通俗流畅，文辞比较铺展。此诗作于李白出翰林，被赐金放还之后，虽说是政治大失败，但不安定的灵魂，决定了他有更高更远的追求。李白离别东鲁家园，又一次踏上了漫游的征途。这首诗就是他告别东鲁诸公时所写的。虽说出翰林已有些年月，但政治上所受挫折依然郁结于怀，所以在诗的结尾处发出了那样激越的呼声。

学习《梦游天姥吟留别》，可以继续采用知人论世的方法，通过了解诗人的生平创作背景等深入理解作品。可以查找相关资料，探讨诗歌的内涵和抒情意蕴，从而了解诗歌的特点，把握鉴赏诗歌的方法。思考所获启示，并与同学交流。更重要的是让学生在古典文化的熏陶中热爱诗歌，热爱中华文化。

三、学情分析

古典诗词的学习是高中语文学习很重要的一块阵地，既是学生的知识薄弱环节，也是能力的薄弱环节。虽说高一学生在义务教育阶段学习了一定数量的古典诗歌，已具备了一定的诗歌鉴赏能力，比如对意象、意境等可以进行一定的赏析，有了一定的研习传统文化经典的基础，但对于诗歌的深度解读还是有所欠缺。常用的鉴赏方法，需要学以致用，不断巩固。所以本课继续训练学生诗歌鉴赏能力，重点分析诗歌意象意境，梳理脉络，提炼表达技巧，品悟语言，深刻体会诗歌表达的情感，以及诗人在诗歌创作中所蕴含的人格特征。通过小组讨论等课堂活动，深入理解文本，以提升鉴赏能力。

四、“三环六步”应用分析

这节课我以文意疏通（理解句意）⟶情感脉络（理解层次）⟶表达技巧（鉴赏手法）⟶语言品悟（鉴赏语言）⟶文本主旨（精神文化）为主线，按照“三环六步”学习法逐渐推进，以期学生自然收获。第一环，初步感知——反复诵读，用心感知：第一步阅读，自主诵读，理解文意；第二步体悟，反复诵读，梳理诗歌脉络。本环节指向语文核心素养之“语言建构与运用”。第二环，深入研读——知人论世，置身诗境：第三步思考，技巧解读，重在分析；第四步鉴赏，剖析语言，重在品悟，进而理解文章主旨。本环节指向语文核心素养之“思维发展与提升”“审美鉴赏与创造”。第三环，拓展探究——归纳规律，总结升华：第五步生疑，探究规律，思维拓展；第六步表达，评价思想态度，交流感受。此环节旨在强化核心素养中“语言建构与运用”“文化传承与理解”。

五、教学目标

(1) 诵读领悟，把握诗歌脉络，体会自由体古诗在节奏上的变化美感。

(2) 理解李白的思想性格，体会李白借诗歌表达蔑视权贵的精神和豪迈的气概。

(3) 分析奇特的想象与大胆的夸张等表现手法，体会浪漫主义诗风。

(4) 品味富有表现力的语言，体会梦境，感受诗人的现实处境，培养诗词鉴赏能力。

六、重点难点

(1) 重点：分析奇特的想象与大胆的夸张，体会浪漫主义诗风；体会李白蔑视权贵的精神、豪迈的气概和追求自由的思想。

(2) 难点：品味诗歌语言，体会梦中仙境，感受诗人的现实处境，培养诗词鉴赏能力。

七、教学方法

创设情景法、诵读品悟法、引导提问法、合作探究法。

八、课时安排

1 课时。

教学过程

一、课堂导入

梦由心生，梦里畅游千里路，溘然惊醒，灵魂已飞渡。李白，一个才高气逸的浪漫主义诗人，一个七分豪情酿成月光的诗人，一个绣口一吐半个盛唐的诗人，走进了天姥山的梦境，他让人格在想象中净化，他让精神在创造中升华。

这节课，就让我们一起穿越时光隧道，重温诗仙李白的那个流传千古的奇梦《梦游天姥吟留别》。

二、“三环六步”学习指导

（一）第一环：初步感知

1. 第一步：阅读

学习活动一：检查预习效果，初步感知，了解作者、背景及文体，扫清文字障碍。

此任务在早读布置并完成。

学习活动二：读梦听梦，把握吟诵。

明确：

（1）教师范读，学生点评。举例分析为什么这样读，并归纳出诵读的一般要领。

①用“畅”与“涩”来表其心。如：“天姥连天……东南倾”“别君去兮……访名山”于畅中见其势；“忽魂悸……烟霞”于涩中见其情。

②用“轻”与“重”来抒其意。如：“安能摧眉……开心颜”三个字重读中抒其胸臆；“我欲因之梦……闻天鸡”轻读中见轻松畅快。

③用“长”与“短”来传其情。如：“开心颜”声音的延长，余韵无穷；“列缺霹雳……訇然中开”短音字字铿锵。

（2）分小组进行接力吟诵，比一比谁读得好，谁能吟诵出诗歌中多变的情感、多变的节奏以及李白追求个性自由和蔑视权贵的精神。

2. 第二步：体悟

学习活动三：学生反复诵读，然后分组讨论，完成以下问题：

（1）请概括诗歌三段的主要内容，梳理诗歌脉络。

（2）第一段诗人写天姥山的用意是什么？

（3）“梦游经历”按照时间地点的变化可分为哪四个阶段？

（4）作者写这个奇梦的真正目的何在？

明确：

（1）第一段：入梦之因；第二段：梦游经历；第三段：出梦之叹。

诗歌脉络：梦因（现实）——→梦境——→梦悟（现实）。

（2）写天姥山就是突出其神奇、高大的特点，隐喻诗人雄伟高大的政治抱负。

（3）“梦游经历”按照时间地点的变化可分为月夜剡溪景、白昼山中景、傍晚洞外景、夜晚洞天景。

（4）借“梦游天姥”抒发感慨，留别往事，留别诸君，留别自己，以诗明志。此部分将全诗推向高潮。

（二）第二环：深入研读

1. 第三步：思考

学习活动四：小组合作，探究诗歌的写法和风格。

明确：

浪漫主义创作的主要风格是丰富的想象、大胆的夸张、奇特的构思、瑰丽的境界。

（1）构思上最突出的特点是想象奇特。以丰富的想象借助梦游的形式来展示一个个奇景，塑造出一个个梦幻中的生动形象，使文本具有了浓厚的浪漫主义色彩。

这首诗完全突破了一般留别诗惜别伤离的模式，而是借留别来表明自己不事权贵的政治态度。在叙述的时候，诗人没有采取平铺直叙的方法，而是围绕着一场游仙的梦境来构思，直到最后才落到不事权贵的主旨上。这样的构思给诗人幻想的驰骋开拓了广阔的领域。

（2）运用了衬托（如用瀛洲、天台来衬天姥山）、比喻（如“身登青云梯”）、夸张（如“天台四万八千丈”）、对比（如将瀛洲与天姥山比、仙境与人事比、理想与现实比）等多种手法，使幻想中的景物活灵活现，更好地表达了作者的内在感情。

2. 第四步：鉴赏

李白的浪漫让我们找到了激情，找到了力量，找到了美。作品离奇的遐思、古朴的旋律，凭借的是千锤百炼的语言。

学习活动五：学生分组讨论，选出你认为写得好的诗句进行赏析，了解本文的语言特色。

明确：

（1）“天姥连天向天横，势拔五岳掩赤城。”

“横”“拔”“掩”三个动词不仅写出了天姥山的外形，还赋予它磅礴的气势和鲜明的动态感，为后文的梦游做铺垫。

（2）“湖月照我影，送我至剡溪。”

“照”“送”二字，将月亮拟人化，月亮与人如影随形，人与自然和谐一体。

（3）“熊咆龙吟殷岩泉，栗深林兮惊层巅。”

“殷”，意为震动。不但有生命的熊与龙以咆、吟表达情感，就连深林、层巅也要战栗、震惊，写出了声势的浩大。

（4）“洞天石扉，訇然中开。”

“訇然”写出了神仙洞府的石门打开时惊天动地的气势。

(5)“忽魂悸以魄动，恍惊起而长嗟。惟觉时之枕席，失向来之烟霞。”

“忽”“恍”“惟”“失”把作者失落、惆怅的情感表现得淋漓尽致。

(6)“安能摧眉折腰事权贵，使我不得开心颜?”

“摧”与“折”写出了趋炎附势的媚态，“安能”的反问语气坚定了作者对权臣贵戚的鄙弃和不妥协。

学习活动六：小组合作探究，结合写作背景，体会文本主旨。

唐玄宗天宝元年(742)，由道士吴筠推荐，李白奉诏来到京城长安。征召入宫，供奉翰林，曾意气风发，踌躇满志，他一度以为自己“济苍生”“安社稷”的抱负即将实现。但玄宗只把他看作词臣，并不重用，可他并未察觉，不以为耻，反以为傲，沉迷陶醉，乐而忘返，之后意识到才非所用，难酬大志，所以迷惘震惊、苦闷抑郁。但李白又不肯与权贵同流合污，于是放浪形骸，自请放还。天宝三载(744)，失落怅惘的李白被“赐金放还”。

诗人通过运用丰富的想象、大胆的夸张手法，描述了一个与现实世界完全不一样的梦中之境，梦中的奇幻变化也是诗人感情和思绪的发展变化。那么诗人写的这个梦境，究竟想表达什么呢?

明确：

(1) 人生志向：宁骑青崖白鹿访名山，不愿摧眉折腰事权贵。向往寄情山水的自由自在的随性生活，厌恶受拘束压抑的官场生活。

(可与唐寅的《桃花庵歌》作比：但愿老死花酒间，不愿鞠躬车马前；别人笑我太疯癫，我笑他人看不穿；不见五陵豪杰墓，无花无酒锄作田。)

(2) 人格精神：不妥协、敢反抗的蔑视权贵的精神！追求个性的自由张扬、人格的独立和傲岸。

李白的人格是独立的、站立的、对立的。他的个性追求和向往神仙世界是为了保持一种超脱世俗的理想人格。无论是显荣还是失意，都是清高脱俗、豪放旷达。

(三) 第三环：拓展探究

1. 第五步：生疑

学习活动七：本诗是一首留别诗，而诗人并没有书写离愁别绪，而是极力渲染梦游仙境的壮美，为什么? 学生独立思考，自由发言。

明确：

一方面，李白是通过一个离奇变幻、自由壮美的极乐仙境来表达自己对自由乐土的向往和对理想境界的热烈追求。

另一方面，用神仙世界的五彩缤纷，反衬出人间社会的极端丑恶，并借此表达对黑暗现实的强烈不满和憎恶。神仙世界虚无缥缈，难以寻觅，在人世间就应像神仙一样纵情山水，恣意游乐，绝不能“摧眉折腰事权贵”。诗人借仙境来表现自己蔑视权贵、旷达乐观的精神。

2. 第六步：表达

学习活动八：关于李白在这首诗歌中表现的思想，有人认为是积极的，有人认为是消极的，你如何认识这个问题？学生独立思考，自由发言。

明确：

（1）观点一：是消极的。“世间行乐亦如此，古来万事东流水。”从“东流水”可以看出诗人的感慨，诗人的政治抱负不能实现了，流露出消极的情绪。“且放白鹿青崖间”也表现了诗人消沉的心态和及时行乐的思想。诗人因向往天姥山的奇景而梦中寻景，但梦毕竟是虚幻的，现实与梦境有极大的差距，再加上当时李白受排挤，应该有消极的成分。

（2）观点二：是积极的。“世间行乐亦如此，古来万事东流水”只是诗人一时的感触，历史也证明诗人并没有及时行乐，放纵自己。一时的牢骚不能说明诗人及时行乐的人生态度，这只是诗人感慨当时自己受排挤的忧愤。忧愤之后，诗人发出激昂的宣言“安能摧眉折腰事权贵，使我不得开心颜”。诗是用来言志的，诗人的志就在于此，这也是本诗主题升华的地方。诗人追求的是个性自由，但权贵束缚着他；他也追求政治，但他理想的政治是自由的、解放的，这是李白思想中最值得珍视的地方。

三、课堂小结

《梦游天姥吟留别》是一首记梦诗，更是一首游仙诗。内容丰富曲折，形象辉煌流利，富有浪漫主义色彩。这首诗通过对梦游天姥山的描绘，书写了诗人对美好世界的向往，对自由生活的渴慕，也表现了诗人鄙弃黑暗尘世、鄙视权贵的傲岸性格和反抗精神。青山绿水，让我们懂得了李白的豪迈；四处漂泊，让我们懂得了李白不向权贵低头的决心。

本节课我们了解了这种自由体古诗的特点，分析了文本脉络以及浪漫主义写作手法，鉴赏了凝练的语言，感受了李白蔑视权贵的精神和豪迈的气概。千百年来，李白身上的精神之光一直熠熠生辉，在中国文化史上留下了光辉灿烂的一笔！

四、牛刀小试

优秀的古诗词作品往往具有深刻的意蕴和独特的艺术匠心，学习欣赏时应当重点关注，细加品味。学完《梦游天姥吟留别》，请你就感触最深的一点，写一则不少于300字的文学短评。

明确：

阅读文学作品时，从自己的感受出发，用简要的文字把自己对作品的理解、分析和评价写出来，就是文学短评。写文学短评，有利于梳理、积累个人的阅读经验，领悟创作、鉴赏的规律，提高文学审美能力。

写此文学短评，可就《梦游天姥吟留别》“用瑰丽的想象表现梦境”来写，也可就其“跌宕起伏的情绪流转，深沉复杂的人生之思”而论。只要能聚焦，从“小”处切入即可。写文学短评主要运用叙议结合的方式，要在适当复述、介绍或者引用作品内容的基础上，展开分析和评论。叙议有机融合才能将见解表达清楚，有理有据，令人信服。

示例：

从《梦游天姥吟留别》看李白

世人总将李杜作比，总言杜甫写实李白浪漫，但实际上，李白恰恰是因为真实，才会写出如此浪漫的文字。

《梦吟天姥吟留别》以天姥之恢宏气势起笔，以流光溢彩的笔法描绘梦中游天姥山的奇遇。文中运用大量丰富的想象和大胆的夸张，由因喜入梦到梦醒生悲，由至高无瑕的理想世界到求而不得多错愆的现实，刻画了这种猛烈的差距与反转，使读者体悟到了作者当时愤懑失落的心情以及一如既往的才气四溢，傲气逼人。全文流淌着一种奔腾回旋的动感，语言的表现力非常强。

李白向往鲁仲连治天下之道而后片云不沾衣，飘飘归故里，但当时的历史背景与他自身的局限，注定了他一生的复杂、纠结、矛盾与失落。读李白诗，先叹笔势恢宏，再品行间细腻，又悲同病相怜。浪漫与写实的交织，理想与现实的撕扯，这便是一个真的不能再真的李白照见一个真的不能再真的世界。

五、板书设计

梦游天姥吟留别

李白

诗歌脉络：梦因—梦境—梦悟

浪漫主义风格：手法：想象、夸张、衬托等；语言：表现力、形象性

→ 人格精神：蔑视权贵、傲岸独立

教学反思

本节课很好地完成了教学任务，特别是“三环六步”教学法的运用，使课堂结构变得更清晰。由于问题设计科学合理，符合学情，学生配合得也很积极，学生的主动学习得到了充分体现。

《梦游天姥吟留别》是中华传统文化经典作品，对其进行深度鉴赏与解读，对于提升学生民族文化认同感、自豪感进而更好地继承和弘扬中华优秀传统文化具有重要的作用。本课设计的所有教学活动都是为了提升学生的核心素养，即语言建构与运用、思维发展与提升、审美鉴赏与创造、文化传承与理解。其中，文化传承与理解方面，教师设计课堂时特别做了关注。

教材是工具，但我们不能囿于教材，可拓展与延伸。教师在设计各环节时，考虑到课堂容量，去除了一部分内容。

在“牛刀小试”环节，让学生学写文学短评。这对于高一学生来说，难度稍大，可以指导得更细一点，或直接规定在某一方面进行评论，针对性更强，效果也会相对好一些。

《登岳阳楼》教学设计

河北定兴第三中学　赵振威

教学分析

一、课标分析

叶圣陶先生说：“凡为教，目的在达到不需要教。”“语文教材无非是个例子，凭这个例子要使学生能够举一反三，练成阅读和作文的熟练技能。”与之相应，新课标要求“文学阅读与写作”任务群的教学要“使学生在感受形象、品味语言、体验感情的过程中提升文学欣赏能力”。《登岳阳楼》是部编版普通高中教科书《语文·必修·下册》“古诗词诵读”中的一篇，不属于单元内课文。如果说单元内课文是“点”，“点”上宜求精深、求辐射，那么单元外篇目和选修课文则为“面”，“面”上宜求延展、求灵活。教此诗，应引导学生从品味语言入手，通过对古典诗歌中意境的把握，发挥想象，体味中国古典诗歌特有的意境，培养诗歌鉴赏能力。

二、教材分析

此诗为杜甫于大历三年（768）岁暮而作。诗人时年56岁，此时的他历经沧桑，身患重病，独登此楼，感慨万千。本诗题目为“登岳阳楼”，却不局限于写岳阳楼与洞庭水，时间上抚今追昔，空间上包吴楚、越关山。其身世之悲、家国之忧，与洞庭浩浩渺渺的水势融合，形成雄浑悲壮、博大深远的意境。其写景气势恢宏，抒情深沉感人，是学习古诗艺术手法的典范，是培养古诗鉴赏能力的好教材。

三、学情分析

高一学生限于年龄和认知水平，对宏阔的社会生活感触不深，不易与诗人的情感产生共鸣；所知诗歌的表达技巧有限，鉴赏功底还不够深厚；与诗歌存在年代、空间、呈现手段的阻隔，有些学生对古诗的学习兴趣不够浓厚。所以教学前须引导学生“三入”——入情、入理、入心，认真预习，强调学法并务求真知，研读要深入且具有一定的层次性、创造性。

四、“三环六步”应用分析

按“三环六步”学习方式设计，将此课分为“初步感知”“深入研读”“拓展探究”三个环节，细分为“阅读”“体悟”“思考”“鉴赏”“生疑”“表达”六个步骤。“初步感知”部分，要积累字词，整体阅读；“深入研读”部分，要通过对意境、社会环境、个人处境、心境的把握深入文本内容；“拓展探究”部分，要进行文化建构和文本的拓展赏析。此学习方式的关键在于“悟”“思”“赏”“疑”；原则在于坚守语文根本、启迪智慧灵光、提高审美水平、收获人文硕果。

五、教学目标

（1）品味语言，发展在具体语境中交流沟通的能力。

（2）运用联想和想象，把握意境特点，丰富对文学形象的感受与理解，获得形象思维、逻辑思维和创造思维的发展和思维品质的提升。

（3）把握“置身诗境，缘景明情”的诗歌鉴赏方法，感受和体验文学作品的语言、形象和情感之美，形成正确的审美意识、健康向上的审美情趣，提升鉴赏品位。

（4）背诵全诗，进行拓展性阅读，理解诗人的广阔胸襟和忧国伤时的情怀，增强文化自信。

六、重点难点

（1）重点：探究文本意蕴，鉴赏诗歌意境；理解诗歌情景交融的写法。

（2）难点：理解壮景写悲情的手法；学习“置身诗境，缘景明情”的诗歌鉴赏方法。

七、教学方法

诵读法、小组合作法。

八、课时安排

1 课时。

教学过程

一、课堂导入

中国诗歌的灿烂星空中有伟大的“双子”星座，一者是李白，他是浪漫主义诗歌的杰出代表；一者是杜甫，他是现实主义诗歌的杰出代表。

杜甫晚年太苦了。他本来在成都度过了一段较为安定的时光，但是好友严武、高适相继去世，蜀中又大乱，杜甫在四川已无立锥之地。唐代宗大历三年（768），辗转飘零到洞庭湖，这时杜甫已 56 岁。岁数虽然不大，但身体已衰弱不堪了。右臂渐渐枯瘦无力，一边的耳朵也已听不清（见杜甫《清明二首》“此身飘泊苦西东，右臂偏枯半耳聋”句），还得了肺病（见杜甫《返照》“衰年肺病惟高枕，绝塞愁时早闭门”句）。到了岳阳，他登上了神往已久的岳阳楼，触景生情，写下了《登岳阳楼》。想不到两年后的冬天，他就在一条小船里永远停止了生命的歌唱。

今天我们学习这首诗。杜甫在这里，见到了怎样的景象？生发了怎样的思想感情呢？

理解诗歌，要“以意逆志，知人论世”，今天，我们要继续遵循此法，更重要的是，要“置身诗境，缘景明情”，也就是说，进入诗歌的境界，依据景物描写体会诗人的情感。

二、“三环六步”学习指导

（一）第一环：初步感知

1. 第一步：阅读

学习活动一：通解文字。

随机请两名同学背诵（提前布置好预习作业），通过对背诵过程中出现的错误的纠正，清除文字障碍；再全班齐背，初步感知诗歌。

2. 第二步：体悟

学习活动二：厘清思路。分组讨论，完成以下问题：

（1）理解诗歌，我们要置身于“诗境”，“诗境”是指诗歌所表现的艺术境界。你觉得诗境应包含哪些方面？

（2）本诗“诗境”是如何从不同方面表现诗境的？

明确：

（1）诗歌四境。

①意境（缘景）；

②个人处境（知人）；

③社会环境（论世）；

④心境（明情）。

（2）本诗“四境”。

①意境：吴楚东南坼，乾坤日夜浮。

②个人处境：昔闻洞庭水，今上岳阳楼；亲朋无一字，老病有孤舟。

③社会环境：戎马关山北。

④心境：凭轩涕泗流。

（二）第二环：深入研读

刚才，明确了此诗中哪些诗句分别表现“四境”，下面我们要“置身诗境，缘景明情”，即进入作者所描写的艺术境界，借助联想和想象，体味景物的特点，体会作者的思想感情。

1. 第三步：思考

学习活动三：置身诗境。出示问题，分两组讨论：

（1）赏析“吴楚东南坼，乾坤日夜浮”的意境：“吴楚东南坼，乾坤日夜浮”表现了怎样的意境？能否改为“气蒸云梦泽，波撼岳阳城”，为什么？请简要赏析。

（2）赏析“昔闻洞庭水，今上岳阳楼”：关于“昔闻洞庭水，今上岳阳楼”，清人仇兆鳌认为：“‘昔闻’‘今上’，喜初登也。”你是否同意？

明确：

（1）赏析“吴楚东南坼，乾坤日夜浮”的意境。

“吴楚东南坼，乾坤日夜浮”写吴、楚两地分别向东向南裂开，天地日夜漂浮在洞庭湖上的情景，以动写静，又用夸张、想象、映衬，借景抒情，情景交融，一方面表现洞庭湖的磅礴与壮阔，表达对洞庭湖的礼赞；另一方面也给人以大地分裂、湖泊动荡的不安感。这种分裂、动荡的不安感应该与唐王朝国家分裂、动荡的局势有关，与诗人孤单飘零的处境有关。因此我们说，诗的颔联既表现出对作者国家命运的担忧、对个人身世飘零的慨叹，又自然引出下文对自己亲朋无音讯、老病有孤舟的孤单飘零之感。

“气蒸云梦泽，波撼岳阳城”写云气从洞庭湖上蒸腾而起，波浪好像在撼动着岳阳城，也是以动写静，兼用夸张、想象、映衬，同样表现出磅礴、壮阔的气势，但是撼动岳阳城和分裂吴楚、浮动天地相比，气势小了许多，且语意略显肤浅，表现不出内心的悲苦与忧伤，与全篇所表现的悲情不符，且与下文的亲朋无音讯、老病有孤舟不能很好地衔接。

（2）赏析“昔闻洞庭水，今上岳阳楼”。

首联既可理解为“喜”，也可理解为“悲”。作者早闻洞庭盛名，如今实现目睹名湖的愿望，初登岳阳楼，可能会喜悦。如果是这样，首联以后即是作者触景生情，生发悲慨。这样，首联的“喜”不仅引发了下文的“悲”，也衬托了下文的“悲”，使之更加深重。但如果“知人论世”，可知作者经历坎坷，壮志未酬，山河破碎，国家前途渺茫，心中百感交集，本是以登楼来纾解心中愁怨，而眼前景、心中事，使之更生“悲”情。从这个角度理解也是可以的。两者相比，如将第一联的意思理解为“悲”，诗意显得更为深沉。

2. 第四步：鉴赏

学习活动四：缘景明情。出示问题，分两组讨论：

（1）赏析“亲朋无一字，老病有孤舟”：“亲朋无一字，老病有孤舟”一句，抒发了作者怎样的情感？“亲朋无一字，老病有孤舟”中“字”能否改为“信”？为什么？

（2）赏析“戎马关山北，凭轩涕泗流”：结合相关材料来看，“戎马关山北”揭示了怎样的社会环境？“凭轩涕泗流”是从什么角度写人的？表现了怎样的心境？

明确：

（1）赏析“亲朋无一字，老病有孤舟”。

写作者无依无靠、孤苦飘零的心情。“亲朋无一字”，得不到精神和物质方面的任何援助；“老病有孤舟”，从大历三年正月自夔州携带妻儿乘舟出峡以来，既“老”且“病”，漂流湖湘，以舟为家，何处安身？洞庭湖的汪洋浩渺，更加重了身世的孤危感。

本句中的“字”改为“信”不妥，“无一字”即一个字的音讯都没有，运用了夸张的手法；“无一信”指音讯全无，属于客观表现。两者相比，前者更能体现诗人处境的艰难。

（2）赏析“戎马关山北，凭轩涕泗流”。

大历三年八月，吐蕃以十万人进攻灵武（今宁夏中卫以北），以二万人进攻邠州（今陕西旬邑西）。国家分裂、动荡。

“凭轩涕泗流”属于动作描写，“凭轩”写出了动作的无力感；“涕泗流”属于神态描写，表现出了作者的悲痛至极（联系“江州司马青衫湿”“长使英雄泪满襟”理解：悲痛至极）。

杜甫悲痛至极，不只是因为眷念亲戚朋友，伤心年老孤独，还因为忧虑国家前途，因为无以报国的处境。总之，既是感叹自己穷愁潦倒、漂泊无依的身世，更是忧虑正处在战火中的国家。

总结：

“置身诗境，缘景明情”，原则有三：

知人论世，通解文字；

抓住关键，体物动情；

结合语境，整体理解。

学习活动五：儒家说，“达则兼济天下，穷则独善其身”。此时的杜甫呢？他是“穷也胸怀天下，胸怀百姓”啊。他这种忧国忧民的情怀，大家还从他的哪些诗句中感受到了呢？

明确：

“安得广厦千万间，大庇天下寒士俱欢颜，风雨不动安如山。呜呼！何时眼前突兀见此屋，吾庐独破受冻死亦足！”（杜甫《茅屋为秋风所破歌》）

“国破山河在，城春草木深。感时花溅泪，恨别鸟惊心。”（杜甫《春望》）

“花近高楼伤客心，万方多难此登临。”（杜甫《登楼》）

“朱门酒肉臭，路有冻死骨。”（杜甫《自京赴奉先县咏怀五百字》）

……

让我们带着这种感情，齐声背诵《登岳阳楼》吧。

（三）第三环：拓展探究

1. 第五步：生疑

学习活动六：生发疑议，分组讨论：杜甫作为一个封建士大夫，政治生活坎坷，漂泊天涯，眼睁睁地看着国家离散而又无可奈何，空有一腔热忱却报国无门。与李白、陶潜相比，杜甫是个怎样的人？你对他有怎样的评价？如果杜甫是你的朋友，你想对他说些什么？

明确：

正如鲁迅所说：“我总觉得陶潜站得稍稍远一点，李白站得稍稍高一点，这也是时代使然。杜甫似乎不是古人，就好像今天还活在我们堆里似的。”位卑未敢忘忧国。杜甫的伟大在于，他在现实中沉沦下层，但爱国之心并没有因此而减少，反而更强烈、深厚，他担忧国家的前途命运，倾吐人民的心声。杜甫的方向，代表人民的方向；杜甫的力量，在于一种人格的力量、一种民族的力量。鲁迅对其有高度评价：“杜甫是中华民族的脊梁！”

杜甫可以进，尊奉明主，适应官场，经国济民；可以退，归隐山林，修养身心，求得精神的独立和灵魂的自由；可以修炼兵法，发动群众，共同抗敌，平定叛乱；当然也可以先解决生计问题，学立身之法，再谋求进一步的发展。历史没有假如，杜甫无法摆脱历史和阶级的局限性。不管如何评价，他的歌唱如黄钟大吕，在历史中留下了动人的篇章。

2. 第六步：表达

学习活动七："置身诗境，缘景明情"的方法即知人论世，通解文字；抓住关键，体物动情；结合语境，整体理解。下面请尝试运用此法赏析李白的《与夏十二登岳阳楼》，完成后面的两个题目。

与夏十二登岳阳楼①

李白

楼观岳阳尽，川迥洞庭开。雁引愁心去，山衔好月来。

云间连下榻②，天上接行杯③。醉后凉风起，吹人舞袖回。

【注】

①乾元二年（759），李白流放途中遇赦，回舟江陵，南游岳阳而作此诗。②榻：坐榻，一种坐具。③行杯：指递过去的酒杯。

（1）请对颈联所运用的艺术手法做简要赏析。

（2）诗人笔下的岳阳楼最突出的特点是什么？这首诗抒发了诗人什么情感？

明确：

（1）颈联写云间和人间的坐榻相连，天上可以接住人间传过的酒杯，运用夸张手法写出了岳阳楼高耸入云的情状；兼用想象，在云间连榻，在天上"行杯"，写出了诗人恍若置身仙境的愉悦、畅快的心情。

（2）诗人笔下的岳阳楼最突出的特点是"高"。抒发了诗人欢乐、潇洒、超脱的情感。

三、课堂小结

此诗是一首即景抒情之作，是杜甫诗中的五律名篇，被前人誉为"盛唐五律第一"。前两联写登岳阳楼所见，用凝练的语言，将洞庭湖水势浩瀚无际的磅礴气势和宏伟壮丽的形象真实地描画出来，勾勒出一幅气象万千的画面；颈联表现自己政治生活坎坷、漂泊天涯、怀才不遇的心情；尾联抒写诗人眼睁睁看着国家离散而又无可奈何，空有一腔热忱却报国无门的凄伤。从总体上看，江山的壮阔，在诗中互为表里，虽然悲伤，却不消沉；虽然沉郁，却不压抑。诗人痛切的个人感受和深挚的爱国情怀永远感动着我们。

人生境界有多种，有的属于自然境界，顺遂天道自然；有的属于功利境界，图谋升官发财；最让我们敬重的是胸怀天下、为济济苍生鼓与呼的人。他们仰望星空，他们的生命也幻化为日月星辰，为世代所敬仰。多么希望，他们是将来的我们，我们成为将来的他们。

历史星空，为你闪耀；人生壮丽，有你才美！

四、牛刀小试

课下作业：运用“置身诗境，缘景明情”的方法自学并背诵默写杜甫的《阁夜》《旅夜书怀》。

五、板书设计

登岳阳楼

杜甫

- 置身诗境
  - 意境
    - 境：
      - 坼、浮
      - 磅礴、壮阔，分裂、动荡
    - 法：衬、夸、动、想
    - 意：礼赞、担忧
  - 个人处境：孤独、飘零（念亲、伤己）
  - 社会环境：战事、国乱（忧国）
  - 心境：无奈、悲痛（无路）

（法、意、个人处境、社会环境、心境）——知人论世，通解文字；抓住关键，体物动情；结合语境，整体理解

教学反思

整节课的思路为由浅入深、由景到情，由内容到形式，由理解到运用，由继承到创造。这堂课对“诗境”从四个角度破解，恰好与四联内容相对，在难点突破的时候，重点理解颔联的壮景与诗人身世之悲与家国之忧的景情关系，具有一定的层次性、体系性和针对性。由于将景、法、情结合起来分析，学生能理解得比较透彻。最后总结时对全诗进行了整体把握。板书的内容是在“四境”展开后一点点补充完整的。

长期以来，我们的阅读教学基本上尊奉的是求同思维的原则，我们习惯于对一篇课文得出若干共同性的认识，追求结论的确定性、明确性，这自然是需要的。问题在于有的文本，特别是文学作品，本身是一个极其丰富复杂的世界，它更具开放性，不是几个简单的概括性结论就可以把文本内涵统统包容的。因此，我们要帮助学生学习多角度多层次的阅读，对优秀作品能够常读常新，获得新的体验和发现。其实质是提倡多元思维，在对文本理解性阅读的基础上，进行探究性阅读和创造性阅读。

"疑读"这一教学环节的设计正是基于这样的考虑，学生既可以钻入书中，又可以站在书上与作者平行对话。在这一过程中，学生的个性才能够呈现，学生才能体验到浓厚的阅读兴趣，体验到与文本互动交流的沉醉感，体验到自己创造的快乐，从而达到不断充实精神生活、完善自我人格、提升人生境界的目的。

《念奴娇·赤壁怀古》教学设计

河北保定外国语学校　吴敏

教学分析

一、课标分析

《普通高中语文课程标准（2017年版）》明确指出，通过语文学习让学生感受祖国语言文字独特的美，感受和体验文学作品的语言、形象和情感之美；能欣赏、鉴别和评价不同时代、不同品格的作品。突出强调对中国优秀传统文化的继承和发扬，让学生热爱中华文化。古典诗词的鉴赏不仅是高中语文教学的重点，而且是培养学生审美鉴赏能力的必经之路，是提升语文核心素养的重要途径。

苏轼一生经历仕宦沉浮，融合了儒、释、道等多种思想，是一位独具人格魅力的宋词大家。他的词开豪放派先河。学习这首词，要引导学生了解咏史怀古诗词的一般特点，掌握鉴赏诗词的常用方法，运用想象和联想，将景、事、人、情、思联系起来，品味诗词豪放旷达的审美意境。

二、教材分析

苏轼创作本词时大约45岁。经历“乌台诗案”，贬官黄州。被皇帝赞为天下奇才的苏轼，此时人生已过半，所有人生的辉煌，已成过眼云烟。经历过人生大起大落，他的才学、智慧都融进了他的文字里。此篇为咏史怀古词，借古抒怀，思考了历史与人生的哲学话题。作者运用想象描绘景物，咏叹历史，刻画周瑜形象，思考人生，意境雄奇壮阔，表现旷达自适的人生态度。本词是苏轼豪放词的典型代表作品。

本篇出自部编版普通高中教科书《语文·必修·上册》第三单元，单元导语明确了本单元的学习目标，即要逐步掌握古诗词鉴赏的基本方法，认识古诗词的当代价值，增强对中华优秀传统文化的传承意识；要在诵读和想象中感受诗歌的意境，欣赏其独特的艺术魅力，感受诗人的精神世界，体会诗人对社会的思考和对人生的感悟。此篇诗词，可为学习鉴赏咏史怀古诗歌的典范，也是培养学生审美能力的范本，对于认识苏轼思想感情的复杂性，启迪学生心智，树立正确的人生态度具有重要意义。

三、学情分析

学生对苏轼的生活经历、诗词风格，以及思想倾向有些了解。但是，学生诗歌鉴赏的知识体系并未建构完整，仅凭学生现有阅历，还难以理解苏轼深邃复杂的思想。另外，此词艺术手法的大量运用，也加大了理解鉴赏本词的难度。所以在教学过程中，教师要围绕诗歌咏史怀古的题材特点以及鉴赏诗歌的一般方法进行点拨，巧妙设计问题，启发学生自主探究，由咏史、怀古到抒情，由手法运用到人生态度的传达，逐层深入地提升学生诗歌鉴赏及审美能力。

四、“三环六步”应用分析

按照“三环六步”学习方式设计，授课过程由“初步感知”“深入研读”“拓展探究”三个环节构成，细分为“阅读”“体悟”“思考”“鉴赏”“生疑”“表达”六个步骤。“初步感知”的“阅读”“体悟”环节包括教师范读、同学诵读，同时完成正音、释义，概括上下两阕的内容，并明确本词的题材及艺术特点。“深入研读”的“思考”“鉴赏”，则是鉴赏本词的重要环节，通过探究合作、教师点拨，对本词进行自然意象和历史人物的分析、艺术手法的鉴赏，深入理解作者怀古咏史的用意。“拓展探究”的“生疑”“表达”环节，重点在于通过生发疑问引发对苏轼思想性格的深入理解，并使学生从中得到启发。“三环六步”学习方式，旨在从文本出发，在合作探究过程中，相互启发提升，帮助学生认识诗歌语言的独特性和规律性，提升鉴赏诗歌的能力和审美水平。

五、教学目标

（1）语言建构与运用：品味诗词意象，理解诗词豪放意境，理解主旨。

（2）审美鉴赏与创造：了解咏史怀古诗的艺术手法，学习鉴赏方法，领悟语言、意境、形象、情感的关系。立足诗歌语言，展开艺术想象，培养诗歌艺术的审美情趣。

（3）文化传承与理解：背诵全词。进行拓展阅读，理解苏轼豪放词风的创作特点，拓展文化视野。

六、重点难点

（1）重点：鉴赏诗歌景物描写，品味意境；了解咏史怀古诗的艺术手法。

（2）难点：学习怀古咏史诗歌的鉴赏方法，理解苏轼复杂的情感和人生态度。

七、教学方法

诵读法、点拨法、探究合作法。

八、课时安排

1课时。

教学过程

一、课堂导入

中国文学史上有这样一位大文豪，在诗、词、散文，甚至书法、绘画等方面都颇有造诣。他的诗，与黄庭坚并称；他的词，开豪放词风，与辛弃疾并称。在散文方面，他是“唐宋八大家”之一；在书法方面，他与黄庭坚、米芾、蔡襄并称“宋四家”。请问，此人是谁?

这个人就是苏轼。苏轼是中国文学史上不可多得的全才。

“文章憎命达，魑魅喜人过”，苏轼盖世才华，人生却是跌宕起伏，命途多舛。文学成了他情感释放、心灵栖息的家园。今天我们学习苏轼的代表作品《念奴娇·赤壁怀古》，一起感受苏轼的豪迈之情和旷达胸襟。

二、“三环六步”学习指导

（一）第一环：初步感知

1. 第一步：阅读

学习活动一：教师范读，同学们模仿诵读，朗读三遍，正音释义，通解全词。

要求：

（1）第一遍诵读：正音。注意语气轻重，语调高低，节奏快慢，声音长短。

（2）第二遍诵读：释义。将必要的注释写到字里行间。

（3）第三遍：初步感知全词内容。

明确：

（1）羽扇纶（guān）巾：手持羽扇，头戴纶巾。这是儒者的装束，形容周瑜有儒将风度。

（2）樯橹（qiáng lǔ）：樯，挂帆的桅杆；橹，一种摇船的桨。这里借代曹操的水军。

（3）尊：同“樽”，酒杯。

（4）还酹（huán lèi）：古人将酒洒在地上以表示凭吊。

2. 第二步：体悟

学习活动二：概括上下两阕的内容，明确本词的题材及艺术特点。

要求：小组合作讨论，完成问题。

（1）本词上下两阕写了哪些内容？

（2）这首词从题材上看应该属于哪一类？这一类诗歌创作上有什么共同特点？

（3）这首词运用了哪些艺术手法？情感抒发上是属于哪一种？

明确：

（1）上阕描写长江边的赤壁古战场，咏叹三国历史。末句“江山如画，一时多少豪杰”为过渡句，承上启下。下阕展开联想，追忆英雄豪杰，作者尤其表达出对周瑜的仰慕。在此基础上关照人生，自我抒怀。这首词，将自然山川的描绘、对三国历史的咏叹、对古人追忆与自我情感的抒发浑融为一个不可分割的整体。

（2）我们将诗歌按题材分类，大致包括以下几类：怀古咏史、托物言志、山水田园、送别怀人、羁旅思乡、边塞征战、即景（即事）抒怀。这首词属于怀古咏史，也叫怀古词。

咏史怀古诗歌，多用对比、用典、借景抒情、情景交融的艺术手法；情感抒发上，多为怀古伤今、借古讽今、借古抒怀等。

（3）这首词使用了借景抒情、对比、用典的艺术手法。其感情抒发为借古抒怀。

（二）第二环：深入研读

1. 第三步：思考

学习活动三：分析意象，把握意境，鉴赏人物，体会情感。

要求：小组合作，讨论以下几个问题，然后选出代表发言。

（1）“乱石穿空，惊涛拍岸，卷起千堆雪”中哪些字用得好？营造了怎样的意境？

（2）下阕，追忆三国英雄。作者从哪些方面刻画他心目中的英雄周瑜，突出周瑜怎样的特点？

明确：

（1）“乱”，山崖嶙峋险怪的样子；“乱石”本是静景，“穿空”二字，以动写静，山石直插云霄显得更加陡峭高峻。“惊”描写出波涛汹涌澎湃；“拍”写出巨浪猛烈地冲击岩石，似乎能够听到震耳欲聋的声响。“卷”则更突出江水汹涌。

三句写江面开阔，怒涛翻滚，迅疾的江水拍打在嶙峋陡峭的崖壁上，层层巨浪被击碎成千堆万堆的雪沫。作者为读者展开了一幅壮丽的自然画卷，营造出雄奇壮阔的意境。

（2）作者从三个方面刻画周瑜，一是以小乔作陪衬烘托周瑜，二是服饰装扮，三是指挥作战的风姿。“小乔初嫁了，雄姿英发”，作者这样刻画周瑜，不是为了说明周瑜的婚姻幸福美满，而是以绝世美人为英雄做陪衬，突出周瑜志得意满的形象，让周瑜的姿容更显得威武雄壮。“羽扇纶巾”描绘周瑜的服饰装扮，表现其儒雅的风度。“谈笑间”写其神态，用夸张的手法，突出他大敌当前时胸有成竹、指挥若定、从容潇洒的气度。“樯橹灰飞烟灭”：“樯橹”是借代修辞，代指曹操的水军；“樯橹灰飞烟灭”写出曹操的战船尽被烧毁的狼狈，突出周瑜在赤壁之战中的丰功伟绩。

总结：周瑜威武雄壮、气度儒雅、足智多谋，是年轻有为建立丰功伟绩的人生赢家。

2. 第四步：鉴赏

学习活动四：研读文本，深入分析怀古咏史的用意，评价作者的情感态度。

要求：小组合作，讨论以下几个问题，然后选出代表发言。

（1）面对东流的江水，古人往往会浮想联翩，寄寓很多感慨。古人有哪些联想？作者又发出怎样的感慨？

（2）有人认为，作者拿周瑜与自己的处境相比，突出了内心的遗憾和无奈，作者只能以酒酹月，感叹“人生如梦”。你觉得这样的理解合适吗？你认为作者如此盛赞周瑜，目的何在？请同学们从鉴赏思维、作者的性格和诗词语境等不同角度思考这个问题，互为补充。

明确：

（1）古人的联想和作者的感慨。

①古人的联想：面对江水，人们很容易浮想联翩，联想到时间、人生、历史。孔子云：“逝者如斯夫，不舍昼夜。”每个人的人生，甚至人类的历史，像流水一样不停地流逝，一去不复返。有人面对逝去的江水，感慨生命短暂，表达渴望实现理想抱负的壮怀，

或是表达人生虚度的无奈怅惘，或是表达及时行乐的人生态度。

②作者的感慨：作者站在赤壁，眼前所见，即是长江。用“大江”二字，视野上，无限开阔，长江波涛汹涌，滚滚东逝，势不可挡。作者联想到自古以来，历史长卷中那些风流人物，或才华出众，或英勇无敌，或智慧超群，但终究被历史的洪流淘洗，随同时间的流逝而消失。

作者由眼前赤壁山川的实景，开启了“怀古”之思。赤壁是昔日英雄一展风采的古战场，昔日的战争波诡云谲，昔日的英雄胸怀豪情壮志，韬略卓越。“故垒西边，人道是，三国周郎赤壁”，字面上看作者点出怀古地点，交代古迹、古人、古事。联系上文，我们理解作者是在说，历史长河中总有一些英雄人物，被人们记住，在某一个特定时间、特定地点被人们想起。虽然，“浪花淘尽英雄”，但这些英雄运筹帷幄指点江山的豪气、纵横捭阖足智多谋的才气，还是会让后人缅怀追忆。

所以，总体而言，上阕中，作者描写景物，为读者展开了一幅壮丽的自然画卷的同时，亦展开了一幅波澜壮阔的历史画卷。眼前的景象和历史的联想激发了作者的豪迈情感。作者将景、史、情、理浑融在一起，意境雄奇壮阔，旷远而深沉。

(2) 作者与周瑜对比的目的。

①“突出内心遗憾和无奈，感叹‘人生如梦’”的理解不合适。

首先，从鉴赏思维上看，这样的分析鉴赏，将诗歌艺术的想象、用典的手法当成历史事实，简单理解为作者与周瑜的对比，是鉴赏散文的思维，而不是鉴赏诗歌的思维，鉴赏过程片面草率，结论牵强附会。

其次，从作者的性格上看，这样的结论不符合苏轼的性格。苏轼虽命运多舛，仕途不顺，但不会自抑自哀。写到周瑜自然会联想到自己的处境，作者不免黯然神伤。这番神游故国，畅想千古，就个人而言加重了诗人的无奈和遗憾，亦在情理之中。苏轼绝不止于黯然神伤，也不止于借酒浇愁。我们认为刻画威武雄壮、气度儒雅、足智多谋的周瑜，字里行间流露出作者的仰慕之情，同时也是借周瑜抒发内心的豪迈情怀。

再次，从诗词语境上来看。词的结尾，以一句抒情、一句描写结束全词。“人生如梦”，是感慨，我的人生，英雄的人生，都像是一场梦吧。结合上阕景物描写，赤壁依旧，三国英雄已去，作者咏叹历史——江山还在，千古人事已非。荣辱得失，成败兴衰，都将灰飞烟灭，都将被大浪淘尽，都如梦一般虚幻。关照自己，时年苏轼大约45岁，人近半百，壮志难酬，叹生命流逝。联想处境，贬官黄州，命途多舛，多思已然无益，徒增白发而已，“多情应笑我”。何必如此叹息，唯有眼前的大江、天上的明月会永恒吧。“一尊还酹江月”“酹月”，是祭月，这一举动表达了作者对自然的敬意和自我人生的释然。词的结尾不是抒情句，而是动作行为的描写，显得含蓄深沉。作者在雄奇险峻的自然面前，悟得人生需顺应自然的道理，以杯中酒，寄情明月。

②盛赞周瑜的目的。

从知人论世角度来看，此时苏轼的确是无法与年轻有为的周瑜相提并论。但是自己的人生也辉煌过，他写的策论显露的远见卓识为仁宗所赏，其文章被神宗所爱以至忘食而赞其为天下奇才。此时人生已过半的苏轼，经历了人生的大起大落，内心的波澜已不同于年轻人的慌张、迷茫，他更能看清自己，更懂得有所为之外，亦要有所不为，更懂得选择释然与放下，不再为人生的得失纠结怅惘，拥有了“行到水穷处，坐看云起时”的从容与优雅。

所以，关照全词，苏轼与周瑜的对比，既慕英雄豪情，亦叹生命流逝，亦感命运多舛，思想感情非常复杂。但不论经历了什么，不论现实如何不公，经历沧桑之后还是选择放下与旷达。这才是苏轼的思想境界。

这首词，借古迹之景、古代之人，思考历史与人生的哲学话题，抒发自己的人生感叹。词的意境阔大，词风豪放，主题深远。

（三）第三环：拓展探究

1. 第五步：生疑

学生活动五：林语堂《苏东坡传》中说苏轼是“天生的乐天派”，对此评价你有怎样的认识与思考，请大家形成文字片段，并进行交流。

明确：

林语堂《苏东坡传》中说苏轼是“天生的乐天派”，这只是对苏轼乐观旷达的人生态度的感叹。

苏轼因“乌台诗案”被贬黄州，罪人身份，虚职闲差，有冤难诉，苏轼尽尝世态凉薄，尽受凄苦惶恐，此时是苏轼人生的低谷期。儒家思想倡导的经国济世思想使他有远大的政治抱负，但是在政治失意、官途不顺的时候，佛道两家的思想给了他莫大的心理抚慰，苏轼将儒家思想和佛道思想融合，相互贯通，造就了思想上独一无二的旷达。

他的旷达乐观体现在诗词中。回顾一生的功业，他曾经用这句诗总结：“问汝平生功业，黄州惠州澹州。”自问自答的调侃中，品出内心的纠结与寂寞，以及选择放下的旷达态度。

“国家不幸诗家幸，赋到沧桑句便工。”苏轼用智慧化解了坎坷的命运遭遇，并寻找到了另外一个出口——诗词艺术。苏轼诗词创作走向巅峰，开创了豪放词风，他将宋词的艺术境界向前推进了一步。

哪有什么天生乐天派！苏轼的卓然才华、坎坷经历、深邃思想共同促成了他乐观旷达的思想性格。

2. 第六步：表达

学生活动六：苏轼转变了晚唐五代以来以婉约为主的词风，开创恢宏雄迈的豪放词风。请你推荐一首苏轼的豪放词，有感情地朗诵，进一步体会他豪迈的词风。

明确：

(1)《江城子·密州出猎》：老夫聊发少年狂，左牵黄，右擎苍，锦帽貂裘，千骑卷平冈。为报倾城随太守，亲射虎，看孙郎。酒酣胸胆尚开张，鬓微霜，又何妨。持节云中，何日遣冯唐？会挽雕弓如满月，西北望，射天狼。

(2)《临江仙》：夜饮东坡醒复醉，归来仿佛三更。家童鼻息已雷鸣。敲门都不应，倚杖听江声。长恨此身非我有，何时忘却营营。夜阑风静縠纹平。小舟从此逝，江海寄余生。

(3)《水调歌头》：明月几时有？把酒问青天。不知天上宫阙，今夕是何年。我欲乘风归去，又恐琼楼玉宇，高处不胜寒。起舞弄清影，何似在人间。转朱阁，低绮户，照无眠。不应有恨，何事长向别时圆。人有悲欢离合，月有阴晴圆缺，此事古难全。但愿人长久，千里共婵娟。

三、课堂小结

这首咏史怀古词借古抒怀，使用对比、用典、借景抒情等艺术手法，将景物描写、典故运用、情感抒发、哲理思考融为一体，抒发了苏轼内心的复杂情感。简短的一首词，上阕写景，既是眼前之景，又是波诡云谲的历史风云，意境雄奇壮阔；下阕刻画周瑜人物形象，抒发豪迈情怀；思考人生，表现旷达自适的人生态度。苏轼用诗词追思历史、反观人生，让我们认识到他的词“无意不可入，无事不可言”，艺术手法灵活多样，浑融无间，将景、人、情融合一起营造出豪放的意境。苏轼短暂的一生跌宕起伏，命途多舛，却是情感豪迈，态度旷达，思想智慧。不愧为千古奇才，一代文豪！

四、牛刀小试

《定风波》也是苏轼黄州期间创作的豪放词名篇。请就《定风波》所表达出的作者的思想态度，谈谈自己的见解，写一篇鉴赏文章，不少于500字。

明确：

《定风波》赏析

作者写出游途中遇雨这样一件小事，即事抒怀，表达出作者的人生态度和思想境界。

首句“莫听穿林打叶声，何妨吟啸且徐行”，写出作者苦中寻乐的潇洒。

雨点儿穿过树林，打在树叶上，虽然没有直接的声音描摹，但是“穿”和“打”两个动词，写出了雨点的力量，我们似乎能够感到噼噼啪啪落下的雨打在身上的力度。面对这样一场猝不及防的雨，作者却说“莫听”。在苏轼的心中，雨声，听与不听它都在那里，既来之，则安之。与其深受其扰，不如淡然处之。你不听，不在意，它就不会妨碍到你什么。不仅如此，他还告诉我们应对的方法——“何妨吟啸且徐行”。所谓“吟啸”就是吟诗唱歌，慢慢走，体会雨中漫步的乐趣，在雨中唱出另一种诗情。“何妨”二字写得多么潇洒，甚至是满不在乎同时还带有挑衅！我们似乎看到树林里，迷蒙的雨中，边走边吟诗长啸的苏轼。

“竹杖芒鞋轻胜马，谁怕？一蓑烟雨任平生”则写出了苦亦是乐的达观。

竹杖芒鞋是他的装备装扮，手拄着竹杖，脚蹬着芒鞋。一般人在这样天阴雨湿的处境之下，难免牢骚，后悔雨具先去，遗憾没有马骑。可是作者偏说“竹杖芒鞋轻胜马”，没有马又怎样？我恰恰觉得竹杖芒鞋的装备就挺好，更轻便，更轻巧，更省心，更轻松。刚才潇洒地苦中寻乐，此时则升级为苦亦是乐。“谁怕?”，不怕，才能坦然地面对。作者由此及彼地谈到人生，“一蓑烟雨任平生”——任凭一生遇到多少意料之外，多少不如人意，都不怕。天地悠悠，滚滚红尘，人间多少忧伤，何故萦怀？何不潇洒走一回。恐怕只有内心笃定的人，才可能拥有强有力的苦亦是乐的自信与达观吧！

下阕则更进一层，流露出作者无苦无乐的超然境界。

诗歌中一切景语皆情语，景物的变化总会有些言外之意。一阵略带凉意的春风，吹去了醉意，吹走了天上的乌云。雨过了，天晴了，夕阳迎面而来。最妙的是“相迎”二字，不经意之间与夕阳打了一个照面，多了一份雨过天晴的惊喜。雨，猝不及防；雨，转瞬即逝。雨过即天晴。自然变幻真是让人难以琢磨，但其循环往复的变化规律却是必然。

风雨过后便是晴天，宇宙自有它循环往复的规律。既然如此，人又何必沉溺于悲苦的哀叹之中呢？

“回首向来萧瑟处，归去，也无风雨也无晴。”世事总在变化，回过头看一看，无所谓好坏，宠辱得失皆忘，这是经历之后的彻悟。苏轼已达到了无苦无乐的超然境界。

回看这首词，作者从自然天气变化、人的处境变化、自己潇洒的行为和达观的心境写到超然旷达的人生态度，呈现了一个了悟的过程，写出了人生哲学的思考。

作者叙事虽小，遇雨遂晴，却关照到了宇宙循环，思想更是深远。

五、板书设计

念奴娇·赤壁怀古

苏轼

词风豪放　描写景物　追忆古人——雄奇壮阔

咏叹历史　对比周瑜——豪迈情怀

感慨抒怀　思想境界——慕英雄豪情

叹生命流逝——→旷达自适

感命运多舛

教学反思

诗歌鉴赏是高中语文教学中的重点。学习《念奴娇·赤壁怀古》，学生在诗歌意象理解、艺术审美、作者思想感情把握方面都存在着很大困难。老师的教学如果仅讲解诗歌鉴赏的一般创作技巧，达到理解诗歌的表层内容应该是不难实现的。但是如若以核心素养为教学的终极目标，让学生在语言、思维、审美、文化等方面都有所收获，则还需要下一番功夫。“三环六步”教学法的教学设计理论对我的诗歌教学实践指导意义是非常明显的。

第一，掌握教学设计理论让教学事半功倍。运用“三环六步”教学法，以语文学科核心素养为纲，每一个环节目标明确，从诗词表层的字词理解，到全局性的把握，对诗歌进行艺术鉴赏，甚至激发学生深入探究，并进行艺术创新创造，环环相扣，层层递进，三个环节完成，扎扎实实地将教学目标落到实处。“三环六步”教学法，四两拨千斤般地使得教学有章可循，教学的重点难点在逐层推进的过程中得以解决。

第二，“三环六步”教学法体现“以生为本”。“以生为本”的课堂，是以学生为主体，教师为主导的课堂，老师应该把思考权交给学生，让他们成为问题的提出者和解决者。“三环六步”教学法，运用自主、合作、探究的学习方式，有益于发挥学生主体地位。学生自主思考与提问，体现真实的“学情”。老师在课堂上起主导作用，鼓励并尊重学生提出问题，充分了解“学情”，准确把握学生知识能力或认知水平等方面的欠缺，指出解决问题的思维路径，这样才能让教学更有针对性更高效地在语言构建与运用、思维发展与提升、审美鉴赏与创造、文化传承与理解等方面培养学生语文核心素养。

《声声慢》教学设计

河北满城中学　李季

教学分析

一、课标分析

《普通高中语文课程标准（2017 年版）》中提出要“精读古今中外优秀的文学作品，感受作品中的艺术形象，理解欣赏作品的语言表达，把握作品的内涵，理解作者的创作意图”，能“根据诗歌、散文、小说、剧本不同的艺术表现方式，从语言、构思、形象、意蕴、情感等多个角度欣赏作品，获得审美体验，认识作品的美学价值，发现作者独特的艺术创造”。可见古诗词教学应该全面落实各项要求，尤其要在诵读、体悟、思考、鉴赏上下功夫，重点培养学生分析语言、理解内容、体悟情感、鉴赏表现手法的能力。

二、教材分析

《声声慢》选自部编版普通高中教科书《语文·必修·上册》第三单元。这个单元的人文主题是“生命的诗意”，属于“文学阅读与写作”任务群。所选篇目有魏晋诗和唐宋诗词共八首，四篇精读四篇自读。李清照的《声声慢》是其中的一篇自读课文。单元学习任务中明确提示该词以朴素清新的口语入词，抒写词人在国破家亡、遭受劫难后的忧愁苦闷，通篇写“愁”，徘徊低迷，婉转凄楚。要注意揣摩词人因外物触发的内心波澜，体会词作是如何渲染这种愁绪的。这首词手法独到，起句便用十四个叠字，要反复诵读，体会叠字中包含的情感及其递进层次。

与律诗相比，词的声韵、句式、节奏等有更多的变化，显得更为自由灵活。诵读时注意体会这一点。要通过联想和想象，感受景与情浑然交融的意境。

三、学情分析

高一学生已经具备了一定的自学能力，能够在诵读的基础上独立梳理基本知识，也能够通过小组合作的方式提出自己的看法。但是，学生的相关鉴赏知识储备不足，审美能力也有待提升，在解题步骤和使用鉴赏词语等方面还不够规范，因此需要进一步学习。

本词是李清照南渡以后所写，国破家亡的“愁”是词人内心的真实写照，也是时代苦难的象征。要指导学生“知人论世”，增强深入解读的意识，强调从品味语言入手分析艺术手法，引导学生思考探究，突出其主导地位，提高学习效率。

四、“三环六步”应用分析

为了更好地落实新课标的教学要求，提高学生的核心素养，培养诗歌鉴赏的能力，我采用了“三环六步”学习方式组织教学。第一环是初步感知，第一步是阅读，初读文本，梳理字词，了解作者的生平及创作；第二步是体悟，找出词中主要的意象，概括其特点及蕴含的感情，填写表格。这一环主要由学生自主完成。第二环是深入研读，第三步是思考，深入文本，分析本词的感情基调，明确“词眼”，这一步由学生分小组讨论完成；第四步是鉴赏，从炼字的角度和抒情的角度鉴赏本词的艺术手法，挖掘情感内涵，整个过程主要培养学生审美鉴赏的能力和合作探究的能力，促进思维提升。第三环是拓展探究，第五步是生疑，联系词人的经历，探究其不同阶段的心态和作品情感内涵有何不同，激励学生深入思考；第六步是表达，学生自主思考，自由表达，交流感受，强调的是创造性和应用性。

五、教学目标

(1) 品味语言，解读意象，体味意境。
(2) 领悟词人深沉浓郁的家国之愁，鉴赏叠字的作用和表达效果。

六、重点难点

(1) 重点：解析“愁”的内涵。
(2) 难点：鉴赏叠字的作用和表达效果。

七、教学方法

诵读法、点拨法、小组合作法。

八、课时安排

1 课时。

教学过程

一、课堂导入

星河耿耿，银汉迢迢，唐风宋韵涵养着一个个诗意的灵魂。穿越历史的烟尘，透过堆叠的书卷，一位才华横溢、特立独行的女子静立眼前，她，就是一生跌宕起伏，半世飘零辗转，有千古第一才女之称的婉约派词人代表——李清照。胡适称她是“宋代的一个女文豪”，梁衡则称她为“乱世中的美神”。

今天，就让我们一起来学习她的代表作《声声慢》。体会“易安体”的清丽典雅、婉约词的情深意浓以及女词人的细腻深刻。

二、“三环六步”学习指导

（一）第一环：初步感知

1. 第一步：阅读

学习活动一：自主预习，初读本词，结合导学案梳理字词，了解作者的生平及创作。

明确：

（1）字词。

①戚戚（qī）：悲愁、哀伤的样子。

②乍暖还（huán）寒：忽暖忽冷，天气变化无常。

③将息：养息，休息。

④敌：对付，抵挡。

⑤黄花：菊花。

⑥损：“极”，表示程度很深。

⑦堪：可以，能够。

⑧怎生：怎么，怎样。

⑨次第：光景，状况。

（2）生平及创作。

李清照（1084—约1155），号易安居士，齐州章丘（今山东章丘）人。出身于书香门第，早期生活优裕，其父李格非精通经史，母亲王氏知书能文。李清照通晓诗、词、书法、音乐、绘画。18岁嫁与赵明诚，夫妻共同致力于书画金石的搜集整理。金兵入侵中原时，她流寓南方，境遇孤苦。

前期作品多写悠闲生活，后期作品多悲叹身世。形式上善用白描手法，语言清丽。反对以作诗文之法作词。诗文留存不多，部分篇章感时咏史，情辞慷慨，与其词风不同。有《易安居士文集》，后人有《漱玉词》辑本。

2. 第二步：体悟

学习活动二：找出词中主要的意象，概括其特点及蕴含的感情，填写下表。

意象	特点	情感

明确：

意象	特点	情感
酒	淡	愁
风	急	无助
雁	旧相识	怀人伤感
黄花	堆积、憔悴	孤独飘零
梧桐	被细雨敲打	寂寞
雨	细	凄凉

（二）第二环：深入研读

1. 第三步：思考

学习活动三：学生有感情地朗读这首词，然后分组讨论，完成以下问题：

（1）请结合词牌名，说说这首词的感情基调是怎样的。

（2）说出这首词中哪个字最能体现作者的情感，并概括其具体内涵。

明确：

（1）该词的感情基调是低沉、缓慢、愁苦的。“声声慢”又名胜胜慢、人在楼上、寒松叹、凤求凰，属于“慢词”（调长拍缓的词），词调最早见于北宋晁补之词，风格缓慢哽咽，如泣如诉，多写愁苦忧思题材。前三句要读出悲伤和起伏，节奏稍缓。“怎敌他、晚来风急！”感叹号处要强烈、急切。“点点滴滴”要一字一顿。“怎一个愁字了得！”重音落在“愁”字上；“了得”要轻，要有哽咽之感。

（2）这首词中“愁”字最能体现作者的情感，包含三种情感：

①情愁：独居之寂寞；

②家愁：丧夫之哀痛；

③国愁：亡国之无奈。

2. 第四步：鉴赏

学习活动四：请学生们分组讨论，选出你认为写得好的语句进行赏析，代表发言展示。

明确：

（1）“寻寻觅觅，冷冷清清，凄凄惨惨戚戚。”

“寻寻觅觅”描写人的动作，突出心神不定。“冷冷清清”描写环境的寂静，突出孤单寂寞。“凄凄惨惨戚戚”描写心境，突出悲惨凄凉，终日愁苦。起句连用十四个叠字，形象、贴切，又富有音乐美，余味无穷。

（2）“这次第，怎一个愁字了得！”

此句用口语的形式说出了满腹的愁思，深化了主题。

（3）“梧桐更兼细雨”。

秋雨蒙蒙，敲打着落寞的梧桐，萧瑟凄凉，且“梧桐”又与“无同”谐音双关，更加重了孤寂之感。

学习活动五：请同学们分组讨论，概括这首词的抒情手法，并举例说明，代表发言展示。

明确：

借助环境渲染烘托、托物寄情、借景抒情、直抒胸臆等手法来抒情。

（1）借助环境渲染烘托：“乍暖还寒时候，最难将息。三杯两盏淡酒，怎敌他、晚来风急！”天气冷暖不定，难以保养身体，秋风猛烈，酒也不能浇愁。这几句用环境渲染烘托词人的飘零无依之感。

（2）托物寄情：“雁过也，正伤心，却是旧时相识。”大雁是旧相识，曾经带来过丈夫的温情与慰藉，如今只能引发绝望与伤心。

（3）借景抒情：“满地黄花堆积，憔悴损，如今有谁堪摘?”此处一语双关，既指花朵枯萎凋零，又以花喻人，暗示自己韶华已逝，无人怜爱。

（4）直抒胸臆：“这次第，怎一个愁字了得!”这样的光景，哪里是一个愁字就能说得尽呢?“愁”字表达了万般无奈之感。

（三）第三环：拓展探究

1. 第五步：生疑

学习活动六：请学生们通过小组合作的方式，阅读比较《声声慢》和李清照其他时期的作品，探究词人的心态变化与愁的不同内涵。

明确：

人在不同的生活阶段，经历的事不同，心态也会随之变化，表现在诗词作品中的感情也会不同，即使是用了相同的字，其内涵也会有所不同。李清照在不同时期的诗词中都抒发过“愁”这种情感，但“愁”的内涵却可以归纳为三种类型：

（1）少女时代的“青涩之愁”：出身官宦之家，良好的教育和优越的生活条件使李清照常常可以驾小舟、荡秋千、闻花香、憧憬未来，更多的是少女怀春的青涩之愁。

（2）婚后的“相思之愁”：婚姻美满，李清照与丈夫琴瑟和谐，有共同的爱好。丈夫外出做官，李清照独留家中，感叹离别的漫长，借诗词表达自己思念丈夫、渴望团聚的相思之愁。

（3）寡居后的“家国之愁”：中年丧夫，又逢金人入侵，皇帝仓皇南渡，李清照只能跟随南行的人远离故土，一路上居无定所，收藏的文物也被抢掠殆尽。家国之愁使词人备受煎熬，痛苦不堪。

2. 第六步：表达

学习活动七：自古以来，人们肯定李清照在文学上的贡献，也赞美她的为人，下面请以“我心目中的李清照”为话题，谈谈自己的感受与体会。

明确：

在我的心目中李清照既浪漫多情，又率真勇敢。雪中插梅，风中嬉戏，临窗听雨，凭栏相思。她把生活的美好、爱情的甜蜜编织成美丽的文字。她的词如烟似雾，湿漉漉地挂在我的心头。剖析历史，歌颂英雄，张扬个性，向往自由。她把人格的独立、失国的忧愤淬炼成铿锵的平仄。她的词如雷如电，明晃晃地燃烧在我的脑海。

读她的词是一种享受。那传诵千古的，不仅仅是文字，更是一种人格。生活像一把刻刀，让你痛也让你成熟。我觉得，只有读懂了生活，才能读懂李清照。

三、课堂小结

今天我们学习了李清照的《声声慢》，感受了婉约词的美，也体会到了作者的愁，更加理解了文学创作与社会现实之间的关系，希望同学们能够运用“三环六步”学习方式去解读文学作品，深刻领会，深入挖掘，在尊重文本的前提下，读出自己的理解，让自己的人生也充满诗意，真正做到传承经典，将民族文化发扬光大。

四、牛刀小试

阅读下面这首诗，按要求回答问题。

夏日绝句①

李清照

生当作人杰，死亦为鬼雄。
至今思项羽，不肯过江东。

【注释】

①靖康二年（1127），腐败的宋王朝在金兵的沉重打击下瓦解，徽、钦二帝及赵氏亲属和大批臣民被掳北去。宋高宗赵构不顾有识之士极力反对，带领群僚仓皇南逃，建都临安。本诗即作于南渡之际。

（1）下列关于诗句的理解和赏析有误的一项是（　　）。

A. 本诗从内容看，是一首借古讽今、抒发悲愤的怀古诗，借项羽的宁死不屈辛辣地讽刺了赵构君臣的丧权辱国、怯懦畏惧和只顾逃命苟安的丑恶行径。

B. 李清照是婉约派著名词人之一，其词或轻柔婉丽，或缠绵悱恻，本诗诗意明白爽朗，与其婉约词风一脉相承。

C. 这首诗起调高亢，鲜明地提出了人生的价值取向：人活着就要作人中的豪杰，为国家建功立业；死也要为国捐躯，成为鬼中的英雄。爱国激情，溢于言表，在当时确有振聋发聩的作用。

D. “至今思项羽，不肯过江东。”女词人追思那个叫项羽的楚霸枭雄，追随项羽的精神和气节。“不肯”一词，将那种“可杀不可辱”“死不惧而辱不受”的英雄豪气，漫染纸面，力透纸背。

明确：B

解析：婉约词风是或轻柔婉丽，或缠绵悱恻的；而本诗是一首借古讽今、抒发悲愤的怀古诗。全诗字里行间透出一股正气，震撼人心，并非“与其婉约词风一脉相承”。

（2）请赏析本诗的表达技巧和语言风格。

明确：

（1）用典。汉高祖曾称赞开国功臣张良、萧何、韩信是“人杰”。“鬼雄”出自屈原《国殇》的“身既死兮神以灵，子魂魄兮为鬼雄”；“项羽”，秦末时自立为西楚霸王，与刘邦争夺天下，在垓下之战中，兵败自杀。全诗仅二十个字，连用三个典故，但无堆砌之弊。

（2）借古讽今，表达强烈的爱国之情。

（3）语言慷慨雄健，掷地有声，词风豪放。

五、板书设计

声声慢

李清照

艺术手法：
- 叠字、口语、双关
- 渲染烘托
- 托物寄情
- 借景抒情
- 直抒胸臆

愁：
- 独居之寂寞
- 丧夫之哀痛
- 亡国之无奈

教学反思

《声声慢》是李清照极具代表性的作品，无论是思想内容还是艺术手法都有很高的鉴赏价值。作为自读课，在落实的过程中我有以下几点思考：

第一，教学设计要有理论支撑。教学是一门艺术，要靠专业的理论作支撑。高中阶段的诗歌教学历来是重点也是难点。如何在课堂上提高学生的鉴赏水平，方法很重要。这节课我用“三环六步”学习方式指导自学，感觉效果很好。这个方法遵循阅读鉴赏由浅入深的原则，思路清晰，方法具体，且易于操作。

第二，课堂实施要落实任务驱动。高效的课堂一定是以学生为主体、教师为主导的课堂，讲究师生互动，合作探究。活动设计多少，怎样设置，都是教师重点关注的问题，这节课我的设计有两种类型：一是预习环节的资料搜集，目的是让学生熟悉作者和写作背景，学生独立完成得很好；二是就文本本身设计的鉴赏活动，同学们合作讨论，老师及时点拨，学习效果比较好。

第三，教学语言要简练生动。诗歌语言精练传神，具有极强的跳跃性，是典型的文学语言。我在教学过程中特别注意自己的教学用语，尽量使用跟文本风格匹配的语言，同时也要求学生尽量做到语言有诗意，特别是鉴赏类术语，要用得准确。这一点学生做得还不够好，需要进一步训练。

附录一

我的语文同道，你准备好了吗？

保定市教育科学研究所　徐亚丽

文化是民族的基因和根本，承载着民族的精神与灵魂。语言文字是民族文化最重要的符号，语言的独特功能是没有任何东西可以替代的。泱泱华夏，上下五千年，中华民族灿烂的文化得以绵延不绝，生生不息，至今仍焕发出勃勃生机，就是因为我们有美丽的文字。汉字字形之方正，字音之优美，字义之丰富，堪比世界上任何一种文字。汉字是最古老而又最富有青春活力的文字。作为中华民族的母语，每个中国人自降生那一刻就开始学习汉语，使用汉语。

德国哲学家海德格尔曾说过："语言是存在的家园，人就是其看家人。"每一个中国人都是汉字汉语的看家人，而每一个语文教师更是汉字汉语的传承者和看家人。源于对汉语的热爱，我们把做好语文教师当成了毕生从事的事业。我们教学生一笔一画写汉字，字正腔圆读文字，从词句篇章里感受先贤著作中博大精深的思想，在诗词歌赋里体味汉语言意境情感的美妙，一堂堂语文课成了师生一起愉快阅读、徜徉于文化海洋的幸福旅程。

不知从何时起，竟生出一种怪现象，语文竟然成了饱受诟病的学科，语文的地位随着学段的上升竟然呈直线下降的趋势。小学阶段，语文、数学平起平坐；到了初中阶段，语文课从学习时间和重视程度上已不能保证；到了高中阶段，语文处境更是惨淡，地位基本类似于历史、地理和政治。学生们越来越不重视语文，普遍认为学和不学最后成绩也没有明显不同。于是，语文课成了休息课。在高考指挥棒的作用下，受急功近利思想的影响，一些学校领导对语文存在着很大的偏见，认为语文高耗低效，区分度小。我亲耳听到过一个校长说："学语文纯粹是浪费学生的时间，还不如做一道数学题来得实在。"语文基本被边缘化，语文教师在学校成了边缘人。

习近平总书记对教育关心备至，发表了一系列有关教育的重要讲话。2014 年 9 月 9 日在北师大慰问教师时说："我很不赞成把古典诗词和散文从课本中去掉，'去中国化'是很悲哀的，应该把这些经典嵌在学生脑子里，成为中华民族文化的基因。”2014 年 9 月 11 日又说：“古诗文经典已融入中华民族的血脉，成了我们的基因。我们现在一说话就蹦出来的那些东西，都是小时候记下的。语文课应该学古诗文经典，把中华民族优秀传统文化不断传承下去。”

2014 年 9 月 3 日国务院印发《关于深化考试招生制度改革的实施意见》，其中明确指出，要加快推进高考考试改革，其中一项重要内容就是把语文提到了非常重要的位置。很多报道用“语文‘王者归来’”来形容。所有的语文教师无不为之欢欣鼓舞。在欣喜之余，又让人引发新的思考。语文教师现在是有了足够的职业自豪和自信，但是我们又应以怎样的状态来承担这一艰巨的使命呢？路遥曾经说过：“对文学要有宗教般的虔诚、初恋般的激情。”我们不妨借鉴一下：语文教师对语文也要有宗教般的虔诚、初恋般的激情。

一、把语文教育当作事业，而不仅仅当作职业

如果把语文教师作为谋生的渠道，无论如何是成不了优秀语文教师的。做一个虔诚而优秀的语文教师要热爱中华文化，热爱语文，热爱学生。只有这样才会满腔热忱、不辞辛苦地付出汗水和智慧，才能够在繁杂而琐碎的工作中体会到乐趣，才能够为语文的发展、学生的进步而欣喜。只有把语文教育当作事业来对待，才能够有职业自豪感和自信心，才能在纷繁复杂、不断变化的社会中保持清醒，做到宠辱不惊，淡泊宁静。

二、落实立德树人总目标，培养学生语文核心素养

语文较之于其他学科承载着更多的育人功能，在落实立德树人总目标上责无旁贷。我国优秀传统文化内涵丰富，意境深远，有大量修身立德的内容，因此部编版语文教材增加了古诗词的比重。我们要充分利用教材，在教学中落实立德树人的总目标。《普通高中语文课程标准（2017 年版）》已经颁布，里面提出了语文学科核心素养的概念，这是语文教学的纲领和依托。我们要开展深入研究和实践，发挥语文课独特的功能，创设综合语文情境，开展自主、合作、探究式学习，提高课程开发与设计能力，实现教师与课程同步发展。特别是要在研究如何落实语文学科核心素养，如何完成 18 个任务群方面，狠下功夫。要深入思考如何让顶层设计与实际教学对接，怎样在一堂堂语文课、一次次语文活动中提升学生的语文学科核心素养。

三、把语文的根深深扎牢于生活的土壤中

“语文即生活”，语文的内涵和外延一定是生活的内涵和外延。语文就是语言和文字，

我们的日常生活肯定离不开语言沟通和文字表达，因此语文从生活中来。很多文学作品也是从实际生活中凝练而来的，它源于生活又高于生活。要想更好地理解文学作品，必须有一定的生活基础和生活体验。语文教育更是不能脱离生活，没有相应的生活体验，学生无法体会文字之妙、情感之美。如果没有生活，仅是书本学习，注定是无源之水，无本之木，绝不可能开出成功的花朵来。因此，要引导学生学会观察，练就一双慧眼；学会思考，用心灵智慧思考缤纷多彩的世界。语文教学要多联系生活，用活教材，这才是真正意义的“用教材教”，也是真正教好语文的关键。

四、向经典致敬，与经典握手

很多优秀的作品经过岁月沉淀，成为经典。这些作品不论是思想、还是文字堪称典范，饱含了人类智慧、崇高思想、文化内涵。读经典作品可以说是与高人同行，直接汲取最优秀的精神营养。要引导学生读经典作品，并辅之以恰当的读书方法。让学生养成好的读书习惯，受益终身。语文新课标中设定的任务群之一——整本书的阅读就是为了引导学生读书，读经典作品，培养阅读习惯和阅读能力。目前社会上充斥着很多低俗的作品，这些作品的思想水平低，艺术品位差，缺少内涵和审美情趣，为博人眼球，哗众取宠，无所不用其极。而学生的辨别力差，极易被吸引被误导。语文教师要帮助学生学会鉴别，区分良莠，让精神高尚、内涵丰富的经典文学作品成为学生健康成长的助推器。

五、在丰富多彩的语文活动中开展语文实践

语文学习一定要转变观念，改变传统的教学方式，开展丰富多彩的语文活动。通过语文活动和研究性学习，培养学生学习语文的浓厚兴趣，激发学生探索和质疑的意识，培养自主、合作、探究的精神，使学生的语文核心素养不断提升。可以采取社团形式、小组合作形式、研究性学习形式开展丰富多彩的语文活动，让学生参与到活动中，注重活动的过程，注重学生的个性体验。改变传统的评价方式，真正让学生体验到学习的乐趣，享受学习的过程，享受成长的快乐。教师要有新的课程观，要以问题为导向，以任务为驱动，要在活动中发挥引领和助推的作用，要参与学生学习研究的全过程。不可以“大撒把”，成为完全的旁观者。

改革势在必行，我辈当勇立潮头，奋勇争先，练内功，强素质，能担当。做幸福教师，成高尚之事。做好语文的传承者和看家人！

附录二

名师工作室要发挥“蜂巢效应”

保定市教育科学研究所　徐亚丽

众所周知，课程改革成败的关键在教师。因此，教师专业化水平成为制约一个区域教育改革的主要因素。现在有很多提升教师专业化水平的途径方法，诸如各类集中培训、网络在线培训、校本研修等，它们都在提升教师专业化发展方面发挥了各自的作用。但实践证明，这些方法也各自存在自身的不足，比如前紧后松、不便管理、层次不高、无法互动、重学轻研究等。近几年，名师工作室应运而生，成为促进区域教师专业发展的重要途径。名师工作室是一个向内凝聚带动，向外辐射示范，引领教育教学改革，促进中小学教师专业化成长的学习型组织，是教学实践、教育科研、研讨培训三位一体的学习团队，可以发挥其他教师培养模式的优势又弥补其不足。名师工作室要发挥“蜂巢效应”，即打造蜂巢一样的立体多维平台。通过这个平台，建立学习共同体，实现教育专家与一线教师之间平等、开放、多元的对话交流。名师实现个人职业生涯的进一步发展，整合教育资源，凝练教育智慧，形成教育理念；工作室成员在学习共同体中增长本领，提升水平，迅速提高。整体带动更大区域、更多数量的教师群体共同发展。

工作室要发挥“蜂巢效应”，所有的成员要像蜂巢里的蜜蜂一样，首先是一个团结协作、相互融通的共同体。所有人都可以平等、开放、多元地对话交流。专家是工作室研究的顾问，对工作室进行把脉和指导。工作室主持人类似于蜂王，是学习共同体中平等的首席，是工作室这一学习共同体的组织者、研究者、反思者、引领者，决定着名师工作室的层次和发展方向。工作室成员及学校骨干教师要像蜜蜂一样，广采花粉，传播花粉：既从基层教学实践中学习吸纳，又传播经验和方法；酿造蜂蜜：集中学习、研究和提高；培育工蜂：培养带动普通教师，使之迅速成长，逐渐成为学科骨干。

专家引领，保证方向正确

名师工作室的主持人大都是在该专业领域有深入研究，在区域内有一定的知名度和影响力，教育理论素养深厚，教学技能高超，在业界有崇高威望。名师工作室聘请的高校专家则确保了工作室研究方向的正确性、研究方法的科学性。这些专家形成合力，大大提升工作室的实力和水平。而名师工作室主持人和高校专家强强联手，可以确保工作室研究方向正确、思路明确、方法得当、理论与实践紧密结合、科研成果迅速转化为实践，大大提升本区域整体的研究水平，使区域内全体教师科学、规范地学习和研究，少走弯路或不走弯路。

同伴互助，激发学习潜能

名师工作室成员一般从区域内各类型学校里选拔，他们具有高尚的师德、扎实的教学基本功和丰富的教学实践经验，是学校的教学骨干。在名师工作室里，成员相互学习，相互研讨，团结协作，同伴互助，充分激发各自潜能，业务能力迅速提升。名师工作室成员在本学校，又能够带领本学校的青年教师迅速成长，成为他们专业成长的引路人。这样，以工作室为核心，逐层向外辐射，就如蜂巢一样的网格状。在这里，专家、主持人、工作室成员以及学校教师相互之间可以展开平等的对话，成为一个学习共同体。在这里，所有人都是同伴，进行思想碰撞，开展深度交流，潜能得以激发，能力持续增长。网络社交传播手段，如工作室公众号、微信群、QQ 群等为多方交流与对话提供了可能。

活动支持，构建交流平台

名师工作室的工作要与区域内的教研活动有效结合。比如可以开展名师工作室送课下乡、名师工作室区域协作教研、名师工作室专题研讨、名师工作室同课异构等主题活动。常规的教研活动加上名师工作室的有力带动，活动层次和水平会有很大的提升，活动效果也会产生很大的不同。在开展活动时，不要局限于小范围、小规模、小圈子，要树立整体推进、共同提高的大教育观，使活动效益最大化。要充分利用现代信息手段，提升活动质量，扩大活动影响，辐射面力求最大化，影响带动区域内更多的教师。名师工作室开展活动的最终目的，是使所有参与者都有收获，都能得以提高。在这一平台上高校专家可以获得一线实践经验，主持人和成员可以得到专家的理论指引，相互之间又可以学到经验和方法，普通教师可以迅速提升专业技能和教学水平。

成果推广，带动整体提升

名师工作室要以课题研究为引领，深入开展教学实践研究与探讨。课题的确立一定要基于对本区域教育现状的深入分析，基于本区域该专业领域亟待解决的问题。将课题的研究成果及时地发布和推广，使研究成果迅速转化到教学实践中，使更多的教师获益。

总之，名师工作室要充分发挥自身优势，在区域教师专业化发展中发挥应有的作用，成为推动区域教师专业发展有力的助推器，实现区域教师队伍素质的整体提升。

后　记

在徐亚丽名师工作室成立之时，赵建民局长就对工作室提出殷切期望，希望工作室要提炼自己的教育思想和工作室文化。保定学院王全乐教授则用“凤凰于飞，众鸟相随，谓之风”做比喻，指出保定语文要形成自己的流派。领导和专家指明了方向，也给我的工作增添了动力。经过不断地思考，基于对《普通高中语文课程标准（2017年版）》的深入学习研究，对语文教学现状的深入调查分析，对语文在落实“立德树人”总任务中重要作用的深刻认识，对语文本质的深刻理解，我提出了“元语文”教学观。希望能够进一步溯本追源，厘清本质，明确作用，探究方法，以便更好地认识语文，理解语文，教好语文。为了落实“元语文”教学观，工作室开展了语文阅读“三环六步”学习方式研究与实践。语文阅读“三环六步”学习方式是在传统的学习方式基础上，强化生本理念，使学生成为学习的主人，让学生参与到阅读的全过程中。“三环六步”学习方式中的“三环”既强调教材的由浅入深，由此及彼，由课内到课外，又强调学生学习的由浅入深，由此及彼，实现思维的递进和发散。“六步”既关注阅读的思维过程，真正走向深度学习，又关注阅读过程中“读、悟、思、赏、疑、议”等关键要素，还关注阅读过程中文化渗透和素养提升。我们的理想是学生采用“三环六步”学习方式就可以自己进行阅读，即实现语文的自我学习和自我教育。

为了更好地开展研究，我工作室于2019年成功申报河北省规划办重点资助课题，以课题研究的形式推动“三环六步”学习方式的研究深入开展。我们尝试了大单元教学设计、群文阅读教学设计、单篇阅读教学设计，努力使语文阅读“三环六步”学习方式成为落实新课标、培养语文核心素养、使用新教材的有效方式。工作室成员立足课堂，采用“三环六步”学习方式设计教学，实施教学，积累经验，不断反思。也有很多学校教师，自愿参加到课题研究中来。经过大家的不懈努力，我们拿出来这些成熟的课例以飨广大一线教师，希望能让教师们开启新的思路，打开一扇新的窗户。尤其是年轻教师，沿着这样的路径进行教学，能够很快入手，少走弯路。经验成熟的教师则可以在此基础上进一步深入和深化。

虽然我们投入了大量的精力，但是因能力和水平有限，书中肯定存在很多缺点和不足。我们本着树立靶子、欢迎批评的心态，诚恳接受语文专家和广大教师的批评，我们会不断学习、思考、实践、积累，使“元语文”教学观体系更加完整，使“三环六步”学习方式更加切合实际。

徐亚丽

2020年10月